北京考古遗址博物馆 编

# 考古与博物馆

第一辑

文物出版社

**图书在版编目（CIP）数据**

考古与博物馆. 第一辑 / 北京考古遗址博物馆编.
北京：文物出版社，2025.5. -- ISBN 978-7-5010
-8757-0

Ⅰ. G269.2-53

中国国家版本馆CIP数据核字第2025HC2473号

## 考古与博物馆（第一辑）

编　　者：北京考古遗址博物馆

责任编辑：张晓曦
责任印制：王　芳

出版发行：文物出版社
社　　址：北京市东城区东直门内北小街2号楼
邮　　编：100007
网　　址：http://www.wenwu.com
邮　　箱：wenwu1957@126.com
经　　销：新华书店
印　　刷：北京荣宝艺品印刷有限公司
开　　本：889mm×1194mm　1/16
印　　张：13
版　　次：2025年5月第1版
印　　次：2025年5月第1次印刷
书　　号：ISBN 978-7-5010-8757-0
定　　价：260.00元

# 编委会

**主　编**

杨志国

**副主编**

刘乃涛　罗永刚

**编　委**

李　影　陈晓敏　李　亮　宋晓舟　尉　威
刘雁琳　刘海明　陈　丽　陈国栋　袁丹丹

# 序

北京地区的人类文明绵连延续，底蕴厚重。自史前鸿蒙初辟，迄于明清的古韵悠长，在北京这片土地上，人与自然和谐共生、多元民族文化交融汇聚，形成了一套独树一帜、兼容并蓄的文化生命系统。伴随着我国现代考古学的百年发展，北京考古也用其丹青妙手，逐渐为世人铺展出一幅更为细致的古都画卷，并完美地诠释出了"北京历史文化是中华文明源远流长的伟大见证"。

北京考古遗址博物馆是一座集遗址展示、文物保护、考古科研于一体的专题博物馆，目前由琉璃河遗址、大葆台遗址、金中都水关遗址组成，是首座展示北京三千年建城史、两千年汉代文明史、八百年建都史的考古遗址博物馆，更是北京青少年校外教育的重要殿堂。琉璃河遗址是被考古证实的、北京城市起源之地；大葆台西汉墓遗址乃是迄今北京地区考古发掘中等级最高、规模最大、保存最好的汉代诸侯王及其王后陵，并首次通过考古发现证实了史料典籍中所记"黄肠题凑"；金中都水关遗址，则是北京踏入辉煌都城时代的关键见证。这三处遗址，凝聚着中国百年现代考古学历程里北京的卓越贡献，是北京各时期历史文化的醒目标识，是蕴涵着丰富知识、智慧、艺术的宝藏，更是滋养文化自信的深厚源泉。他们与北京的众多考古遗址共同见证了中华民族多元一体格局的逐步成型。

北京考古遗址博物馆自组建之初，就在不断为"通过考古遗址向公众展示北京三千年城市史的壮阔脉络、两千年的汉代文明，以及八百余年的古都文化"而努力。我们深挖考古遗址文化富矿，努力整合、盘活每一份文化资源，以考古遗址类博物馆独有的叙事笔触，将北京绵延赓续的文化脉络，化作多元生动的展示形式，呈现于大众眼前。岁月积淀，我们看到了诸多令人心潮澎湃的有关考古遗址和博物馆研究硕果。同时我们也看到了，在中华大地上还有许多考古文化遗存，需要我们深挖细究，持续解锁，让城市文脉愈发枝繁叶茂。值此大葆台遗址发现五十周年之际，北京考古遗址博物馆推出《考古与博物馆》学术论丛。本论丛秉承"以遗址为基、以学术为本"的宗旨，聚焦商周、秦汉、宋辽金时期的考古遗址发现与研究，以及考古遗址类博物馆管理及学术研究，着力构建学术成果的发布高台，汇聚新时代考古遗址及其博物馆工作的前沿发现与斐然成果，期冀为考古遗址的保护、研究、展示与利用，注入源源不断的动力，助推行业破浪前行！

本论丛系初创之作，在此我们诚挚地邀请学界耆宿拨冗赐稿，青年才俊踊跃投稿。我们期待通过思想的碰撞激发创新，以多元的视角拓展学术边界。

编委会
2025 年 3 月

# 目 录

## 展览与社教

研究与探索

# 北京大葆台西汉广阳王陵祥禽瑞兽形象考释

刘乃涛

北京考古遗址博物馆

**摘　要：** 北京大葆台汉墓，即广阳王陵，是中国百年百大考古发现之一，也是汉代考古的重要成果。其随葬器物中的漆器、玉器、铜器等，纹样上呈现的众多祥禽瑞兽形象，生动体现了西汉祥瑞文化。这些祥禽瑞兽的出现，源于汉代祥瑞文化的兴盛，它们不仅直观反映了时人趋吉避凶的精神诉求，更通过神仙信仰的视觉化表达，构建起沟通人神两界的象征体系。同时，在以祥瑞证天命的政治语境中，这些意象还被塑造为帝王德政的舆论工具。其承载的吉祥观念持续影响后世，成为中国传统吉祥文化的重要源头。

**关键词：** 大葆台　广阳王陵　祥禽瑞兽　趋吉避凶　神仙信仰

在汉代考古领域，大葆台广阳王陵堪称一处具有里程碑意义的重要发现，除了墓葬规制遵循严格等级制度、随葬品展现的精湛工艺与丰富品类之外，还蕴含着极为丰富的祥瑞文化内涵，为深入探究汉代社会文化风貌提供了珍贵实物资料。

广阳王陵出土的漆器、玉器、铜器、牙雕等文物上精心绘制或巧妙塑造了形态各异的祥禽瑞兽形象。祥禽范畴涵盖凤、仙鹤等，瑞兽种类更为丰富，包括龙、虎、豹、熊、鹿、骆驼、天马、玄武、九尾狐等。其中别具一格的羽人形象，为祥禽瑞兽组合增添了神秘奇幻色彩，整体呈现出独特的艺术特色与文化意蕴。这些祥禽瑞兽形象在大葆台广阳王陵中的集中呈现绝非偶然，其扎根于西汉时期特定的社会背景，承载着丰富多元的历史文化信息。

通过对该墓葬祥禽瑞兽形象的系统研究，我们得以直观感知汉代人对祥瑞的崇尚及其在丧葬仪式中的独特表达。本文基于前人研究成果，系统梳理大葆台广阳王陵祥禽瑞兽形象，结合相关历史文献进行考释，进而探讨其文化内涵及在汉代社会中的象征意义。

## 一、时代语境

### （一）汉代祥瑞频繁降临

汉代是一个政治、经济、科技、文化、艺术全方位蓬勃发展的时期，展现出伟大的帝国气象，其政治架构与道德规范体系中蕴含着丰富的祥瑞观念。

祥瑞是汉代人笃信的能够折射"上天垂象"的一类自然现象，被视作上天对人间降下的福祉，承载着特殊寓意。祥瑞的惊鸿一现，意味着当朝皇帝英明神武、治国理政卓有成效。随着汉朝皇帝竭力维护其统治权威，典籍史册中有关祥瑞的记述愈发频繁地涌现。

据《汉书·文帝纪》所载，汉文帝时，有"黄龙见成纪"①。汉武帝时，麒麟、天马、宝鼎、芝草、群鸟等祥瑞接连登场。汉宣帝时，凤凰、白鹤、白虎、五色鸟、黄龙、神爵等祥瑞更是屡屡现身，比武帝时期更盛。这些祥瑞正应了"帝王

---

① （汉）班固：《汉书》，中华书局，2013 年，第 127 页。

之将兴也，其美祥亦先见"[1]，一方面，彰显出当时社会对"天人感应""君权神授"思想的尊崇，借祥瑞稳固统治合法性。另一方面，也映射出汉代社会期盼盛世、向往美好生活的心理诉求。可以说，祥瑞观宛如一股无形却有力的思潮，不但深度浸润到政治、宗教、艺术、学术等诸多领域，而且渗透进整个社会的民俗风情与民众日常观念之中，对汉代社会的整体面貌产生了深远影响。

## （二）广阳王在位的宣帝时期

如果说汉代祥瑞文化是条长河，那么汉宣帝时期便是其中最为湍急的涌流。广阳王在位的汉宣帝主政时期，祥瑞纷至沓来，《汉书·何武传》载："宣帝时天下和平，四夷宾服，神爵、五凤之间屡蒙瑞应。"[2]宣帝为强化政权的合法性以及施政举措的正确性，祥瑞这一承载特殊意义的符号，被史书大量记载。

祥瑞频出直接影响到宣帝时期年号的更迭。宣帝在位期间共使用本始、地节、元康、神爵、五凤、甘露、黄龙七个年号，其中后四个年号皆与祥瑞紧密相连。恰如《后汉书·光武帝纪》所云："孝宣帝每有嘉瑞，辄以改元，神爵、五凤、甘露、黄龙，列为年纪，盖以感致神祇，表彰德信。是以化致升平，称为中兴。"[3]借祥瑞更迭年号，无疑向天下昭示宣帝乃天命所归，其获得政权的合法性与统治措施的正确性不言而喻。

以神爵年号为例，《汉书·宣帝纪》载："神爵数集泰山。"[4]"神爵集雍，今春，五色鸟以万数飞过属县，翱翔而舞，欲集未下。"[5]宣帝下诏："乃元康四年嘉谷玄稷降于郡国，神爵仍集，金芝九茎产于函德殿铜池中，九真献奇兽，南郡获白虎威凤为宝。朕之不明，震于珍物，饬躬斋精，祈为百姓。东济大河，天气清静，神鱼舞河。幸万岁宫，神爵翔集。朕之不德，惧不能任。其以五年为神爵元年。"[6]西晋晋灼引《汉注》解释神爵："大如鹢爵，黄喉，白颈，黑背，腹斑文也。"[7]西汉扬雄《羽猎赋》有云："凤皇巢其树，黄龙游其沼，麒麟臻其囿，神爵栖其林。"[8]扬雄将神爵与凤凰、黄龙、麒麟等祥瑞珍禽异兽并提，足见神爵是汉代罕见且极具代表性的祥瑞飞鸟，宣帝正是因元康年间神爵频繁现身，毅然改元神爵。再如甘露元年（前153年）"黄龙见新丰"[9]，宣帝视之为大吉之兆，后改元黄龙。借祥瑞定年号，于百姓心中不断强化祥瑞频出之感，坐实天命所归之名。

不仅如此，宣帝常以祥瑞降临为由，厚赏天下吏民。"赐诸侯王、丞相、将军、列侯、二千石金，郎从官帛，各有差。赐天下吏爵二级，民一级，女子百户牛酒，鳏寡孤独高年帛"[10]，这般恩泽雨露，促使百姓心中自觉勾勒出宣帝的仁君形象。

东汉诸多文人学者对宣帝时期祥瑞现象亦多有评述。王充在《论衡·指瑞》中提及："孝宣皇帝之时，凤皇五至，骐驎一至，神雀、黄龙、甘露、醴泉，莫不毕见，故有五凤、神雀、甘露、黄龙之纪。使凤驎审为圣王见，则孝宣皇帝圣人

---

① （汉）董仲舒：《春秋繁露》，上海古籍出版社，1989年，第76页。
② （汉）班固：《汉书》，中华书局，2013年，第3481页。
③ （南朝）范晔：《后汉书》，中华书局，2013年，第82～83页。
④ （汉）班固：《汉书》，中华书局，2013年，第257页。
⑤ （汉）班固：《汉书》，中华书局，2013年，第258页。
⑥ （汉）班固：《汉书》，中华书局，2013年，第259页。
⑦ （汉）班固：《汉书》，中华书局，2013年，第258页。
⑧ （汉）班固：《汉书》，中华书局，2013年，第3540页。
⑨ （汉）班固：《汉书》，中华书局，2013年，第269页。
⑩ （汉）班固：《汉书》，中华书局，2013年，第257页。

也。如孝宣帝非圣，则凤骥为贤来也。"[1]班固《两都赋》载："神雀、五凤、甘露、黄龙之瑞，以为年纪。"[2]王符曾盛赞宣帝时祥瑞频现，开创了盛世之基。"故能致治安而世升平，降凤皇而来麒麟，天人悦喜，符瑞并臻，功德茂盛，立为中宗"[3]。

综合上述记载可见，宣帝时期祥瑞频繁出现，并非单纯的吉兆，而是通过一种象征性的叙事，将皇权与天命紧密联结，以此构建起一套独特的政治话语体系。这种话语体系不仅向百姓昭示了皇帝治国的合法性，更巧妙地将祥禽瑞兽转化为对宣帝务实政策的赞颂，从而在意识形态层面强化了统治的正当性。

## 二、祥禽瑞兽形象

### （一）龙

大葆台广阳王陵出土的众多文物中，龙的形象广泛出现在漆木器、牙雕、六博棋、玉枕、车马器、铜铺首等各类器物的装饰纹样里，充分彰显了龙在汉代文化中的重要地位。在这些龙的形象中，漆器上的龙纹尤为突出，最具代表性。

以云龙纹漆器为例，其内侧髹红漆，工匠在红色漆层之上，以黄、黑两色精心绘制出一条飞

图一　漆器残片上绘制的黄龙形象

龙图案（图一）。飞龙线条流畅细腻，形象逼真生动，周边环绕的黑色云气纹与飞龙图案相互呼应，营造出神秘庄重的氛围。而漆器的外侧髹黑漆，中心用黄、红两色绘制的飞龙图案（图二），色彩鲜艳夺目，与黑色背景形成强烈的视觉冲击，周边的红色云气纹又进一步增强了飞龙图案的立体感与层次感。细观此龙，扁长龙首双目圆睁，似能洞察万物。锐利尖角突兀而立，尽显威严气度。长耳后垂若闻天籁，獠牙毕露威仪自生。鱼鳍状双翼舒展如帆，四爪稳健紧扣云气。蜿蜒龙身与流动云纹相映，构成飞龙穿云破雾的磅礴之势。

除漆器外，牙雕、六博棋、玉枕、银管饰、

图二　漆器残片上绘制的黄龙形象

① （汉）王充：《论衡》，上海古籍出版社，1990年，第167页。
② 费振刚、胡双宝、宗明华：《全汉赋》，北京大学出版社，1993年，第311页。
③ （汉）王符撰、（清）汪继培笺：《潜夫论》，上海古籍出版社，1978年，第242页。

鎏金铜铺首上亦有形态各异的龙形象。牙雕之龙，威严凛然，龙嘴微启，龙眼、龙角皆以细腻线条呈现（图三）。六博棋上，龙雕工精巧，于方寸间尽显神韵（图四）。玉枕之龙昂首阔嘴，以水晶为睛，青玉作牙、舌与双角，龙首下接长方体铜座，侧面浅浮雕龙爪，造型别致（图五）。银管饰运用立体雕铸，将管端塑为栩栩如生的龙头（图六）。鎏金铜铺首的龙头戴"山"字形冠，双角分叉，双目圆睁，阔口利齿，威猛雄浑（图七）。

这些不同器物上形态各异的龙形象，从各个角度展现了汉代工匠们精湛的技艺。他们以巧夺天工的手艺，将龙的威严、神秘与祥瑞寓意融入每一件器物之中，也反映出当时人们对龙这一祥瑞象征的尊崇与喜爱。这些文物不仅是艺术的瑰宝，更是研究汉代文化、信仰和审美观念的重要实物资料。

西汉时期龙的寓意呈现多元复合形态，并非

图五　龙首枕饰件

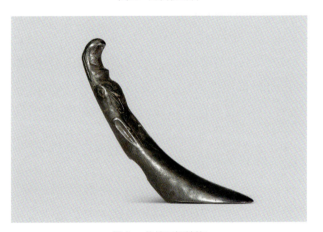

图六　龙首形银管饰

图三　龙首牙雕

图四　飞龙纹六博棋子

图七　龙首形鎏金铜辅首

局限于单一维度，广泛涉及政治、文化、宗教等多个领域，深刻融入了当时社会生活与文化意识的诸多层面。

从政治维度来看，龙与天子之间构建起了紧密的象征关联，成为权力的集中具象化表达。龙的种类呈现出多样化的特征，且名称各异。其中，黄龙在汉代典籍中频繁出现。文帝前元十五年（前165年）春，"黄龙见于成纪"①。宣帝甘露元年四月，"黄龙见新丰"②。成帝鸿嘉元年（前20年）冬，"黄龙见真定"③。《春秋繁露·王道》曰："王正则元气和顺，风雨时、景星见、黄龙下。"④《白虎通义·封禅》也提到："德至渊泉，则黄龙见，醴泉涌，河出龙图，洛出龟书。"⑤这一时期，封建统治秩序逐步稳固，为强化统治阶层的权威性与正统性，"君权神授"观念广泛传播。龙作为一种神秘且具有强大力量的符号，被统治阶层所吸纳与利用，承载着统治阶层对国家和民众的掌控力。

在文化观念层面，龙承载着祥瑞的寓意，被视为能够带来福祉的象征。龙具备通天见神的能力，能够为人们带来吉祥，因而成为人们心目中的吉祥瑞兽，位列"四灵"之一。《礼记·礼运》中明确记载："麟、凤、龟、龙，谓之四灵。"⑥在当时的社会文化语境中，龙的出现往往被解读为上天对人间的眷顾，预示着风调雨顺、国泰民安，民众的生活也会随之繁荣昌盛。这种祥瑞观念在民间信仰和官方祭祀活动中都有着广泛的体现，成为凝聚社会心理和文化认同的重要元素。

在西汉时期的宗教信仰与神话传说体系中，龙还与升仙的概念紧密相连，有载人升仙的寓意。当时，人们普遍对长生不老、超越生死的境界充满向往，求仙问道之风盛行，龙被描绘为能够助人登天、实现升仙愿望的神物。人们相信，通过与龙建立某种神秘的联系，凡人可以摆脱尘世的束缚，进入超凡的仙界，实现灵魂的升华与生命的永恒。汉武帝曾表达"愿乘六龙，仙而升天"的愿望⑦。"吾知所乐，独乐六龙，六龙之调，使我心若"，体现了汉武帝对于乘龙升仙的一种向往⑧。在古代观念中，神人多乘龙，龙可负载他们来往于天地之间。《易林》记载："驾龙骑虎，周遍天下，为神人使。西见王母，不忧危殆。"⑨龙的形象在政治、文化、宗教等多个领域都有着深刻的体现，反映了当时人们的思想观念与精神追求。

## （二）凤

凤作为一种极具象征意义的传统祥瑞形象，出现于牙雕、漆器、当卢、骨雕、玉佩等器物的装饰纹样之中，生动地反映了当时人们的审美意趣与精神追求。

牙雕中心区域以阴刻技法展现丹凤飞舞之态。凤鸟口衔仙丹，冠羽高耸，长尾飘逸（图八）。漆器以黑漆髹饰为基底，其上绘制的凤鸟图案，身姿修长，具长喙、细颈、展翅及长尾之形，口衔仙丹，周身环绕云气纹（图九）。青铜当卢运用错金银工艺装饰四神纹样，纹饰繁复精美，其上端

① （汉）班固：《汉书》，中华书局，2013年，第127页。
② （汉）班固：《汉书》，中华书局，2013年，第269页。
③ （汉）班固：《汉书》，中华书局，2013年，第316页。
④ （汉）董仲舒：《春秋繁露》，上海古籍出版社，1989年，第25页。
⑤ （汉）班固撰、（清）陈立撰、吴则虞点校：《白虎通疏证》，中华书局，1994年，第285页。
⑥ （汉）郑玄注、（唐）孔颖达正义、吕友仁整理：《礼记正义》，上海古籍出版社，2008年，第933页。
⑦ （汉）班固：《汉书》，中华书局，2013年，第1060页。
⑧ （汉）班固：《汉书》，中华书局，2013年，第1059页。
⑨ （汉）焦延寿撰、尚秉和注：《焦氏易林注》，九州出版社，2010年，第152页。

图八　牙雕上刻画的凤鸟衔丹形象

图九　漆器残片上绘制的凤鸟衔丹形象

所饰凤鸟图案姿态绚丽（图一○）。凤纹牙雕的中间部位采用透雕技艺，呈现出瑞凤之姿，凤首高昂，凤冠低垂，凤尾长卷（图一一）。玉佩以透雕工艺雕琢凤纹，凤首昂扬，凤之形态纹样与云气相互交错（图一二）。

在汉代的文献记载体系里，涉及凤凰祥瑞的内容，多见于《汉书》的帝王本纪篇章。凤凰，作为一种极具象征意义的瑞鸟，其出现被赋予了特定的政治与文化内涵，主要用于彰显君王德政以及盛世太平景象。

汉武帝曾颁布诏书称："麟凤在郊薮，河洛出

图一○　错金银四神纹青铜当卢上的凤鸟形象

图一一　凤纹牙雕嵌件

图一二　韘形佩上雕刻的凤鸟形象

图书。"[1] 显而易见，汉王朝统治者将凤凰出现作为彰显盛世气象的重要象征。在汉代，凤凰祥瑞出现

---

① （汉）班固：《汉书》，中华书局，2013年，第160页。

频次最为集中的时期，在西汉当属汉宣帝一朝。据记载，宣帝时期有诸多凤凰现身的记录，如"凤皇集胶东、千乘"[1]"凤皇集北海安丘、淳于"[2]"凤皇集鲁郡，群鸟从之"[3]"凤皇集泰山、陈留"[4]"凤皇甘露降集京师，群鸟从以万数"[5]等。在汉代人的观念中，凤凰的出现被视为盛世明君的重要表现，这一认知深刻反映了当时人们将祥瑞现象与政治统治相联系的普遍文化心理和价值取向。

大葆台广阳王陵中的凤鸟衔丹形象引人注目。在这一形象中，凤鸟口中所衔之物呈丹丸状，此丹丸与汉代社会中从帝王到普通民众皆热切渴求的仙丹高度契合。在汉代人的认知体系里，这种仙丹被视为具有超凡功效的神药，人们普遍相信，服食此药不仅能够使人长生不老，甚至还可能实现升仙的终极追求。

凤鸟衔丹形象，绝非简单的艺术创作，而是深刻蕴含着汉代社会独特的文化观念与精神诉求。从文化内涵层面剖析，它集中体现了汉代盛行的服食丹药和修炼仙丹的观念。在汉代，炼丹术蓬勃发展，成为一门备受关注的方术，上至宫廷，下至民间，炼丹活动屡见不鲜。这一形象正是当时社会炼丹、求丹风气在艺术领域的生动映照。

从精神诉求角度审视，凤鸟衔丹形象表达了汉代人对仙药的极度渴望，以及由此衍生出的对长生不老、升仙的强烈向往。长生不老与升仙，是汉代人在面对生命有限性时所构建出的精神寄托与理想追求。凤鸟作为祥瑞之象征，衔着仙丹出现，无疑承载了汉代人对于超越生死、进入永恒仙境的美好愿景。

## （三）虎

虎，作为力量与威严的象征，在中国古代文化中占据着重要地位，其形象出现于席镇、牙雕、漆器等器物的装饰纹样之中。

席镇之虎造型呈现为侧首屈肢，盘卧于圆形台座之上。其张口瞪目，回首作凝视状，双耳直立，脸部周边环绕一圈鬃毛。两前爪伸展于前方，后腿呈曲卧姿态藏于身下，长尾自两后腿间蜿蜒穿过，并卷曲于身下（图一三）。六博棋以阴刻手法展现奔虎形象，虎身矫健有力，四肢充分伸展，虎尾高高扬起，尽显动态之美（图一四）。虎头形漆器的造型饱满，双目圆睁，虎鼻上部平滑，鼻梁挺直，鼻头圆大。虎口宽阔，微微张开，虎耳

图一三　铜虎镇

图一四　奔虎纹六博棋子

① （汉）班固：《汉书》，中华书局，2013 年，第 242 页。
② （汉）班固：《汉书》，中华书局，2013 年，第 246 页。
③ （汉）班固：《汉书》，中华书局，2013 年，第 247 页。
④ （汉）班固：《汉书》，中华书局，2013 年，第 253 页。
⑤ （汉）班固：《汉书》，中华书局，2013 年，第 262 页。

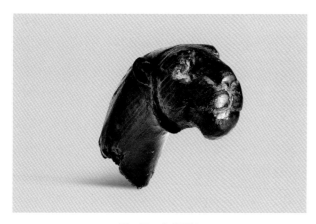

图一五　虎首器柄

短小，向后直立（图一五）。

在祥禽瑞兽象征体系中，虎作为一种猛兽，以其独特的生物特性成为力量的象征符号，且在传统观念里被赋予辟邪御凶的功能。与龙、凤等传说中的祥瑞之物不同，虎是现实世界中真实存在的猛兽，同时亦被视为瑞兽。其形象特征鲜明，毛色斑斓绚丽，吼声洪亮且力大无穷，身姿矫健敏捷，这些特质使其在人们的认知中留下深刻印记。正如《风俗通义·祀典·画虎》所载："虎者阳物，百兽之长也，能执搏挫锐，噬食鬼魅。"①由此可见，在传统观念中，虎具有强大的威慑力，刻画老虎形象用以震慑鬼魅，在汉代的文化语境中占据重要地位。

虎亦是代表天象、方位的"四灵"动物之一，被视为西方的象征。"四神"这一概念，是古人在对天地万物进行观察之后，抽象凝练而成的代表性符号。据《三辅黄图》所载："苍龙、白虎、朱雀、玄武，天之四灵，以正四方，王者制宫阙殿阁取法焉。"②自汉代起，"四灵"所代表的基本方位已固定下来。虎之所以与西方相联系，源于天

上的西方星宿，古人遂以白虎代指西方。汉代诸多文献中亦有将"东西南北"的四方观与"前后左右"的方位观相互关联的记载。《论衡·物势》提到："东方木也，其星仓龙也。西方金也，其星白虎也。南方火也，其星朱鸟也。北方水也，其星玄武也。"③《礼记·曲礼》载："行，前朱鸟而后玄武，左青龙而右白虎，招摇在上，急缮其怒。"④《淮南子·兵略训》中也有阐述："所谓天数者，左青龙，右白虎，前朱雀，后玄武。"⑤这种对应关系不仅体现了汉代人对宇宙空间的认知模式，也反映出虎在其天文与方位观念中的独特地位。

在汉代的升仙信仰中，虎还扮演着重要角色，被视为升仙的交通工具。西汉焦延寿所著《易林》中"驾龙骑虎""西见王母"的记载，便赋予了虎这一象征意义⑥。西王母是掌管长生不老之术、居于仙境的重要神祇。"西见王母"绝非凡人依靠自身能力能够达成，必须借助特殊途径或工具。"驾龙骑虎"作为前提，意味着虎是实现这一升仙拜见过程的关键媒介。这反映出当时人们认为虎具备超越现实的灵异能力，能跨越人间与仙境的距离，载着人抵达西王母所在的仙境，完成升仙旅程。由此可见，西汉时期虎已被视为助人升仙的重要交通工具。

汉代人极为重视死后升仙，并对升仙过程中可能遭遇的困难展开丰富想象。在这种文化背景下，老虎在众多瑞兽中脱颖而出，成为助力墓主人顺利升仙的重要工具。这一现象反映出虎在汉代人精神世界中具有沟通生死、连接凡界与仙界的特殊意义，进一步丰富了虎在汉代文化中的象征内涵。

①　（汉）应劭：《风俗通义》，中华书局，1985年，第200页。

②　何清谷：《三辅黄图校释》，中华书局，2005年，第160页。

③　（汉）王充：《论衡》，上海古籍出版社，1990年，第34页。

④　（汉）郑玄注、（唐）孔颖达正义、吕友仁整理：《礼记正义》，上海古籍出版社，2008年，第105页。

⑤　（汉）刘安撰、（汉）高诱注：《淮南子》，中华书局，1954年，第263页。

⑥　（汉）焦延寿撰、尚秉和注：《焦氏易林注》，九州出版社，2010年，第152页。

虎在汉代文化中呈现出多元的象征意义与角色内涵，从辟邪御凶的力量象征，到代表天象方位的"四灵"之一，再到升仙信仰中的关键元素，深刻融入汉代社会的各个层面。

### （四）玄武

当卢所饰玄武纹样中，龟的形态刻画细致入微，龟背略微隆起。错金银工艺的运用，使得玄武纹样在当卢上熠熠生辉，金银的光泽与龟纹的古朴相互映衬，进一步凸显了玄武的神秘与威严（图一六）。

玄武的形象主要为龟或龟蛇合体造型。其起源和发展与古代天文、神话、神仙信仰等领域紧密相连。在古代文献中，玄武的记载屡见不鲜，其形象与内涵在历史的演进中不断丰富和演变。

图一六　错金银四神纹青铜当卢上的玄武形象

宋代洪兴祖对玄武有详细解释："玄武，谓龟蛇。位在北方，故曰玄。身有鳞甲，故曰武。"[①]北方称为玄，龟因其有鳞甲，故可抵御外侮、灾害。

从历史发展来看，汉代以前，玄武主要是神龟的象征。到了汉代以后，其形象在神龟的基础上增加了蛇的元素。西汉中后期，玄武图像演变为龟蛇结合的形象，这一造型方式逐渐成为成熟的表现形式[②]。《后汉书·王梁传》曰："玄武，水神之名。"[③]唐李贤注："玄武，北方之神，龟蛇合体。"[④]

玄武的起源与古代星象学紧密相连。古人将周天恒星划分为二十八宿，又进一步归纳为四宫，分别以"四灵"命名，北宫即玄武，它是北方七宿斗、牛、女、虚、危、室、壁的统称。《汉书·天文志》有"北宫玄武"的记录[⑤]。这种与天文星宿的紧密勾连，赋予了玄武在古代宇宙观中的特殊地位。

在古代文化观念中，玄武被视作北方之神。由于其方位对应北方，玄武又称玄冥，为水神，居北海。《淮南子·天文训》云"北方水也，其帝颛顼，其佐玄冥，执权而治冬，其神为辰星，其兽玄武"[⑥]，明确了玄武作为北方之神与水神的属性。

玄武还被视为祥瑞的象征，尤其是吉祥长寿的代表。《史记·龟策列传》记载"南方老人用龟支床足，行二十余岁，老人死，移床，龟尚生不死。龟能行气导引"。"龟者是天下之宝也"。"知天之道，明于上古"。"明于阴阳，审于刑德。先知利害，察于祸福"[⑦]。龟作为玄武形象的关键构成，其长寿、通神等特性赋予了玄武祥瑞的寓意。

① （宋）洪兴祖：《楚辞补注》，中华书局，1983 年，第 171 页。
② 王黎梦：《陕北东汉画像石上的玄武图像研究》，《西北美术》2021 年第 4 期。
③ （南朝）范晔：《后汉书》，中华书局，2013 年，第 774 页。
④ （南朝）范晔：《后汉书》，中华书局，2013 年，第 774 页。
⑤ （汉）班固：《汉书》，中华书局，2013 年，第 1279 页。
⑥ （汉）刘安撰、（汉）高诱注：《淮南子》，中华书局，1954 年，第 37 页。
⑦ （汉）司马迁：《史记》，中华书局，2013 年，第 3228～3231 页。

### （五）豹

广阳王陵中出土的铜豹造型独特，以回首半卧的姿态呈现。豹尾卷曲于腹部，自然地贴合着身体。三足沉稳着地，一足微微抬起，展现出一种跃然欲动的姿态（图一七）。

豹属猫科动物，其性情凶猛且行动极为迅捷，因其体表豹斑呈空心状，颇似古代的铜钱，故而亦被称作"金钱豹"。在汉代，猎豹的驯养活动已悄然兴起。豹与虎、熊皆为猛兽，自春秋战国时期起，人们便热衷于将猛兽形象呈现在各类器物之上，用以彰显勇猛无畏的精神特质。《诗经·国风·郑风·羔裘》中有"羔裘豹饰，孔武有力"的记载[1]，反映出当时人们认为身着带有豹皮装饰的衣物，能使自身显得高大威猛、勇武有力，甚至可产生威慑他人的效果。这种认知体现了人们对豹所代表的勇猛有力特质的推崇，且已将其融入当时的服饰文化之中。

豹具有比喻君子贤人的文化寓意。君子人格在中国传统文化中占据着重要地位，《周易·革》云"君子豹变"[2]，以豹的成长过程来比喻君子的修养与蜕变。这句话阐述了君子能够与时俱进、不断革新自身的理念。正如豹之斑纹随着成长愈发蔚然多彩，君子在发展过程中不断积累、升华，实现自我价值的提升与事业的精进。三国时期曹魏经学家王弼在注释中提到："居变之终，变道已成，君子处之，能成其文。"[3] 这进一步指出，在变革完成之际，君子能够成就变革的文化与价值。唐代孔颖达的疏解更为详尽："变道已成，君子处之，虽不能同九五革命创制，如虎文之彪炳，然亦润色鸿业，如豹文之蔚缛，故曰君子豹变也。"[4] 这明确说明，变革已经完成，君子虽不具有主导革命、创立新制的卓越能力，难以展现出如虎纹般的显著功绩，但也能为伟大事业增添光彩，如同豹纹般华美。"君子豹变"深刻揭示了君子人格的内涵与价值，如同小豹子在成长中逐渐拥有矫健的身姿和美丽的花纹，君子通过自我努力修养，也能从平凡之人变得富有气质和文采。这种比喻反映了古人对君子品德修养的高度重视，以及对豹所蕴含的积极品质的认同，将豹的形象与人修养及高尚的道德追求紧密相连。

豹在汉代文化中具有丰富的内涵，它不仅代表着勇猛与力量，同时还被赋予了隐喻君子贤人的文化意义。这些多元的内涵深刻反映了汉代社会的价值取向和审美观念。

### （六）九尾狐

在广阳王陵所出土的装饰漆奁的金箔中，九尾狐的形象跃然其上。九尾狐整体姿态颇具动感，头部小巧，双耳笔直竖起，身形修长曼妙，尤为引人注目的是，生有九条尾巴，尾尾蓬松舒展，仿佛在诉说着神秘力量与美好寓意（图一八）。

图一七　铜豹

① 周振甫译注：《诗经译注》，中华书局，2013年，第114页。
② （三国）王弼、韩康伯注，（唐）孔颖达等正义，黄侃经文句读：《周易正义》，上海古籍出版社，1990年，第114页。
③ （三国）王弼、韩康伯注，（唐）孔颖达等正义，黄侃经文句读：《周易正义》，上海古籍出版社，1990年，第114页。
④ （三国）王弼、韩康伯注，（唐）孔颖达等正义，黄侃经文句读：《周易正义》，上海古籍出版社，1990年，第114页。

图一八　九尾狐形金箔饰片

九尾狐的祥瑞意义兴盛于汉代，同时具有子孙繁息、神仙信仰等多个层面的寓意。九尾狐最为典型的特征便是拥有硕大的九尾，这里的"九"通常用作虚数，并非严格意义上的数字九，而是形容尾巴数量多，故而"九尾"这一形象更多是一种意会，实际上不一定能确切地数出九条尾巴。《山海经·海外东经》称："青丘国在其北，其狐四足九尾。"①《山海经·大荒东经》载："有青丘之国。有狐，九尾。"②由此推断，汉代作为瑞兽的九尾狐所表现的原型应是青丘国的九尾狐。

九尾狐的出现被视为贤德明君的祥瑞之兆。东汉班固在《白虎通义·封禅》中指出："德至鸟兽，则凤皇翔，鸾鸟舞，麒麟臻，白虎到，狐九尾，白雉降，白鹿见，白鸟下。"③晋代郭璞在《九尾狐赞》中也提到："青丘奇兽，九尾之狐。有道祥见，出则衔书。作瑞于周，以摽灵符。"④可见，

九尾狐的出现被看作是上天对帝王施行德政的一种褒奖。

《淮南子·主术训》中有云，圣明的帝王会让"禽兽昆虫，与之陶化"⑤，这意味着帝王不仅能够教化百姓，还能让动物也受到道德的熏陶，彰显出帝王的道德权威无处不在，如此这般，国家必然走向强盛。因此，九尾狐的出现预示着国家的强盛，成为祥瑞意义的重要象征。

九尾狐还具有象征子孙繁息、后代昌盛的吉祥寓意，这一寓意同时与星宿中的尾宿紧密相关。《白虎通义·封禅》记载："狐九尾何？狐死首邱，不忘本也。明安不忘危也。必九尾者何？九妃得其所，子孙繁息也。于尾者何？明后当盛也。"⑥《史记·天官书》中提到："尾为九子。"⑦九尾的形象与星象中东方苍龙的尾宿存在关联。东汉宋均解释道："属后宫场，故得兼子。"⑧《春秋元命包》记载："尾九星，箕四星，为后宫之场也。"⑨唐张守节进一步阐释："尾九星为后宫，亦为九子。星近心第一星为后，次三星妃，次三星嫔，末二星妾。"⑩由此可见，九尾对应九妃，象征着帝王子嗣绵延不绝，皇权永固，万世昌盛。

在汉代的西王母神仙信仰体系中，九尾狐常与捣药玉兔、蟾蜍一同作为西王母的随从出现。西王母在西汉时期被尊为长生不老之神，其居所位于神话中的昆仑山。九尾狐作为她的伴兽之一，表明汉代人已将九尾狐纳入神仙信仰的范畴，并赋予其神圣的地位。从这一角度来看，九尾狐不

① （晋）郭璞注、（清）郝懿行笺疏、沈海波校点：《山海经》，上海古籍出版社，2015 年，第 273 页。
② （晋）郭璞注、（清）郝懿行笺疏、沈海波校点：《山海经》，上海古籍出版社，2015 年，第 335 页。
③ （汉）班固撰、（清）陈立撰、吴则虞点校：《白虎通疏证》，中华书局，1994 年，第 284 页。
④ （宋）李昉：《太平御览》，上海古籍出版社，2008 年，第 149 页。
⑤ （汉）刘安撰、（汉）高诱注：《淮南子》，中华书局，1954 年，第 130 页。
⑥ （汉）班固撰、（清）陈立撰、吴则虞点校：《白虎通疏证》，中华书局，1994 年，第 286～287 页。
⑦ （汉）司马迁：《史记》，中华书局，2013 年，第 1298 页。
⑧ （汉）司马迁：《史记》，中华书局，2013 年，第 1298 页。
⑨ （汉）司马迁：《史记》，中华书局，2013 年，第 1298 页。
⑩ （汉）司马迁：《史记》，中华书局，2013 年，第 1298 页。

仅是西王母信仰体系中的重要象征，也体现了汉代人对长生不老的追求与向往。

### （七）鹿

广阳王陵所出土漆器之上，有鹿的形象。鹿呈现出奔跑的姿态，眼睛炯炯有神，耳朵竖立，颈部修长，腹部圆鼓，四肢充满张力，仿佛正疾驰于云气之中，整只鹿的形态栩栩如生。鹿的身体以棕红色为主，黑色的线条勾勒出鹿的轮廓和细节，使鹿的形象更加鲜明生动（图一九）。

在装饰漆奁的金箔之上，亦呈现出一只奔鹿的形象。这只奔鹿身姿矫健，虽以金箔为载体，却仿若被赋予了鲜活的生命力，仿佛正以风驰电掣之势纵情驰骋，其动态之美透过岁月的尘埃，依旧清晰可感（图二〇）。

在汉代的文化语境中，鹿被赋予了丰富且美好的象征寓意，不仅承载着祥瑞、长寿的美好寓意，还与当时人们追求升仙的信仰紧密相连，反映了汉代的社会文化与精神追求。

鹿在汉代被视为祥瑞之征，在汉代人的观念里，鹿是吉祥福瑞的化身，是寓示德行的瑞兽。《史记·孝武本纪》记载："天子苑有白鹿，以其皮为币，以发瑞应，造白金焉。"[1] 这些记载表明，鹿，尤其是白鹿，被视为祥瑞之物，其出现与王者的德行、政治清明密切相关，凸显了白鹿在祥瑞文化中的重要地位。鹿所具备的纯善品性，与汉代人崇尚的道德标准契合，成为一种德行的象征。

鹿在汉代文化中是长寿的象征，这一观念源于人们对长寿的追求。《述异记》曰："鹿一千年为苍鹿，又百年化为白鹿，又五百年化为玄鹿。汉成帝时，山中人得玄鹿，烹而视其骨皆黑色，仙

图一九　漆器残片上绘制的奔鹿形象

图二〇　鹿形金箔饰片

者说：玄鹿为脯，食之，得二千岁。"[2] 从这段记载中可以看出，鹿的寿命在古人的认知中极为长久，甚至食用玄鹿之脯可使人增寿两千岁。汉代人对鹿的崇拜，在很大程度上源于他们对长生不死的渴望，鹿成为承载这种美好愿望的重要载体。

在汉代的神仙信仰体系中，鹿是带有灵性的瑞兽，常被视为升仙的工具。在汉代的艺术作品中，常能见到奔腾于云气中的神鹿形象，它们是神仙的坐骑，与汉人祈求长生、升仙的愿望紧密相连。《神仙传》中记载："中山卫叔卿，常乘云车，驾白鹿，见汉武帝，将臣之，叔卿不言而去。"[3] 这一记载展现了鹿作为仙人坐骑的形象。此外，《长歌行》中"仙人骑白鹿，发短耳何长。导我上太华，揽芝获赤幢。来到主人门，奉药一玉

---

① （汉）司马迁：《史记》，中华书局，2013年，第457页。

② （宋）李昉：《太平御览》，上海古籍出版社，2008年，第130页。

③ 何清谷：《三辅黄图校释》，中华书局，2005年，第201页。

箱。主人服此药，身体日康强。发白复更黑，延年寿命长"的诗句[1]，也清晰地描绘了在汉代人心中，仙鹿是得道成仙的重要坐骑。从汉代开始，整个社会各阶层为了祛灾避祸、死后升仙、长生不老，掀起了一场轰轰烈烈的造仙运动。人们羡慕天上神仙自由自在的生活，渴望死后灵魂能与神仙交往。为了实现升仙的愿望，汉代人在龙、虎、马、鹿等祥瑞之兽身上加上翅膀，使其能够飞翔，成为人们心目中的升仙工具。

鹿在汉代文化中集祥瑞、长寿、升仙工具等多重美好象征寓意于一身，是汉代社会文化与精神追求的生动体现。

## （八）天马

在广阳王陵出土的漆器表面，天马的形象悄然浮现，其线条简洁流畅，勾勒出天马独有的神骏姿态。天马的形象颇具特色，头部造型独特，眼睛圆睁，似乎充满了灵动与活力。天马的身体部分以线条勾勒，线条流畅且富有节奏感，展现出天马的矫健与力量。周边的云气纹与天马相互映衬，增添了画面的层次感和神秘感（图二一）。

"天马"之名，最早可追溯至《山海经·北山经》，其中记载："马成之山有兽焉，其状如白犬而黑头，见人则飞，其名曰天马。"[2]天马并非通常认知中的马，而是一种外形似犬且具备飞行能力的奇异兽类。到了汉代，天马的概念与内涵发生了转变。

图二一　漆器残片上绘制的天马形象

汉武帝对马的喜爱，使其将目光聚焦于西域的良马。《汉书·西域传》记载："闻天马、蒲陶则通大宛、安息。"[3]《史记·大宛列传》中也提到："神马当从西北来。得乌孙马好，名曰天马。及得大宛汗血马，益壮，更名乌孙马曰西极，名大宛马曰天马。"[4]从这些文献记载可以看出，汉武帝对西域良马的重视与渴求，并因此作天马歌。三国魏人文颖解释："言武帝好仙，常庶几天马来，当乘之往发昆仑也。"[5]东汉应劭解释："阊阖，天门。玉台，上帝之所居。"[6]由此可见，天马与汉武帝的升仙信仰有关，可以托载其灵魂飞升入昆仑仙界。

《汉书·武帝纪》载："元鼎四年秋，马生渥洼水中。作天马之歌。"[7]"太初四年春，贰师将军广利斩大宛王首，获汗血马来。作西极天马之歌。"[8]《史记·乐书》中也有相关记载："又尝得神马渥洼水中，复次以为太一之歌。"后伐大宛，得

① 逯钦立辑校：《先秦汉魏南北朝诗》，中华书局，1983年，第262页。
② （晋）郭璞注、（清）郝懿行笺疏、沈海波校点：《山海经》，上海古籍出版社，2015年，第107～108页。
③ （汉）班固：《汉书》，中华书局，2013年，第3928页。
④ （汉）司马迁：《史记》，中华书局，2013年，第3170页。
⑤ （汉）班固：《汉书》，中华书局，2013年，第1061页。
⑥ （汉）班固：《汉书》，中华书局，2013年，第1061页。
⑦ （汉）班固：《汉书》，中华书局，2013年，第184页。
⑧ （汉）班固：《汉书》，中华书局，2013年，第202页。

千里马，马名蒲梢，汉武帝又创作了一首天马歌，曰："天马来兮从西极，经万里兮归有德。"①

随着汉王朝对西域了解的不断深入，天马的产地一路向西推移，从最初的渥洼水天马，到乌孙天马，最终确定为大宛天马。这一变化，与汉代凿通西域的历史背景有着直接的关联，天马实际上来源于真实存在的西域良马。

据《汉书·武帝纪》记载，汉武帝在太始二年（前95年）三月，颁布诏书称："有司议曰，往者朕郊见上帝，西登陇首，获白麟以馈宗庙，渥洼水出天马，泰山见黄金，宜改故名。今更黄金为麟趾褭蹄以协瑞焉。"②汉武帝将这种形制的黄金赏赐给诸侯王。白麟、天马与黄金在当时皆被视作祥瑞之物，武帝因而下诏，将黄金铸造成麟趾与褭蹄的形状。其中，褭蹄指的就是天马的马蹄。值得注意的是，"渥洼水出天马"被视为祥瑞之兆。对于统治者而言，获得西域良马，并且将西域诸国纳入西汉的势力范围，这无疑是对其统治的一种肯定，更是祥瑞的重要体现。

马作为一种与人类生活密切相关的动物，因其在日常生活和军事活动中的重要作用，逐渐被赋予了特殊的意义。人们将马视为连接人间与仙界的媒介，认为其能够成为求仙的桥梁和升仙的工具。基于这种信仰，原本象征祥瑞的天马形象发生了演变，从普通的良马逐渐转变为带有双翼的翼马。这种形象转变不仅体现了人们对天马神性的想象，更赋予了它特殊的使命，承载人类灵魂飞升至昆仑仙界，帮助人们实现永生不死的终极追求。

汉代"天马"这一独特的文化符号，从最初与西域良马的紧密关联，到逐渐承载升仙的寓意，再到形象从普通马向带翼马的转变，这一系列的变化，深刻地反映了当时的政治、文化与社会思想。它不仅是汉武帝拓展疆土、追求长生的象征，更是汉代祥瑞及神仙思想盛行的生动体现，承载着极为丰富的历史文化内涵。

## （九）骆驼

在广阳王陵出土的漆器装饰金箔之上，骆驼的形象赫然呈现。骆驼头部微微抬起，两个驼峰较为圆润饱满，前肢一前一后，后肢一高一低，四肢舒展，呈现出奔跑的姿态，动感十足（图二二）。

骆驼作为极具特色的动物，在汉代社会生活中承载着丰富的内涵，在经济、文化、信仰等领域扮演关键角色。

汉代丝绸之路开通后，中西交通日渐繁盛，骆驼凭借其强大的长距离负重运输能力与对恶劣环境的适应能力，成为东西方贸易运输的首选。骆驼满足了丝绸之路长途跋涉与物资转运需求，是连接中西方经济文化交流的纽带。骆驼不仅运输了货物，更传播了不同地域的文化、艺术、技术等，成为中西文化传播的重要见证。不同文化在骆驼的往来穿梭中相互碰撞、融合，丰富了汉代文化的内涵。

图二二　骆驼形金箔饰片

---

① （汉）司马迁：《史记》，中华书局，2013年，第1178页。

② （汉）班固：《汉书》，中华书局，2013年，第206页。

骆驼与马、牛、驴等动物一样，在战争中发挥着重要作用。汉武帝的《轮台诏》中提到"朕发酒泉驴橐驼负食，出玉门迎军"[1]，表明在军事行动中，骆驼被用于驮运粮食等物资，保障军队的后勤供应。不仅如此，骆驼具有预知恶劣天气、感知地下水源和辨别方向的能力，使其成为沙漠行军中军队不可或缺的助手，为军事行动的顺利开展提供了有力支持。

最早驯养骆驼的地区包括燕、代等地。从《史记·苏秦列传》记载"燕、代橐驼良马必实外厩"[2]，可推断骆驼被引进后，在北方气候适宜地区已被畜养。《汉书·百官公卿表》记载"又牧橐、昆蹄令丞"[3]，东汉应劭解释："橐，橐佗。昆蹄，好马名也。"[4]唐颜师古解释："牧橐，言牧养橐佗也。"[5]表明汉代太仆寺设有专门官吏牧橐令和牧橐丞，负责管理和饲养骆驼，从侧面反映出骆驼在当时的特殊地位与相对陌生性。尽管骆驼在汉代发挥着重要作用，但作为外来奇畜，当时大多数人对其并不熟悉。汉代文献表明，骆驼主要通过进贡、战争等方式传入中原。悬泉置汉简记载"奉献橐佗入敦煌"[6]，说明西北诸国常将骆驼作为贡品进献。《汉书·西域传》记载汉宣帝本始三年（前71年），常惠率汉军与乌孙联军击败匈奴，获"马牛羊驴橐驼七十余万头，乌孙皆自取所虏获"[7]，说明骆驼作为战利品传入中原地区。

汉代，骆驼被视作瑞兽，作为祥瑞的象征，常与其他瑞兽相伴出现，且周围多饰以云气纹，这一形象深刻反映了当时人们的升仙信仰。人们认为骆驼来自西方昆仑仙境，《楚辞·九歌·大司命》中"乘龙兮辚辚，高驼兮冲天"[8]以及《楚辞·七谏·谬谏》中"要褭奔亡兮，腾驾橐驼"[9]的描述，为骆驼蒙上了一层神秘的色彩，体现出其在时人观念中与仙境、超凡力量的紧密联系，寄托着人们对超越现实、通往仙境的向往。

骆驼来自西域，而西域被认为是西王母昆仑仙山所在之地，昆仑山又是汉人向往的死后世界。因此，骆驼被赋予导引方向的功能，被视作通往昆仑仙山的理想交通工具。骆驼常具有引导主人升天的象征意义，骑乘骆驼的形象隐喻着升仙工具，体现了汉代人死后升仙的朴素信仰，成为当时精神文化的一种体现。

汉代的骆驼在祥瑞文化、经济活动、地域分布及文化信仰等方面都有着独特的内涵与表现。它不仅是物质交流的重要工具，更是精神文化的重要象征，全方位地参与并影响了汉代社会的发展与变迁。

## （十）仙鹤

广阳王陵出土的漆器残片绘有仙鹤，仙鹤造型独特，极具艺术韵味。仙鹤主体以红褐色呈现。仙鹤身姿轻盈，长颈伸展，似在优雅地飞翔。周围辅以红色线条点缀，似流云般环绕仙鹤，增添了画面的动感与神秘氛围（图二三）。

鹤形象的出现，有着悠久的历史渊源和深厚

① （汉）班固：《汉书》，中华书局，2013年，第3913页。
② （汉）司马迁：《史记》，中华书局，2013年，第2261页。
③ （汉）班固：《汉书》，中华书局，2013年，第729页。
④ （汉）班固：《汉书》，中华书局，2013年，第729页。
⑤ （汉）班固：《汉书》，中华书局，2013年，第729页。
⑥ 郝树声、张德芳：《悬泉汉简研究》，甘肃文化出版社，2009年，第197页。
⑦ （汉）班固：《汉书》，中华书局，2013年，第3905页。
⑧ （宋）洪兴祖：《楚辞补注》，中华书局，1983年，第70页。
⑨ （宋）洪兴祖：《楚辞补注》，中华书局，1983年，第257页。

图二三　漆器残片上绘制的仙鹤形象

的文化基础，绝非普通鸟类可比拟。优雅的形态、嘹亮的鸣声、擅长飞行的能力等这些特性使其成为高洁的吉祥神鸟，常被用以比喻帝王、文士与君子的仁德。《诗经·小雅·彤弓之什·鹤鸣》中"鹤鸣于九皋，声闻于野""鹤鸣于九皋，声闻于天"[1]，借"鹤鸣"指代品行高洁、修身自省之人。楚辞、汉赋中不乏对鹤尤其是"玄鹤"的赞美之词，如《楚辞·九叹·忧苦》中"听玄鹤之晨鸣兮，于高冈之峨峨"[2]，《楚辞·九叹·远游》中"驾鸾凤以上游兮，从玄鹤与鹪明"[3]，均彰显了鹤的崇高地位。"鹤鸣，诲宣王也"[4]，以鹤的栖息环境与善鸣特性，教诲宣王任用贤能。鹤因形象高雅、行为端正，被赋予高尚的人格品质，成为才俊、贤能之士的绝佳比喻。

汉代，鹤的形象得到进一步丰富与升华，与长寿意象存在紧密关联。汉代有"鹤寿千岁"的说法，鹤成为长寿的象征。《淮南子·说林训》中有"鹤寿千岁，以极其游"的记载[5]，为鹤的长寿意象提供了文献依据。古人常以"龟鹤遐龄"表达对老人长寿的美好祝愿，正是基于鹤长寿这一深入人心的文化认知。

受汉代盛行的升仙思想影响，鹤被视为能够辅助升仙的神鸟，为仙人的骐骥、天国的使者与神仙的化身。《春秋繁露·循天之道》将鹤长寿的原因归结为"无宛气于中"[6]。《汉书·郊祀志》记载宣帝即位时"有白鹤集后庭"[7]，便是鹤作为祥瑞象征的具体体现。《列仙传》中"王子乔乘白鹤"[8]"萧史吹箫引孔雀白鹤于庭"[9]"黄鹤栖于陵阳子明冢边"等故事[10]，生动展现了鹤在升仙传说中的重要角色。《淮南八公相鹤经》云"鹤，阳鸟也，而游于阴，盖羽族之宗长，仙人之骐骥也"[11]，进一步强化了鹤与仙的联系。

① 周振甫译注：《诗经译注》，中华书局，2013年，第273页。
② （宋）洪兴祖：《楚辞补注》，中华书局，1983年，第299页。
③ （宋）洪兴祖：《楚辞补注》，中华书局，1983年，第310页。
④ 周振甫译注：《诗经译注》，中华书局，2013年，第274页。
⑤ （汉）刘安撰、（汉）高诱注：《淮南子》，中华书局，1954年，第300页。
⑥ （汉）董仲舒：《春秋繁露》，上海古籍出版社，1989年，第93页。
⑦ （汉）班固：《汉书》，中华书局，2013年，第1248页。
⑧ （汉）刘向：《列仙传》，上海古籍出版社，1990年，第9页。
⑨ （汉）刘向：《列仙传》，上海古籍出版社，1990年，第11页。
⑩ （汉）刘向：《列仙传》，上海古籍出版社，1990年，第23页。
⑪ （唐）欧阳询撰、汪绍楹校：《艺文类聚》，中华书局，1965年，第1563页。

### （十一）熊

在广阳王陵出土的车马器节约上，熊的形象极具特色。熊眼睛圆睁，长鼻微凸，圆耳直立，四肢自然蜷缩，足掌外露（图二四）。

在我国远古神话体系之中，熊这一形象占据着重要的地位，尤其在关乎中华民族先祖黄帝的传说脉络里，其意义非凡。熊崇拜作为一种古老的文化现象，从文献资料中可以看到，熊图腾崇拜发端于黄帝，黄帝号"有熊"，国号同为"有熊"[①]，由此往下可清晰勾勒出一条熊崇拜延续的历史线索。自黄帝以降，历经夏代始祖禹，再至后续的楚国王族，熊崇拜的文化现象从未出现断裂，持续贯穿于历史的演进过程之中。楚人秉持着自身乃黄帝后裔的信念，由此使得熊图腾在楚族先祖的精神信仰领域占据着很高地位。汉朝在文化传承层面深受楚风濡染，汉人对熊的推崇也就顺理成章、水到渠成。熊被赋予了吉祥辟邪的祥瑞寓意。郑玄明确提及"熊罴在山，阳之祥也"[②]，可见社会对熊之祥瑞属性的认可。当熊以图案化的纹饰形式呈现时，其所蕴含的意义不单局限于取其形态所彰显的稳重特质，更为关键的是承载着

图二四　鎏金熊形铜节约

深厚的吉祥辟邪寓意，成为汉代装饰艺术与民俗信仰紧密融合的生动例证。

《后汉书·礼仪志》载："大傩，谓之逐疫。方相氏黄金四目，蒙熊皮，玄衣朱裳，执戈扬盾。"[③]细察方相氏这一角色的装束细节，蒙覆熊皮是其标志性特征。从仪式构建逻辑及文化象征意义层面剖析，熊皮无疑在傩礼法具体系中占据核心地位，它是构成方相氏身份的关键要素。唯有装扮成熊的模样，才能进阶为傩人，进而获得驱鬼逐疫的资格与能力。由此可见，在这场神秘的逐疫仪式里，虽由人来扮演仪式角色，但真正在象征意义上发挥驱鬼效应、承载辟邪力量的关键主体，实则是被赋予神秘力量的"熊"。这一现象不仅映射出汉代人对熊所蕴含神秘力量的尊崇，更揭示了熊在当时民俗信仰与仪式文化中的独特地位。

熊是极具象征意义的文化符号。一方面，熊是力量的具象象征，汉代人喜爱熊，因其体重力大，承载着雄浑之力，这种基于熊体特质的力量崇拜，使熊深深嵌入当时的精神图谱。另一方面，熊被奉为辟邪神兽，深度融入礼仪与习俗。大傩礼仪里，驱鬼逐疫的方相氏常身披熊皮登场，这源于社会对熊辟邪驱鬼之力的笃信。作为祥瑞动物，熊守护安宁、驱散邪祟，在汉代礼仪实践与民俗心理中持续渗透影响力。

### （十二）羽人

广阳王陵的羽人形象极具奇幻的艺术风格，从造型特征来看，其细长且灵动的四肢，赋予了静态羽人鲜活的生命力。聚焦于羽人的腰部装饰，红色装饰带尤为引人注目，与脖颈、肘部以及腿

① （汉）司马迁：《史记》，中华书局，2013年，第1～2页。
② （汉）毛亨传，（汉）郑玄笺，（唐）孔颖达疏，朱杰人、李慧玲整理：《毛诗注疏》，上海古籍出版社，2013年，第988页。
③ （南朝）范晔：《后汉书》，中华书局，2013年，第3127页。

部设置的红色点缀彼此呼应，形成了鲜明的色彩对比效果。面部特征方面，羽人呈现出长脸高鼻、修眉深目的独特面相。锥形长发呈上扬态势，肩部生出羽翼，仿若承载着古人羽化登仙的浪漫遐想，为羽人赋予翱翔天际的神奇能力，实现从凡俗向仙界的跨越。羽人双臂伸展，一臂笔直伸展，另一臂肘向前斜垂并屈伸，优雅自如。腰部束以红带，起到了装饰点缀作用，腰生羽翼，层层叠叠，与整体羽人形象相得益彰，营造出一种飘逸、轻盈的视觉效果。从腿部姿势观察，一腿直立，为身姿提供坚实稳定的支撑，另一腿弯曲，刚柔并济。加之形似鸟足的形态，进一步强化了羽人与鸟类之间的紧密关联，仿若将人与鸟的特质完美融合，浑然一体。整体呈现出一种介于现实与仙界之间、充满奇幻色彩且极具艺术感染力的独特形象（图二五）。

在广阳王陵出土的一件牙雕中，亦可见羽人驭龙的形象。羽人呈凤鸟之形，其右爪高扬，紧握一鞭，驾驭着一条飞龙，呈现出腾云驾雾之姿。整个形象飘逸洒脱，仿佛遨游于天地之间，深刻体现了秦汉时期人们对于驭龙升仙的向往与追求（图二六）。

羽人又被称作飞仙，即生有羽翼的仙人，作为一种独特的形象，从形态构成上来看，其本质上属于复合型造型，是以人类形象为基础，融合鸟类的显著特征，进而衍生出的超自然存在。羽人不仅拥有仙人的一般特性，如不老不死的生命特质，还具备自由快乐的精神境界，象征着超脱世俗的理想状态。汉代羽人肩负着接引升仙、赐丹药，行气引导、助长寿，奉神娱神、辟不祥的

图二五　漆器残片上绘制的羽人形象

图二六　牙雕上刻画的羽人形象

使命[1]。羽化成仙是升仙最为直接的途径，承载着人们超脱尘世的祈愿。与之相应，羽人图像宛如一面直观映照此等精神诉求的艺术明镜，精准且典型地将"羽化成仙"这一核心理念具象化。

羽人的概念及特征在各类历史文献中屡见不鲜，而在汉代思想与信仰体系中，它更被赋予了特殊的象征意义，成为连接天人、沟通生死的重要文化符号。《楚辞·远游》中载有"仍羽人于丹丘兮，留不死之旧乡"[2]，勾勒出羽人与超凡脱俗之地以及长生不死意象之间的潜在关联。东汉王逸在为《楚辞》作注时引用《山海经》所言"有羽人之国，不死之民。或曰：人得道，身生毛羽也"[3]，进一步丰富了羽人的内涵，指明其与特定地域及身体异化特征紧密相连。南宋洪兴祖补注"羽人，飞仙也"[4]，以简洁话语点明羽人的本质属性，将其归属于仙人范畴。汉乐府《长歌行》描述仙人"发短耳何长"[5]，虽未直接言及羽人，却从侧面反映出对羽人形象别样特征的捕捉。《淮南子·道应训》记载秦始皇时方士卢敖所见神仙"深目而玄鬓，泪注而鸢肩，丰上而杀下"[6]，呈现出秦汉之际神仙形象的一种具象化描绘。晋葛洪《抱朴子内篇·论仙》提及仙人"邛疏之双耳，出乎头巅"[7]，再次拓展了仙人形象奇异特征的边界。《论衡·无形》中"图仙人之形，体生毛，臂变为翼，行于云，则年增矣，千岁不死"[8]，则精准聚焦于仙人身体形态向羽人趋近的关键特征，体生毛羽、臂化羽翼，以及与之相伴的长生不死的属性。

## 三、文化意蕴

### （一）趋吉避凶的美好祈愿

在人类社会的发展进程中，趋吉避凶始终是一种普遍的心理倾向，这种追求跨越了阶层界限，上至天子、下至百姓无一例外。从宏观的历史脉络来看，自上古绵延至当下，规避灾疫、追寻吉祥的愿望从未改变。汉代社会中，这一心理尤为突出，人们将对美好生活的向往具象化，催生了一系列承载着美好寓意的祥禽瑞兽形象，它们成为祥瑞文化的重要组成部分，承载着厚重的文化内涵，深刻地反映出汉代人的精神诉求与价值取向。汉代的祥瑞文化成为那个时代独特的文化标识。祥禽瑞兽作为一种特殊的文化符号，承载着人们趋吉避凶、求吉纳祥、辟邪驱恶的美好愿望，成为汉代人心理的寄托载体，鲜明地折射出他们对美好幸福生活的向往。

大葆台广阳王陵所呈现的祥禽瑞兽形象并非简单的装饰元素，而是通过精心的艺术构思，突破了单纯器物装饰的审美范畴，被赋予了多重象征意义，构建起一个层次丰富的象征体系。与求吉纳祥相对应，避开凶邪、驱除恶鬼也是汉代人的重要愿望。在当时的观念中，鬼邪会带来灾难和不幸，因此需要借助祥瑞之物来阻挡。在广阳王陵中，祥禽瑞兽的形象将吉祥与辟邪的内容有机结合，充分反映了汉代人对美好生活的追求，希望在享受吉祥的同时，能够避免凶邪的侵扰。这种以趋吉避凶为核心内容的风俗观念在汉代普

---

① 贺西林：《汉代艺术中的羽人及其象征意义》，《文物》2010 年第 7 期。

② （宋）洪兴祖：《楚辞补注》，中华书局，1983 年，第 167 页。

③ （宋）洪兴祖：《楚辞补注》，中华书局，1983 年，第 167 页。

④ （宋）洪兴祖：《楚辞补注》，中华书局，1983 年，第 167 页。

⑤ 逯钦立辑校：《先秦汉魏南北朝诗》，中华书局，1983 年，第 262 页。

⑥ （汉）刘安撰、（汉）高诱注：《淮南子》，中华书局，1954 年，第 204 页。

⑦ 王明：《抱朴子内篇校释》，中华书局，1985 年，第 15 页。

⑧ （汉）王充：《论衡》，上海古籍出版社，1990 年，第 18 页。

遍流行并获得了较大发展，其影响渗透至墓葬营建的各个层面，从墓室空间结构的精心规划到随葬器物的配置组合，广阳王陵都提供了诸多实证，体现了这种风俗观念的深刻影响。

这些祥禽瑞兽形象不仅对汉代社会的政治、经济、文化产生了重要影响，而且跨越两千年，至今仍然是我国传统文化的重要组成部分，它们以渐进演化的方式，在历史长河中形成了一种持久的文化浸润机制，持续影响着人们的思想观念与行为模式。考察大葆台广阳王陵中祥禽瑞兽形象所蕴含的趋吉避凶美好祈愿，对于深入理解汉文化的内涵具有重要意义。这些形象不仅反映了汉代人们的精神世界和文化心理，也为解读汉代的信仰体系及社会风俗提供了重要的研究视角，进一步印证了中国传统文化在特定历史时期的创造性转化与创新性发展。其承载的求吉纳祥、辟邪驱恶的观念，至今仍在影响着我们的生活和价值观。在当今社会，我们应当重视对这些传统文化的传承和保护，从中汲取智慧和力量，为构建和谐美好的社会提供精神支持。

### （二）神仙信仰的具象表达

西汉时期神仙信仰的发展为祥瑞文化注入了新的内涵。求仙、升仙等思潮在社会中广泛传播，极大地推动了祥瑞文化的发展。在社会普遍存在的求仙思潮驱动下，祥禽瑞兽的种类和数量显著增多，从而形成一个充满奇幻色彩的文化图景。这些祥禽瑞兽不再是简单的神秘生物符号，而是承载着深层文化意涵，被汉代人视为具备通神达仙的非凡灵力，被赋予了沟通天人的媒介属性，构成汉代人精神世界中连接凡尘与仙界的重要符号系统。在这一信仰体系中，龙、凤、虎、玄武、豹、九尾狐、鹿、天马、骆驼、仙鹤等众多祥瑞动物共同构成了一个庞大繁杂的祥瑞象征集群。在汉代人的升仙信仰中，这些祥禽瑞兽扮演着至关重要的角色，尤其作为驾乘升仙的交通工具，深受人们重视。文献中常见仙人驾乘龙凤翱翔天际、奔赴仙境的场景描绘。大葆台广阳王陵中的祥禽瑞兽同样被赋予了特殊使命，扮演着驾乘升仙工具的关键角色。广阳王作为汉代的一方诸侯，其墓葬中的这些祥禽瑞兽形象，是当时社会风尚的缩影，展现了汉代人对死后世界的幻想与对永生境界的追求，也从侧面折射出神仙信仰浸润下的社会风貌。这些祥瑞动物不仅是升仙工具，更与汉代人构建的昆仑仙界体系紧密关联。

昆仑仙界体系在汉代神仙信仰中占据着重要地位，西王母则是昆仑仙界的核心人物。围绕西王母衍生出了一个极具特色的神话意象群落，捣药玉兔、九尾狐、仙鹤以及凤鸟等诸多祥禽瑞兽环绕在她身旁，共同构筑起丰富多彩且寓意深邃的仙界场景，承载着汉代人无尽的想象与精神寄托。大葆台广阳王陵中出现的祥禽瑞兽，正是这一仙界信仰的生动映射。文献记载证实了西王母在仙神世界中的崇高地位，西王母被赋予了掌管不死神药、统御仙界诸般事务的至高权力，是仙神世界秩序稳固的核心象征。广阳王等汉代贵族对西王母及仙界的推崇，使得这些祥禽瑞兽形象深度融入了当时的生活与墓葬文化之中。

从文化视角审视，汉代的祥禽瑞兽形象不仅是艺术表现的载体，更是当时盛行神仙信仰的深刻体现。生与死作为人类思想史上的永恒主题，生象征着喜悦、希望与延续，死则伴随着痛苦、悲哀与消逝。面对生命有限性的终极命题，汉代社会形成了独特的生死观，汉代人通过祥禽瑞兽这一象征体系，试图超越生死的二元对立，将死亡转化为通向仙界的桥梁，从而在精神层面实现生命的永恒。汉代人通过构建完整的死后世界图景与永生体系，试图在精神层面突破生命的物理界限，既体现了对生命的眷恋，又折射出对永恒的探索。随着人们对长生不老的渴望日益强烈，这种追求逐渐从单纯的愿望升华为一种坚定的信仰，深刻影响着汉代的社会风貌、文化创造以及个体的行为模式和精神世界。似真似幻的理想图景以其独特的魅力，承载着人们对仙境的无尽向往。祥禽瑞兽作为连接现实与仙境的重要纽带，正是汉代人对超越生死、追求永恒的不懈努力的象征。大葆台广阳王陵中精心设计的瑞兽形象，正是这种心理诉求的物化见证。

### （三）封国治理的舆论营造

汉代新儒学体系融合了先秦诸子百家思想，为祥瑞观念的广泛传播和深入发展提供了理论支撑，祥瑞演变为帝王巩固政权的舆论工具。其中，"天人感应"学说通过人格化天道的阐释，认为天与人之间存在神秘感应关系，自然界的异象与人类社会的兴衰祸福紧密相连。帝王的施政得失，会引发祥瑞嘉许或灾异示警，更直接关联政权合法性的天命认证。帝王施政得当，天下太平时，祥瑞便会出现，这被视为上天的嘉许。反之，灾异现象便会出现，被认为是上天的警示。这种将政治伦理具象化为自然征兆的认知范式，不仅使祥瑞成为评判政治清浊的舆论标尺，更推动君权神授思想通过祥瑞叙事渗透社会各层面。从中央到地方的统治集团，皆深谙通过制造、阐释祥瑞来操控舆论的治理手段。从朝廷到民间，制造祥瑞、宣扬祥瑞的风气盛行，祥瑞观念逐渐成为国家主导的思潮，对社会舆论导向产生了决定性影响。

在中央集权统治持续强化的政治生态中，祥瑞文化呈现出鲜明的政治意图，借助祥禽瑞兽的

力量，为帝王统治的合法性与权威性提供舆论支持，赋予统治阶级的权力以神圣色彩。祥禽瑞兽形象作为祥瑞观念的重要载体，编织起稳固统治的舆论网络。在政治层面，祥禽瑞兽作为"天命符应"的视觉表征，既为帝王提供君权合法性的神圣注脚，亦成为臣属表忠、藩王自固的政治修辞。在社会层面，通过将祥瑞认知转化为"顺天应命"的行为准则，有效规训民众思想以维持基层稳定。在文化层面，祥禽瑞兽形象全面渗透建筑装饰、工艺美术与文学创作，形成覆盖生死时空的符号体系。这种多维度的符号运作，实质构成了汉代特有的政治文化治理方式，编织起稳固统治秩序的舆论大网。

大葆台广阳王陵的考古发现，为深入观察西汉时期诸侯王封国治理层面的祥瑞舆论营造提供了典型样本。作为汉室屏藩的广阳王，在封国治理中创造性地运用了祥瑞符号体系。广阳国是地方治理单元，广阳王陵是丧葬文化的重要载体，陵墓中精心配置了祥禽瑞兽群像，反映了祥瑞观念在地方治理中的具体应用。广阳王借助祥禽瑞兽，通过视觉叙事建构"天命所归"的统治合法性，将祥禽瑞兽转化为治理封国的舆论工具，向民众传达其统治受上天庇佑的信息，从而获得封国内民众的认可和支持。祥禽瑞兽形象在广阳王封国治理与大葆台广阳王陵丧葬文化中形成完整的叙事闭环，展现出诸侯王阶层的政治智慧，通过祥禽瑞兽实现民心整饬，借助文化认同巩固地方秩序。这种以祥禽瑞兽为媒介的舆论营造，为西汉大一统格局的维系提供了重要的地方治理范式。

# 试论四川地区汉代手工业

李 林 温 泉

重庆师范大学

**摘 要**：四川地区汉代手工业门类丰富，涵盖了漆木器制作、制盐、冶铁、纺织、制陶、酿酒、石料采集与加工、竹木编织等众多领域，且这些手工业制作水平在当时居全国前列。这些手工业既有历史文献的记载，也有大量的考古发现加以佐证。四川地区汉代手工业呈现出种类丰富，制作规模大、水平高，各类手工业共同繁荣兴盛的特点。本地区自然条件优渥，适宜农业生产，稳定的粮食供给为手工业发展提供了最为基础的现实条件。同时，人口增长带来了强烈的消费需求，而外来移民和对外交往进一步促进本地区手工业发展。正是在此基础上，四川地区手工业发展取得了长足进步，在较长一段时间内保持了繁荣兴盛，汉代是古代四川手工业发展的一个高峰时期。

**关键词**：四川地区　汉代　手工业

手工业是在农业生产的基础上进一步分化，细化产业分工的重要生产门类。它丰富了物质产品，促进了社会发展。汉代是我国古代手工业高度发达的时期，西汉时期设立工官体系，将手工业纳入国家管理。这一时期的四川地区形成了多种手工业门类，本地区生产的手工业产品涵盖了人们日常生活所需的各个品类。本文拟系统梳理四川地区汉代的各类手工业，并从四川地区手工业生产出发，探讨四川地区汉代手工业的特点及其对社会经济发展的影响。

## 一、手工业门类

### （一）漆木器生产

四川地区在汉代设置有官营手工业作坊，主要是蜀郡西工和广汉郡。以生产精美的漆器闻名，其漆器产品流通地域十分广泛。在湖北江陵凤凰山汉墓、湖南长沙马王堆汉墓等墓葬中出土了大量带有"成市草""成市素""成市饱"等铭文的漆器[1]，表明这些漆器的原产地为四川地区。此外，白云翔梳理了在朝鲜境内发现的带有"蜀郡西工"铭文的28件漆器，时间从始元二年（前85年）至永元十四年（102年），器类主要有盘、樽、案、耳杯[2]。可见，四川地区生产的漆器产品可能是作为交易的商品才得以流通到距四川很远的地方。除了在四川地区以外的区域发现大量四川地区生产的漆器外，在四川本地的西汉墓葬中也发现了许多作为随葬品的漆木器。目前有8处出土地点，分别是荥经古城坪（M2和M3）[3]、荥经高山庙西汉墓群[4]、什邡战国秦汉墓（M66与

① 洪石：《战国秦汉时期漆器的生产与管理》，《考古学报》2005年第4期。

② 白云翔：《汉代"蜀郡西工造"的考古学论述》，《四川文物》2014年第6期。

③ 荥经古墓发掘小组：《四川荥经古城坪秦汉墓葬》，《文物资料丛刊》第4期，文物出版社，1981年，第70~72页。

④ 四川省文物考古研究院、雅安市博物馆、荥经县博物馆：《荥经高山庙西汉墓群》，文物出版社，2017年，第16~205页。

M67）[1]、绵阳双包山（M1与M2）[2]、成都凤凰山西汉木椁墓[3]、成都天回老官山汉墓群[4]、成都洪家包西汉墓[5]和成都东北郊西汉墓群[6]。其中，荥经高山庙出土的一件漆盘（M5：63）底部烙印"成□市"等铭文，可知四川地区出土的漆木器产品由本地作坊生产，而且从这些漆木器的精美程度看，很可能由官营作坊生产。四川地区西汉时期墓葬出土漆木器的特点是数量多、种类丰富、制作精美。如成都天回老官山4座墓葬共出土漆木器380余件。四川地区发现的漆木器种类主要有漆鼎、漆盘、漆耳杯、漆盒、漆樽、漆壶、漆卮、漆杯、漆木璧，另有木马、木牛等动物造型的漆器和漆人俑。这一时期的漆器制作工艺也达到了较高的水平。成都天回老官山墓群出土的漆器主要有木胎和陶胎两类。荥经高山庙M5出土的漆器外表饰有圆点、线条、几何、弧线、卷云、草叶、螺旋纹等各类纹样。该墓出土的漆樽（M5：7）是一件扣器。器表底沿口有一周铜箍，器身上部近口沿处有铜指銎。樽盖上嵌入三铜纽，盖沿口同样有一周铜箍装饰，可见其髹饰工艺十分复杂且精致美观。

四川地区汉代的漆器生产，有严格的管理制度和详细的分工合作，据洪石统计的蜀郡西工漆器铭文表，漆器上带有纪年、产地、器名、容量、工名、官名等铭文[7]。这些铭文表示漆器生产是一项专业化的生产活动。值得注意的是，不少漆器上标注了容量，表明四川地区的漆器生产具有准确的规格和一定的制作规范，并且可能是采用批量化、规模化的生产模式，极大地提升了漆木器的生产效率。

## （二）食盐生产

有关四川地区汉代盐业生产，历史文献多有记载。《华阳国志·蜀志》载："孝宣帝地节三年，罢汶山郡，置北部都尉。时又穿临邛蒲江盐井二十所，增置盐铁官。"[8]《华阳国志·巴志》亦载："临江县，枳东四百里，接胸忍。有盐官，在监、涂二溪，一郡所仰。其豪门亦家有盐井。"[9]《汉书·地理志》记载四川的蜀郡临邛、犍为郡南安都设置了盐铁官[10]。除了文献记载，也有不少与制盐活动有关的考古发现。重庆忠县中坝遗址是著名的盐业生产遗址，遗址内发现了14个与制盐相关的龙窑[11]。在该遗址附近的乌杨墓群还发现了5件陶灶模型，这批陶灶的特别之处在于灶台面开凿有连排的灶孔，数量在5、8、10、12个不等。白九江等学者认为，这批陶灶应是当时制盐用龙灶的模型[12]。龙窑与龙灶都指向当时的煮制食盐活动。忠县龙滩、上油坊等考古遗址也都发现了煮

① 四川省文物考古研究院、德阳市文物考古研究所、什邡市博物馆：《什邡城关战国秦汉墓地》，文物出版社，2006年，第134～144页。
② 绵阳博物馆、绵阳市文化局：《四川绵阳永兴双包山一号西汉木椁墓发掘简报》，《文物》1996年第10期；四川省文物考古研究所、绵阳市博物馆：《绵阳永兴双包山二号西汉木椁墓发掘简报》，《文物》1996年第10期。
③ 徐鹏章：《成都凤凰山西汉木椁墓》，《考古》1991年第5期。
④ 成都文物考古研究所、荆州文物保护中心：《成都市天回镇老官山汉墓》，《考古》2014年第7期。
⑤ 四川省文物管理委员会：《成都洪家包西汉木椁墓清理简报》，《考古通讯》1957年第3期。
⑥ 四川省文物管理委员会：《成都东北郊西汉墓葬发掘简报》，《考古通讯》1958年第2期。
⑦ 洪石：《战国秦汉漆器研究》，文物出版社，2006年，第161～168页。
⑧ （晋）常璩撰、刘琳校注：《华阳国志校注》，巴蜀书社，1984年，第218页。
⑨ （晋）常璩撰、刘琳校注：《华阳国志校注》，巴蜀书社，1984年，第72页。
⑩ （汉）班固：《汉书》，中华书局，1962年，第1598～1599页。
⑪ 重庆市文物局、重庆市水利局：《忠县中坝》，科学出版社，2020年，第1487～1498页。
⑫ 白九江、邹后曦：《制盐龙灶的特征与演变——以三峡地区为例》，《江汉考古》2013年第3期。

盐的窑址。1999 年，成都蒲江发现一件大型汉代盐铁盆，口径 131 厘米、底径 100 厘米、高 57 厘米、厚 3.5 厘米，重达 200 余千克，盆内壁铸有汉隶书"廿五石"[1]，与文献中记载的盐井所在地大致相符。直接反映当时制盐活动的线索，莫过于画像砖上的图像内容。自 1911 年以来，在凤凰山、羊子山、曾家包、昭觉寺、跳蹬河及周边邛崃花牌坊、大邑、新津、郫县等地的东汉墓葬中相继出土了 10 余方以制盐活动为主题的画像砖[2]。其中一块画像砖的图像左侧有一井，井上设一个三层井架，在井架的上两层，每层都有两人在提取卤水，这些卤水将被送至制盐作坊进行煮制。这幅画像砖显示出当时制盐时的分工合作，所需人员较多，制盐规模较大，不是一般家庭作坊所能够完成的。尤其是西汉实行盐铁专营的政策，制盐与售卖由官方垄断。《史记·平准书》载："愿募民自给费，因官器作煮盐，官与牢盆……敢私铸铁器煮盐者，钛左趾，没入其器物。"[3]因此，汉代有关制盐的考古发现以及画像砖的图像内容反映的是当时盐业生产的盛况。

### （三）纺织业

四川地区汉代的纺织业同样十分发达，尤其是在成都地区，不仅生产规模大，且产品精美。杨雄曾记述蜀地的纺织品："箭中黄润，一端数金。"[4]成都天回老官山墓群出土了 4 件织机，部分织机上保留有纺线，还出土了一件女织工木俑[5]。

成都曾家包东汉 M1 画像砖墓的西后室后壁也有表现正在进行纺织活动的画像内容[6]。这些考古发现应当都是复刻墓主现实生活和家庭日常运作，代表了以家庭为主的日常纺织活动。纺织业是古代重要的手工业门类，也是家庭中一项必需的劳作，因为制作衣服的布匹原料主要依靠自己织造。《汉书·食货志》载："一女不织，或受之寒。"[7]汉代在成都设置了纺织工官进行专门的生产活动，其生产的织物产品应当是满足皇家的需求，不易流入普通的家庭之中。而成都天回老官山汉墓群的墓主虽为社会上层，也需要在其家族内部设立专人进行纺织生产。

### （四）酿酒业

家庭酿酒也是一类常见的手工业，不仅可以满足自身饮酒的需求，更重要的是还可以将酿造的新酒投入市场售卖。史书中记载了司马相如在临邛卖酒的故事："相如与俱之临邛，尽卖其车骑，买一酒舍，酤酒而令文君当垆，相如自著犊鼻裈，与保庸杂作，涤器于市中。"[8]四川地区曾出土画像内容为酿酒和贩酒的画像砖[9]。其中一块酿酒画像砖显示，在酒肆屋内，一人正在将酿造完毕的酒舀入屋前的三个陶瓮中。屋外，有人担着一对与陶瓮相似的器物行走。另外一块名为羊尊酒肆的画像砖，其图像内容描绘了酒肆前两人排队买酒的情景：有两个陶瓮置于地上，排队的一人似要品尝新酒，排队的第二人身后，还有一

---

① 龙腾、夏晖：《四川蒲江发现汉代盐铁盆》，《文物》2002 年第 9 期。

② 陈凯：《川峡地区汉代制盐工艺流程的考古学研究》，《盐业史研究》2022 年第 2 期。

③ （汉）司马迁：《史记》，中华书局，1982 年，第 1429 页。

④ （汉）杨雄撰、张震泽校注：《杨雄集校注》，上海古籍出版社，1993 年，第 28 页。

⑤ 成都文物考古研究所、荆州文物保护中心：《成都市天回镇老官山汉墓》，《考古》2014 年第 7 期。

⑥ 成都市文物管理处：《四川成都曾家包东汉画像砖石墓》，《文物》1981 年第 10 期。

⑦ （汉）班固：《汉书》，中华书局，1962 年，第 1128 页。

⑧ （汉）司马迁：《史记》，中华书局，1982 年，第 3000 页。

⑨ 中国画像砖全集编辑委员会：《中国画像砖全集：四川汉画像砖》，四川美术出版社，2006 年。

人担着陶瓮向酒肆走来。四川地区出土的画像砖显示酿酒与贩卖是在同一地点完成的，酒肆呈现"前店后坊"的布局和结构。酒肆规模并不算太大，应当是以小家庭为基本单元进行酿造和售卖。

### （五）采石与石料加工业

汉代，四川地区的采石与石料加工业十分兴盛。这点可以从四川地区考古发现数量较多的汉代画像石墓和由石料筑成的汉阙得到印证。汉代画像石主要集中分布在四大区域，即山东、苏北、皖北区，豫南、鄂北区，陕北、晋西北区，四川、滇东北区[①]。四川是汉代画像石集中分布的地区之一。大量的画像石生产离不开民间工匠对石料的开采、运输、雕刻等一系列手工业流程。画像石主要出现在汉代的墓葬当中，如画像石棺、墓壁画像石。这表明四川地区在汉代已经形成了以服务丧葬为主的采石、石料加工业。从业者应当是当时社会上的普通民众，他们是否专门从事石料加工行业还值得深入探究。但不可否认的是，这些民众具备了石料的开采能力和雕刻技法。另外，在川东渠县、峡江忠县等地墓前发现了许多汉代石阙，其中最为著名的当为忠县乌杨阙、丁房阙等[②]。汉阙可分单阙和子母阙，阙楼顶部一般雕刻成仿木建筑结构，多成对立于墓前，是一种服务于丧葬活动的建筑类型。发现的大量石阙也与当时人们从事的石料开采和加工活动密切相关。此外，从西汉晚期开始，四川地区开始广泛流行崖墓这类墓葬类型。崖墓一般直接在山体上开凿下葬空间，规模较大的崖墓还在墓室内外雕刻各类装饰纹样，并在一定时间范围内，在崖墓原有基础上陆续开凿出新的墓室。崖墓的广泛流行，离

不开当时的社会条件。与同时期画像石墓、石阙的流行一样，体现了汉代四川地区应该有大量具有专业技能的民众专门从事采石与石料加工劳作。同时，崖墓、石阙、画像石墓都集中分布在四川地区，三者开始流行的时间大致相近。这是四川地区独有的现象，这一现象背后必然有强烈的现实基础。

### （六）制陶业

东汉时期，四川地区墓葬中随葬陶俑的做法十分盛行，其制陶水平为当时全国最高[③]。四川地区考古发现的陶器除日常生活所用的陶罐、陶钵等之外，还发现了大量的陶俑，反映了当时社会上各类人物身份和职业，有庖厨、骑兵、武士、乐手、舞者、侍从、家臣等形象，体现了当时社会生活和世间百态。另外，四川地区也是东汉时期全国两大画像砖墓集中分布区域之一（另一个区域为河南），且四川地区画像砖的制作水平最高，采用脱模法制成，题材广泛，包括车马出行、宴乐百戏、耕种收割、渔猎采桑、市井画像、庭院建筑等[④]。由此可以推断，当时烧造墓室用砖的规模较大。这一时期的人物陶俑与画像砖皆为四川地区制陶业的标志性产品，二者在四川地区出现和兴盛的时间也大致相同，呈现出共同繁荣的局面。

### （七）冶铁业与竹木编织业

我们还能从文献记载和考古发现中找到四川地区有冶铁、竹木编织等手工业门类。这类手工业的考古遗存发现较少，但与人们的日常生活密切相关，应当是当时广泛存在的手工业门类，只是这些物品难以留存至今。关于冶铁手工业，《史

---

① 贺西林：《汉代画像石与画像砖》，广西师范大学出版社，2019年，第56～64页。

② 李大地、邹后曦、曾艳：《重庆市忠县乌杨阙的初步认识》，《四川文物》2012年第4期。

③ 索德浩：《四川汉晋陶俑的初步研究》，《考古学报》2018年第1期。

④ 贺西林：《汉代画像石与画像砖》，广西师范大学出版社，2019年，第56～64页。

记》中记载了西汉早期卓王孙氏在临邛冶铁致富的故事："蜀卓氏之先，赵人也，用铁冶富。……致之临邛，大喜，即铁山鼓铸，运筹策，倾滇蜀之民，富至僮千人，田池射猎之乐，拟于人君。"[1]西汉实行盐铁专卖政策之后，又在临邛境内设置了盐铁官。《汉书·地理志》载："临邛……有铁官、盐官。莽曰监邛。"[2]关于竹木编织手工业，荥经高山庙M5出土的一件陶瓮（M5：24）被一件构树皮编织物包裹，后者的纹路清晰可见。该墓还出土一件由竹篾编织的筒（M5：65-1），长60厘米，宽48厘米，高10厘米，以及一双由棕树丝编织的棕鞋（M5：66）[3]。这些手工业因当地自然资源丰富而发展，富有地方特色。

## 二、四川地区汉代手工业特点

### （一）产品种类丰富

四川地区手工业门类丰富，在汉代就已形成了漆木器制作、制盐、冶铁、纺织、制陶、酿酒、石料采集与加工、竹木编织等手工业门类，既有像漆器那样服务于皇室需求的高档奢侈品，也有大量如盐、铁之类的民生必需品。在市场需求的推动下，许多手工业生产得以不断发展，呈现出一派繁荣的景象。这些手工业产品与百姓的生活息息相关，基本上能够满足百姓的日常需求。

### （二）生产规模大、制作水平高

四川地区手工业生产具有较大规模。如漆器制作有严格的管理制度，产品规格也有明确的规制。东汉时期广为流行的画像砖墓，四川地区就

是其集中分布的地区之一。数量如此多的画像砖墓集中分布在同一地区，其建造墓室所用的砖必然由本地生产，这印证了当时四川地区烧造墓砖的规模化和专业化。另外，画像石墓、崖墓也在本地集中分布，发现数量巨大。规模化的石料生产加工导致其集中分布在四川地区。以家庭为基本生产单元的纺织业生产规模庞大，《太平寰宇记》卷七十二记载了因为在成都江水中漂洗织锦，江水被染上织锦的颜色而得名"锦江"的故事："濯锦江即蜀江，水至此濯锦，锦彩鲜于他水，故曰濯锦江。"[4]各类手工业的制作水准较高，在当时居全国前列，如蜀郡西工生产的扣器全国闻名，本地画像砖墓所用空心砖制造水平为全国最高。

### （三）各类手工业共同繁荣兴盛

四川地区汉代的许多手工业门类生产水平都比全国其他地区的高。如四川地区汉代画像砖与各类陶俑产品开始流行兴盛的时间大致相同，皆为东汉，体现了当时制陶业的繁荣。以画像石墓、崖墓、石阙为代表的采石与石料加工业兴盛的时间与制陶业大致相同。漆器制作业开始严格管理和规范化、规模化生产的时间也是在东汉时期。这些现象说明当时四川地区手工业呈现出一荣俱荣的局面。在手工业生产十分完备的情况下，各类手工业生产都取得了很大的进步，不同手工业门类之间可能有相互配套、相互促进、补充发展的关系。

## 三、四川地区汉代手工业发展的条件

四川地区汉代手工业的兴盛与当地的自然条

① （汉）司马迁：《史记》，中华书局，1982年，第3277页。
② （汉）班固：《汉书》，中华书局，1962年，第1598页。
③ 四川省文物考古研究院等：《四川荥经县高山庙西汉墓群M5发掘简报》，《四川文物》2017年第6期。
④ （宋）乐史：《太平寰宇记》，中华书局，2007年，第1464页。

件、社会条件关系密切。当地特殊的自然社会环境造就了四川地区汉代手工业发展的稳定而独特的面貌。

第一，秦汉时期四川地区出现了种类如此丰富、生产水平如此高超的手工业，必然与稳定的食物供给密切相关，否则很难产生如此规模可观的手工业门类。这就需要农业生产水平能够适应手工业生产。农业的稳定生产是发展手工业、商业的必要条件，有了稳定的粮食供给才能保障大量人口从事手工业生产活动。而四川地区发展农业有着得天独厚的自然条件。《汉书》记载："巴、蜀、广汉本南夷，秦并以为郡，土地肥美，有江水沃野、山林竹木蔬食果实之饶，南贾滇、僰僮，西近邛、笮马、旄牛，民食稻鱼，亡凶年忧。"[1]四川地处盆地，周围交通不便，粮食难以往外运输，加之古代粮食运输成本高，有"千里不运粮"的说法。据此推测四川盆地所生产的粮食基本上由本地区消费。正是由于四川地区在汉代有了农业生产的坚实基础和稳定的粮食供给，才保证了一部分人能够专门从事复杂且劳动强度较大的手工业活动，为本地区手工业的发达兴盛提供了重要保障。

第二，四川盆地内部自然条件优渥，适合农业生产。在稳定的社会条件下，适宜的农业生产条件会促进人口的增长。据葛剑雄的研究，西汉时期成都平原是当时全国几个人口密集区域之一，人口密度达每平方公里上百人[2]。大量的人口在日常生产生活中又促进了对铁器、食盐、纺织等手工业门类的消费需求。这些手工业门类与农业生产、生活中相伴相生，难以割裂。另外建筑、制

陶、墓葬开凿也都因为人口的增长而产生了巨大的需求，许多历史时期的遗存得以留存至今。因此，大量的人口基数是造就四川地区手工业发展兴盛、规模庞大的一项重要条件，形成了农业生产与手工业发展的良性循环。

第三，四川地区虽然地处盆地，但也是一个相对开放的社会。一方面，有大量的外来移民进入四川地区，秦汉时期，朝廷多次组织对四川盆地进行移民。根据索德浩的研究，成都天回老官山汉墓M1墓主景氏家族即外来移民[3]。大量的外来移民可能带来其他地区的生产技术，并与本地手工业融合发展。另一方面，四川地区也有悠久的对外交往历史，诞生于秦汉时期之前的南方丝绸之路以四川为重心，其上多见四川地区所生产的各类商品。《汉书》中有张骞在外国见到蜀地产物的记载："臣在大夏时，见邛竹杖、蜀布。"[4]对外交流贸易促进了对本地商品数量需求的增长，成为本地区进行手工业生产的不竭动力。

## 四、结语

综上所述，四川地区汉代手工业生产种类丰富，产品质量水平在全国范围内都处在高位，各个手工业门类呈现共同繁荣的局面。特别是漆木器制作、制盐、制陶、石料加工等手工业十分兴盛，且都集中分布在四川地区，这种现象在我国古代历史发展进程中并不多见。这与本地区自然条件优渥，适宜农业发展，有稳定的粮食供给，以及本地的人口增长、对外贸易关系密切。汉代是四川地区古代手工业发展的一个高峰时期。

---

① （汉）班固：《汉书》，中华书局，1962年，第1645页。
② 葛剑雄：《西汉人口地理》，商务印书馆，2014年，第124页。
③ 索德浩：《成都老官山汉墓M1墓主族属考察》，《考古》2016年第5期。
④ （汉）班固：《汉书》，中华书局，1962年，第2689页。

# 北京通州出土汉代六层陶望楼简论

闫博君　刘风亮　吕　砚

北京市考古研究院（北京市文化遗产研究院）

**摘　要：** 建筑明器是古代"事死如事生"观念的物质载体，作为民间实际建筑的仿真模型，更能直观地表现出汉代建筑的主体风格、生活风尚、思想观念，是研究汉代历史风貌的珍贵实物资料。本文以北京通州城市副中心出土的汉代六层陶楼为对象，分别对其建筑形制、制作工艺及应用纹饰进行探讨，展现汉魏时期北京地区陶楼的建筑技术和艺术特征。

**关键词：** 汉代　陶楼　建筑　明器

## 一、陶望楼所出墓情况及其年代推测

北京市副中心信息中心汉墓群位于北京市通州区潞城镇西北，东邻宋梁路，南邻通胡南路，北邻堡辛新村，西北约 1.5 公里处即潞城故城遗址。其所处位置地势近平，中心地理位置坐标为北纬 39° 54′ 15″，东经 116° 43′ 39″，海拔 18.602 米。

为配合北京市副中心信息中心基础建设，2016 年 5～12 月，北京市考古研究院（原北京市文物研究所）对区域内的古墓葬进行了抢救性发掘，共清理汉代墓葬 288 座。其中的 M12 规模最大、结构最复杂、形制最特殊（图一），虽经盗扰但形制仍基本保存完好，出土遗物较丰富，此次文章论述的六层陶望楼即其中所出的精美文物。该墓开口于地层④下，墓口距地表深 1.2～2.5 米，墓口上部为唐代至现代的淤土。土坑竖穴双墓道八室砖墓，方向

图一　M12 现场发掘图

100°。总体呈"囍"字形，近似以一过道连接南北两个对称的近"中"字形砖室墓组成。全墓可分封土、南北墓道、北墓门、南北甬道、南北前后室、过道及祭祀遗迹等部分。墓坑壁陡直，口全长 20.2 米，通宽 19.2 米。M12 暂无纪年遗物出土，故根据墓葬形制及出土遗物特征判断，年代应为东汉末。又因其规模不亚于同期南乐汉墓M1宦官具援之墓，且出土随葬品多而精致，陶器多饰朱彩，显示着墓主人的高贵与奢华，由此判断M12墓主人应为潞城高级官吏或巨富豪绅。

## 二、通州汉墓群出土六层陶望楼

通州汉墓群出土六层陶望楼（图二、三），现藏于北京市考古研究院，通高 117.4 厘米，最宽

51.4 厘米，进深 27 厘米。从外观看，以腰檐镂空栏杆形制的平台为界，由下到上可分为三部分；从实际整理过程看，每部分从外部以横置双层镂空扶手栏杆为界，分上下两层，即第一至第二层、第三至第四层、第五至第六层分别为一个小整体，每个小整体内部中空无分层，上顶下底平台中轴处各有一个穿孔，底层最大，直径 7 厘米、二、三层穿孔略小，直径在 5.6～6 厘米。

第一层，底部临空台基上置三角"八"字形廊道，左右各有一条阶梯坡道，坡道上各放置两块长方形楼梯示意泥板，正面置镂空栏杆，上与第二层廊道中心栏杆望柱相接，互为支撑。无窗扉，阶梯两侧各开一门通向二层，一层门外侧檐墙两隅各出一朵三重拱，与二层廊道底部相接。二层以栏杆泥塑贴作于正壁，作为与一层之间的

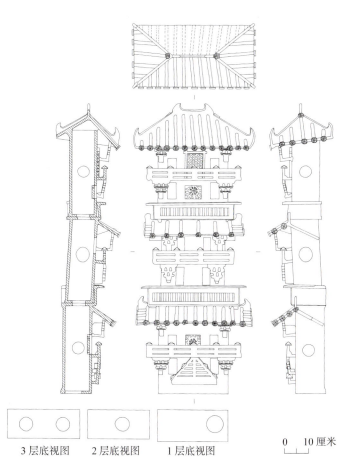

图二　通州出土汉代六层陶望楼正视图

3 层底视图　　2 层底视图　　1 层底视图

0　　10 厘米

图三　通州出土汉代六层陶望楼三视图

隔断，栏杆三横，上平等分置五根望柱。二层正中开方形窗，内凹装饰十字穿璧镂空窗棂。两隅三重拱造与顶部相连相承，正中镂空窗顶部也有一小斗拱作为承力。顶为悬山顶，整体较墙体更为前移，仅前部分有刻画，后部分无装饰，侧面出梢，正脊两端上翘，腰檐覆筒形瓦垄，末端装有圆形云纹瓦当。侧面山墙一、二层正中腰檐位置开山花通风窗，直径5.2厘米。屋檐、平台与三层栏杆相连形成平座，用以支撑上面的陶楼构架。

第三、四层为一个整体，置于第二层建筑平座之上。三、四层正面檐墙两侧分别开同样大小的长条形侧门，正中横置镂空栏杆，形制与一、二层所置相同。三层檐墙两隅三重拱造同样与四层廊道相互支撑，四层斗拱、房檐、垂脊、筒瓦、平台及所连成的平座，与二层形制相同。侧面山墙三、四层正中腰檐位置开圆山花通风窗，直径5.6厘米。

第五、六层为一个整体，置于第三层建筑平座之上。五层无门，正中开方形窗，内凹装饰十字穿璧镂空窗棂，与一层形制相同；六层正中为相较更大的正方形窗，内为菱形镂空窗棂，五、六层正中窗户并不相通，中间以墙相隔，两侧长条形侧窗则上下相通，在正中横置与下层同样形制的三层五望柱镂空栏杆。斗拱与三、四层形制相同，五层用以承托六层廊道腰檐，六层用以承托庑殿式屋顶。庑殿式屋顶屋脊两端均有飞檐上翘，正面与两侧斜坡均刻画筒瓦，末端饰圆形云纹瓦当，后侧斜坡为平刮面，无瓦当。侧面山墙五、六层正中腰檐位置开圆形通风窗，直径为5厘米。

东汉此类型陶楼在通州区永乐店、房山区石楼乡[①]及顺义区临河村等地也有出土。以顺义区临

河村东汉墓为例，该墓共出土4件陶楼，其中编号70的绿釉三层陶望楼高120厘米，方堡式结构，底层四角有立柱，正面有门，四壁开直根窗，每面各出两朵斗拱，承托上层平座；二层楼身中间施栏板，仅正面开一明窗；三层四壁开圆窗；顶为四阿顶。另一件编号69的彩绘陶楼未施釉而有彩绘，从外观形制、制作技术、细节装饰等各方面也均与通州六层陶望楼相似[②]。

## 三、陶望楼所反映的制作技术

对于汉代建筑的分类，不同学者有不同的见解。孙机将东汉时期的楼分为供居住的宅楼、城门上的谯楼、市场中的市楼、仓储的仓楼、瞭望的望楼[③]。作为汉代建筑的仿真微缩模型，本文所讨论的六层陶望楼就从建筑形制、制作技术、装饰纹样等方面形象地呈现出汉代北京地区望楼风格。

望，《辞源》释曰："向远处看。"《说文解字》："楼，重屋也。"望楼，即具有瞭望功能的高层建筑。此形制最先出现于古代北方和一些少数民族地区军事要塞工程遗迹中，较少为居住，多为预警防御的政治军事之用，后也为登高望远、游目骋怀、藏物兴文。望楼一般三至五层，每层均设有屋顶，自下而上，宽度逐层收分，形似后世的多层楼阁式建筑，各层形制基本相同，只有门窗、栏杆、平座，少装饰，多为单体，也有带院落者。

### （一）建筑形制
### 1.楼层格式

汉代楼房的结构形式有井干式和梁柱式。相比起不需要立柱和大梁的井干式，梁柱式是以梁

① 王武钰：《北京通县、房山等地汉墓》，《中国考古学年鉴》，文物出版社，1984年，第72页。
② 黄秀纯：《北京顺义临河村东汉墓发掘简报》，《考古》1977年第11期。
③ 孙机：《汉代物质文化资料图说》，上海古籍出版社，2013年。

柱结构构成独立的结构单元后，多个独立的结构单元竖向再重叠搭建，上下收分明显，之后成楼。而楼阁建筑技术的关键是使上层的柱子得到稳定的支撑，从而使整体构架具有较强的刚度和较好的结构整体性。一般做法是在下层柱头上置封闭的梁枋，或者先在柱上承斗拱后再置梁枋，梁枋上再置纵横相叠的枋木，而后在上面铺设楼板，上层的柱子又立于相叠的枋木上，上下层的柱子可以对位也可以错位设置，加强了楼阁稳定性的同时又丰富了建筑的轮廓线。梁柱式结构依靠梁柱作为支撑体系，增加了楼阁体量，扩大了活动空间，且更为节省材料。

每一层（整体）独立的结构单元也表明了此座六层陶望楼采用腰檐平座+腰檐平座+顶层的三分体"叠柱式"搭建方式，使用各层平座连接起上下。所谓平座，陈明达认为"自地面立柱网，柱网上安铺作，即'平坐'"[1]。所以早期的平座是"自地面（或下层）立柱，柱上架梁栿或斗拱，其上架设面层。构成架空的平台，再围以栏杆，形成架空的栈道、阁道等"[2]。这与此件陶望楼的结构完全一致。但需要注意的是，虽然层层挑出的平座和腰檐可以保护各层土墙、木架构免受雨水侵蚀，遮阳遮雨，方便生活，但由于平座直接搭在腰檐之上，中间并无其他构件，不能真正受力，并不具备单独的功能性，所以不是真正意义的建筑结构层[3]。

**2.支撑构件**

作为中国传统建筑的标志性构件，斗拱的历史渊源可以追溯到西周时期。《中国建筑史》对此也有记载："中国建筑特有的斗拱，从西周初年至战国时代，若干铜器和装饰图案中可证明柱上已

有栌斗。"[4] 斗拱，又称斗栱、斗科、欂栌、铺作等，作为古代建筑重要的一部分，承担着出挑屋檐或平座的荷载，能够增加腰檐、屋檐和平座的外挑。汉代建筑明器中使用较多的斗拱当属一斗二升和一斗三升，有单拱和重拱之分。根据使用位置的不同又将其分为柱头铺作、补间铺作和转角铺作，此件陶望楼楼阁斗拱中，仅详细塑造了正面形象，侧面背面均为平刮面，故柱头铺作、补间铺作可见，而转角铺作尚未发现，在此也只讨论前二者。

（1）柱头铺作

一般为柱头上置斗拱，承托出挑屋檐或平坐的荷载，包括不出挑柱头铺作和出挑柱头铺作两种类型。柱头直接承接斗拱，斗拱上承挑檐枋、屋檐或楼面，即不出挑柱头铺作，其中一斗三升式的受力更为均匀，逐步成为斗拱的标准形制。出挑柱头铺作法则是从建筑内部的柱身伸出挑梁或挑枋，在其上置插拱，使其承托出挑的屋檐或平坐向外延展得更远，相比较之下更有利于保护建筑的柱础、山墙、廊道等免受雨雪的侵蚀，也常在画像砖中有所表现。

（2）补间铺作

即柱头铺作之间的斗拱，具有承托屋面荷载，加强柱头铺作在结构上的作用。有些学者认为补间铺作用于增强柱间扶壁拱的刚度，补充柱头铺作在结构上的不足。其形制较为简单，在做法上有"人"字拱、一斗二升、一斗三升和叠涩拱等样式，但更常见的是本次讨论的陶望楼中竖向承重的垫块形式。

**3.屋顶**

20世纪30年代，梁思成、刘敦桢等发表的

① 陈明达：《中国古代木结构建筑技术（战国—北宋）》，文物出版社，1990年，第50页。
② 马晓：《中国古代木楼阁》，中华书局，2007年。
③ 其他分类可详查白明辉：《中原地区汉代建筑图像学研究》，郑州大学硕士学位论文，2015年。
④ 刘敦桢：《中国古代建筑史》（第三章），中国建筑工业出版社，2008年。

《汉代建筑式样与装饰》一文中，将汉代建筑的屋顶形制归纳为四阿顶、悬山顶、硬山顶、歇山顶和四角攒尖顶五种类型。其中，四阿顶即常说的庑殿顶。在此件六层陶望楼中，二、四层为悬山顶，顶层为庑殿顶。悬山顶，宋称"不厦两头造"，因其桁挑出山墙之外，故又称挑山顶，四面出檐，是两面坡屋顶的早期做法，不被应用于重要建筑，多用于大门、厢房等次要建筑上。庑殿顶，约出现在先秦时期，使用范围最广，有五脊四坡，分单檐与重檐两种，后者为古建筑屋顶最高等级。此件陶望楼所使用的单檐一般被用于礼仪盛典或宗教建筑，以示庄严。但在两汉时期，对建筑形式的等级规定并不严格，所以屋顶式样的选择也较为自由。对于屋面做法，汉代较为常见的为筒板瓦屋面。以二层悬山顶为例，屋顶原有一条正脊，与腰檐融合后，正脊隐于平台内，正视屋面上铺设有筒、板瓦，做法与今天一般的筒、板瓦屋面一致，用平直的板瓦做底瓦，半圆形的筒瓦做盖瓦，筒瓦端部饰圆形瓦当。屋顶两端悬出两山的部分，两行短瓦横铺作出"排山"的形式，尾端也以圆形瓦当装饰，最后在正脊与横铺在两端檐角的交错处斜出飞檐。

### （二）制作成分

测试使用非损伤分析方法。使用日本Scalar DG-3X便携式数码显微镜对陶楼釉层进行釉层表面观察。釉层和陶胎的化学组成分析使用美国NITON XL3t950便携式X射线荧光光谱仪，从陶楼二层腰檐正面瓦片、三层左侧山墙、顶层屋顶瓦片三处釉色保存完好的部位，分别选取三个检测点进行检测分析。

陶楼胎、釉化学组成特征详见表一。如表一所示，陶楼绿釉的CuO含量分布为1.73%、1.89%、1.77%，平均含量1.80%，属于铜绿釉，这类绿釉的着色机理属于$Cu^{2+}$离子着色，我国传统绿釉和绿彩均属于此类着色。绿釉中PbO的含量为48.67%、49.03%、46.32%，平均含量48.01%；而CaO含量很低，由此可以判断，此件陶楼绿釉属于铅釉。铅釉是以铅作为助熔剂，大约在700℃～800℃开始熔融，属于一种低温釉。含铜的铅釉毒性很强，古人应该已经认识到这一点，所以大部分低温釉陶器是作为明器、建筑材料或者祭器使用。

相比石灰釉和石灰—碱釉，低温铅釉折射率较高，高温下黏度较小，熔融温度范围大，溶蚀性较强，釉面光泽强。此件陶楼绿色陶釉层虽然从肉眼上看剥落明显、风化严重，但在显微镜下观察釉层表面平整光滑，釉层透明度高，未观察到明显的"橘皮"和"针孔"现象。

### （三）装饰纹样

从出土的建筑明器以及画像石、画像砖中可以看出，汉代已经开始注重建筑装饰语言的表达，

#### 表一　陶楼胎、釉化学组成特征

| 名称 | | 化学组成（%） | | | | | | | | |
|---|---|---|---|---|---|---|---|---|---|---|
| | | $Al_2O_3$ | $SiO_2$ | PbO | CuO | CaO | MgO | $K_2O$ | $Fe_2O_3$ | $TiO_2$ | Sn |
| 绿釉 | 1 | 5.39 | 43.77 | 48.67 | 1.73 | 0.95 | 0.44 | 0.46 | 1.10 | 0.13 | 0.12 |
| | 2 | 5.01 | 46.49 | 49.03 | 1.89 | 1.01 | 0.38 | 0.39 | 1.02 | 0.09 | 0.10 |
| | 3 | 4.66 | 50.11 | 46.32 | 1.77 | 0.87 | 0.52 | 0.51 | 1.22 | 0.11 | 0.11 |
| | 均值 | 5.02 | 46.79 | 48.01 | 1.80 | 0.94 | 0.45 | 0.45 | 1.11 | 0.11 | 0.11 |
| 陶胎 | | 11.25 | 69.18 | 0.83 | 0.04 | 1.66 | 1.83 | 2.46 | 7.18 | 0.72 | — |

而经过对出土实物的考察，这些装饰多集中于承重构件、门窗和屋顶等部位。根据装饰部位的不同，本文主要从屋身窗户装饰和屋顶瓦当装饰两个方面来探讨此件六层陶望楼的装饰纹样。

### 1.窗

汉代窗棂纹饰种类较多，孙机在《汉代物质文化资料图说》中提到了格子窗、琐纹、绮寮三种复杂纹饰的窗棂，代表了大多数形制的窗棂，实际的窗棂纹饰种类及变体更多过于此。在汉代，中原地区以方形、矩形窗居多，装饰上也较为多样讲究，多数是直棂和菱格形，少数是卧棂形窗、斜格形窗或套环形窗，仓储类建筑中则多加置笼形格子式样，一部分陶楼中也出现了实际生活里少有的外凸型窗户。而本文讨论的陶望楼中，窗户装饰主要有菱形和镂空十字穿璧，但这两种在大类上均可归入几何图案的窗饰。此类装饰一般不用雕饰，多用榫卯、搭接、插角等技巧拼装组合，即可做到变化万千。在这些纹样里，横窗为纬，称卧棂，竖窗为经，叫立棂，在此基础上进行丰富，如陶楼中第六层的菱形窗棂即直棂斜度交叉，此类变形也较多，如"井"字格、"回"字格、"万"字纹、"亚"字纹、盘长纹、"凹"字纹等；也可以使用直棂与曲棂结合，如陶楼二层、五层中，窗户正中为圆形玉璧状，由内向外呈放射状，整体镂空，并在窗户四角用扇形曲棂点缀，获得更为丰富的装饰效果。

### 2.瓦

正所谓"秦砖汉瓦"，汉代建筑檐部的流行装饰也集中表现在题材丰富、风格多样的瓦当上。无论是半圆形制的人面纹样、文字纹样，还是圆形形制的"四灵"纹样、动物纹样，都展现出汉代瓦当集绘画、烧制、雕刻于一体的实用美学。且大多纹必有意，意必吉祥，如凤凰纹、云纹、星光纹、鹤纹等，折射出汉代热衷于追求自然、问道于仙的社会心态。无论是哪种形制的瓦当，除少数动物组合纹、文字纹，大部分纹饰呈现对称布局。此件陶望楼瓦当中心饰大乳钉，内外双层套圈，内圈作"十"字界格，每界格内再饰一小乳钉。整个设计构图以正中为轴心，无论是上下、左右、还是对角线，都围绕中心，并辅以四点作为辅助补充，形成了完全的对称式结构，展现出一种平衡美、韵律美和秩序美，图案整体有节奏又稳定，周边四分的小乳钉作为实用器在明器上的表现可以代表云纹、卷草纹、几何纹等多种样式，传达出了不同文化价值内涵和内在审美的意义。

陶楼是汉代人依据现实中的楼阁景台，融入自己审美理想进行的模仿再创造，其本质是在"事死如事生"的观念下为丧葬礼仪服务而制作的明器。陶楼可以用于还原墓主生前居所，或是营造墓主生前想要而无法实现的灵魂居所，这又与当时求仙神游的社会风气所契合。通过在建筑明器上展现"上与浮云齐""仙人好楼居"的艺术意象，把人们对死后世界的理想向往注入"重屋叠檐"的陶楼造型中，完成生前现实情景、求仙观念实化与长生精神追求的闭环。"思理为妙，神与物游"[1]，高耸的六层陶望楼不仅是汉代物质生活的经验、模仿与重现，更是墓主本人主动参与物质创造，与精神相融后达到"神与物游"理想之境的成果与实证。

---

① （南朝）刘勰著、王志彬译：《文心雕龙》，中华书局，2012 年。

# 北京地区出土两汉铁器及相关问题研究

陈晓敏　李　影

北京考古遗址博物馆

**摘　要：** 1949 年以来，随着北京大规模城市建设的展开和田野考古工作的深入发展，汉代铁器陆续被发现。笔者检索了迄至目前已发表的考古发掘报告，总结了北京地区出土两汉时期铁器情况，铁器出土地点涉及现在北京的丰台、海淀、昌平、延庆、平谷、东城、房山、大兴、石景山、怀柔 10 个行政区，粗略统计发现两汉铁器 150 件左右。北京地区出土的铁器数量不多，但是铁器种类已经非常齐全，包括农具、工具、兵器、车马器、日常用品、其他杂类等。另外，根据出土铁农具情况对北京地区两汉时期农业经济进行了分析，认为北京地区两汉时期的农业属于旱地农业体系，北京地区农业经济发展水平与当时统治核心区基本一致。

**关键词：** 北京　两汉　铁器　农业

北京地区对铁的认识，最早可以追溯到 3000 多年以前的夏家店文化。到西汉时期，由于盐铁官营政策的实行，北京地区成为全国重要的冶铁基地之一。1949 年以来，随着北京大规模城市建设的展开和田野考古工作的深入发展，汉代铁器陆续被发现，为研究北京地区汉代农业、手工业等方面提供了详实的材料。本文根据考古发现两汉时期铁器资料所反映的相关问题试作探讨，不恰当之处，敬请专家指正。

## 一、北京汉代铁器发现情况

关于北京地区出土汉代铁器情况，笔者检索了迄至目前已发表的考古发掘报告，如《北京昌平史家桥汉墓发掘》《北京平谷县西柏店和唐庄子汉墓发掘简报》《平谷张岱村东汉砖室墓》《海淀上地村东汉墓》《密云又出土十座汉墓》《北京顺义田各庄汉墓发掘简报》《北京怀柔城北东周两汉墓葬》《北京顺义临河村东汉墓发掘简报》《北京大葆台汉墓》《北京昌平半截塔村东周和两汉墓》《北京东南郊三台山东汉墓发掘简报》《北

京教育学院东汉墓》《北京热电厂工地汉、辽金及明清墓葬》《北京老山汉墓》《北京永定路发现东汉墓》《厂桥地区一东汉砖室墓发掘简报》《北京市丰台区槐房汉墓M18发掘简报》《房山长阳 1 号地汉墓》《北京平谷夏各庄东汉墓考古发掘简报》《北京市东城区西革新里西汉墓 2013 年发掘简报》；另外还检索了《北京考古史（汉代卷）》《北京考古工作报告（2000～2009）》《北京亦庄考古发掘报告（2003～2005）》《文物考古工作十年（1979～1989）》等相关资料，铁器出土地点涉及现在北京的丰台、海淀、昌平、延庆、平谷、东城、房山、大兴、石景山、怀柔 10 个行政区，粗略统计发现两汉铁器 150 件左右（有些报告中只记有铁器出土，未记数量，只按 1 件记），相比山东地区出土的汉代铁器数量（1998 年郑同修先生统计为 1500 件左右），北京地区出土的铁器数量不多，但是铁器种类已经非常齐全，包括农具、工具、兵器、车马器、日常用品、其他杂类等。各区出土铁器具体数目如下：

（一）怀柔区：1959 年冬～1960 年春，在怀柔城北墓葬出土西汉时期铁剑 2 件，铁带钩 3 件，

铁匕首 1 件，环首刀 6 件，铁锥 1 件；东汉时期铁条 1 件[1]。

（二）平谷区：1959 年，西柏店、唐庄子两地汉墓出土东汉时期铁圈 1 件[2]。2006 年 10 月～2007 年 5 月，京平高速沿线汉代墓葬出土具体年代不明铁斧 2 件[3]。

（三）昌平区：1960 年 3～5 月，史家桥村汉墓出土东汉早期铁锄 1 件[4]。

（四）延庆区：2007 年 7～9 月，延庆镇辛堡村东的南菜园遗址内汉墓出土具体年代不详铁器 1 件[5]。2009 年 9～11 月，延庆镇西屯村西南地块一级开发项目西区（Ⅰ区）汉墓出土西汉时期铁镢 1 件，铁剑 1 件，铁带钩 1 件，铁器 1 件，铁舟 1 件，铁剑 1 件，铁器 1 件，铁棍 1 件[6]，铁斧 2 件[7]；延庆镇西屯村西南地块一级开发项目西区（Ⅱ区）汉墓出土西汉时期铁斧 1 件，具体年代不详铁铲 1 件[8]。

（五）丰台区：1974 年 8 月～1975 年 6 月，大葆台西汉墓发掘组对大葆台一号墓、二号墓、一号墓墓道埋藏车马和外回廊、一号墓、二号墓之间的金代砖井及建筑遗迹进行了发掘清理。大葆台汉墓位于北京西南郭公庄西南，一号墓在东，二号墓在西，两墓相距 26.5 米，封土相连成一大土丘。此次发掘，一号墓前室、西面内回廊、北面外回廊、墓道共出土西汉时期铁器：铁斧 1 件，铁镢 2 件，铁舟 2 件，铁削 1 件，铁戟 2 件，铁箭杆 8 件，铁簪 3 件，铁簪形器 1 件，铁扣形器 1 件，铁扒钉 5 件，铁圈 8 件，铁块 3 件，铁铜 6 件，铁贤 12 件，铁两脚钉 1 件，铁箍 1 件，铁衔 7 件，铁扣 2 件[9]。

（六）东城区：2013 年 4 月，西革新里西汉墓葬出土具体年代不详铁铃 1 件[10]。

（七）大兴区：2004 年 3 月，北京市经济技术开发区 79 号地区域内汉墓出土铁棺钉 4 件[11]。2007 年 4～6 月，亦庄鹿圈区域内汉墓出土具体年代不详铁器 1 件[12]。

（八）石景山区：2004 年 4～5 月，五棵松篮球馆工程施工范围内汉墓出土具体年代不详铁刀 1 件[13]。

（九）房山区：2005 年 11 月～2006 年 9 月，南水北调工程北京段南正遗址墓葬出土东汉时期铁镢 1 件，铁器 1 件，铁刀 1 件，具体年代不详铁器 1 件[14]。

（十）海淀区：1954 年以后，海淀区清河镇朱房乡古城汉代冶铁遗址共发掘了六次，在探沟中发现一座保存完整的汉代炉灶。在遗址中出土和

① 北京市文物工作队：《北京怀柔城北东周两汉墓葬》，《考古》1962 年第 5 期。
② 北京市文物工作队：《北京平谷县西柏店和唐庄子汉墓发掘简报》，《考古》1962 年第 5 期。
③ 宋大川：《北京考古工作报告（2000～2009）》平谷、通州、顺义卷，上海古籍出版社，2011 年，第 103 页。
④ 北京市文物工作队：《北京昌平史家桥汉墓发掘》，《考古》1963 年第 3 期。
⑤ 宋大川：《北京考古工作报告（2000～2009）》延庆卷，上海古籍出版社，2011 年，第 81 页。
⑥ 宋大川：《北京考古工作报告（2000～2009）》延庆卷，上海古籍出版社，2011 年，第 141 页。
⑦ 丁利娜、李冬楠：《北京延庆区西屯墓地汉代木椁墓发掘简报》，《北方文物》2023 年第 1 期。
⑧ 宋大川：《北京考古工作报告（2000～2009）》延庆卷，上海古籍出版社，2011 年，第 141 页。
⑨ 大葆台汉墓发掘组、中国社会科学院考古研究所：《北京大葆台汉墓》，文物出版社，1989 年，第 3 页。
⑩ 胡传耸、冯双元、陈龙、曾祥江、翟建峰、王宇新：《北京市东城区西革新里西汉墓 2013 年发掘简报》，《北方文物》2015 年第 2 期。
⑪ 宋大川：《北京考古工作报告（2000～2009）》亦庄卷，上海古籍出版社，2011 年，第 15 页。
⑫ 宋大川：《北京考古工作报告（2000～2009）》亦庄卷，上海古籍出版社，2011 年，第 337 页。
⑬ 宋大川：《北京考古工作报告（2000～2009）》奥运卷，上海古籍出版社，2011 年，第 92 页。
⑭ 宋大川：《北京考古工作报告（2000～2009）》南水北调卷，上海古籍出版社，2011 年，第 143 页。

采集的铁器共 40 多件；城墙北部中央发现有冶铁的痕迹，在附近发现有铁器和铜镞。铁器有耧足、锄、镢、裤铲、剑、铖、戟、环首刀等[1]。海淀清河镇发现西汉时期犁铧 2 件[2]。1975 年，北京西郊紫竹院公园发现东汉时期铁口木臿 1 件[3]。

根据历年出土铁器情况可以看出，以时代区分，北京地区出土有确切时间的两汉铁器中，西汉时期多于东汉时期。各类铁器形制与其他地区出土的年代、种类相同的铁器形制一致。从出土墓葬形制来看，西汉时期铁器多出土于竖穴土圹墓，东汉时期多出土于砖室墓。

从种类来看，北京地区出土的两汉时期铁器大致可分为农具、工具、兵器、车马器、日常用具、其他六大类。农具类主要有耧足、锄、镢、裤铲、镰、臿，农具主要出土于清河镇朱房冶铁遗址，出土农具的只有昌平史家桥汉墓、延庆西屯墓、大葆台一号墓。兵器类主要有剑、铖、戟、环首刀、刀、匕首、箭、削刀、箭镞等，遗址出土兵器没有确切数量记载，但是推测应多于墓葬。平谷区、昌平区、东城区、大兴区的汉墓没有兵器类出土。车马器主要有铜、贤、箍、两脚钉、扣、衔、铃、簪、簪形器等，主要出土于大葆台汉墓。从发现各类铁器数量来看，车马器最多，其次为兵器，农具、工具位列第三，日常用品最少。农具、工具虽然出土数量不多，但是已经有先进的农具出土，如耧足，且耧足出土于冶铁遗址，这可以充分说明，两汉时期北京地区的冶铸工业已经达到相当高的水平，且铁器在农业生产

中已被广泛使用。从考古出土实物可以看出，两汉时期北京地区出土的铁器多具有实用功能，即可以说是实用类铁器。

我们通过考古资料可以看到，北京地区两汉时期考古发掘了数百座汉墓和遗址，但是有铁器出土的汉墓却不多，出土的铁器没有固定位置，也没有形成固定的器物组合。以古人"事死如事生"的观念来看，铁器不是北京地区两汉时期必要的随葬器物。究其原因，一是由于两汉时期盐铁官营，将铁器作为随葬品的成本较高；二是由于铁器大多为实用器，人们通常会对铁器进行妥善保管，将铁器作为随葬品不是当时的主流。

## 二、北京地区两汉时期铁器对农业生产的影响

北京地区的原始农业起源应始于距今 11000～9000 年的新石器时代早期。根据已发表的考古资料可知，生活在 11000～9000 年的东胡林人遗址中，不仅发现了与农业起源有关的火塘（10 余座）；打制石器、细石器、磨制石器、谷物加工工具（石磨棒、石磨盘、石臼）；带有花纹的夹砂陶器（60 余件）；加工精细、种类繁多、数量巨大的骨器，且其中一件为复合骨柄石刀等遗存[4]。另外，出土了丰富的动植物遗存，其中采用科学浮选法发现了炭化粟及黍两种人工栽培谷物[5]。学术界一般认为，"陶器的产生是和农业经济发展联系在一起的"[6]。一般是先有农业，才出现陶器。由此

① 苏天钧：《十年来北京市所发现的重要古代墓葬和遗址》，《考古》1959 年第 3 期。
② 李文信：《古代的铁农具》，《文物参考资料》1954 年第 9 期。
③ 张先得：《北京西郊出土古代铁口木臿》，《文物》1983 年第 7 期。
④ 赵朝洪：《北京市门头沟区东胡林史前遗址》，《考古》2006 年第 7 期。
⑤ 赵志军、赵朝洪、郁金城、王涛、崔天兴、郭京宁：《北京东胡林遗址植物遗存浮选结果及分析》，《考古》2020 年第 7 期。
⑥ 中国硅酸盐学会：《中国陶瓷史》，文物出版社，1987 年，第 2 页。

可以认为，北京地区是中国最早进行农业生产的地区之一。北京地区农业生产经夏商至战国时期有了进一步的发展。从考古发掘的平谷刘家河遗址、房山镇江营遗址等材料可以看出，夏商时期这里的人们过的是以农业为主的定居生活，农业生产已经是生活中不可或缺的部分。至战国时期，由于冶铁技术的发明和铁制工具在农业生产的应用，极大促进了北京地区农业生产的发展，为两汉时期北京地区农业生产的大发展奠定了坚实的基础。

判断一个时代生产力水平的高低，最重要的依据应是这个时代使用什么样的生产资料进行生产。生产资料主要包括生产工具、动力能源、运输和辅助工具等，其中最重要的是生产工具。为此，我们考察两汉时期北京地区农业生产力水平，首要考察的就是汉代北京地区农业生产使用的是什么工具。根据文献记载与考古发掘资料表明，西汉时期北京地区（燕蓟地区）已经进入了铁器时代。虽然两汉时期铁制农具的使用核心地带处于统治中心区域，但是，汉代铁制农具发展的一个重要标准就是使用范围的扩大，也就是说，当时铁制农具已经推广到中原以外的很多地区。当时地处边郡的北京地区（燕蓟地区）也已经被辐射。下面以表格形式列举北京地区出土铁制农具情况（表一）。

根据农业生产中所使用环节的不同，北京地区出土的两汉时期铁制农具大致可分为三类，一类为垦耕类农具，主要有铁臿、铁镢、铁钁、犁；二类为播种农具，主要是耧车（耧足）；三类为中耕农具，主要是铁锄、铁铲。

两汉时期幅员广阔，各地农业生产差别较大，总体来讲，主要有北方黄河流域旱地农业和长江

## 表一　北京地区出土铁制农具情况

| 名称及数量（件） | 出土地点 | 时代 | 外形或尺寸（厘米） | 资料出处 |
|---|---|---|---|---|
| 铁镢 1 | 延庆 | 西汉 | | 《北京考古工作报告（2000~2009）》延庆卷 |
| 铁臿 1 | 延庆 | 西汉 | | 《北京考古工作报告（2000~2009）》延庆卷 |
| 铁铲 1 | 延庆 | 西汉 | | 《北京考古工作报告（2000~2009）》延庆卷 |
| 铁镢 2 | 丰台 | 西汉 | 梯形 | 《北京大葆台汉墓》 |
| 铁臿 2 | 丰台 | 西汉 | 长方形 | 《北京大葆台汉墓》 |
| 耧足 | 海淀 | 西汉 | 通长 10.8、两翼宽 11 | 《十年来北京市所发现的重要古代墓葬和遗址》 |
| 铁锄 | 海淀 | 西汉 | 高 6、宽 10.5 | 《十年来北京市所发现的重要古代墓葬和遗址》 |
| 铁钁 | 海淀 | 西汉 | | 《十年来北京市所发现的重要古代墓葬和遗址》 |
| 裤铲 | 海淀 | 西汉 | 复原后高约 14、柄长 5、肩宽 8、刀宽 10 | 《十年来北京市所发现的重要古代墓葬和遗址》 |
| 铁锄 1 | 昌平 | 东汉 | "凹"字形 | 《北京昌平史家桥汉墓发掘》 |
| 犁铧 2 | 海淀 | 西汉 | 竖长 9、宽 11、犁底槽口 6 | 《古代的铁农具》 |
| 铁臿 1 | 海淀 | 东汉 | 长 20、上口宽 16.5、刀宽 16、壁厚 0.25 | 《北京西郊出土古代铁口木臿》 |

流域水田农业两种农业体系。旱地农业体系以粟和黍为主要农作物，水田农业体系以稻作农业为主。不同体系的农业对应不同耕作制度和农业工具。旱作农业体系包括粟、黍为主的粮食作物，桑、麻等经济作物，以及猪等家畜类。从北京地区出土的汉代铁制农具和农作物来看，可见对应的是旱地农业体系。如海淀区紫竹院公园出土的铁锛，年代大约在东汉至北朝时期。全锛使用柞木整材加工而成，木叶及铁口长 26 厘米，铁口长 20 厘米、上口宽 16.5 厘米、刃宽 16 厘米、壁厚 0.25 厘米，系用铁条形熟铁板从中间折叠后，将折叠处锻打成刃，经过淬火，然后纳入木叶，再用三枚铁钉横排穿透铆牢。木叶略呈长方形，较南方木锛短而宽，显然这种铁锛是为了适应北京地区土壤特点而制作。今北京地区古称燕地，按《禹贡》一书分类，其土壤为白壤，土中含盐分，色泽泛白，实非良田，但是北京地区农业种植粟和黍始于新石器时代[1]，到了两汉时期，粟和黍仍旧是北京地区主要农作物。北京大葆台汉墓中有粟出土[2]，石景山老山汉墓也有黍、粟农作物的种子出土[3]。且北京大葆台汉墓出土的动物骨骼中有猪骨[4]，可见西汉时期北京地区已经开始饲养家猪。关于北京地区经济作物的种植，《史记·货殖列传》载："燕、代田畜而事蚕。"[5]可见桑蚕业在燕蓟地区社会经济中占有一定地位。从以上几方面来看，北京地区两汉时期的农业属于旱地农业体系。

"工欲善其事，必先利其器"。《盐铁论·水旱》载："农，天下之大业也，铁器，民之大用也。器用便利，则用力少而作多，农夫乐事劝功。用不具，则田畴荒，谷不殖，用力鲜，功自半。器便与不便，其功相什而倍也。"[6]可以充分说明铁制农具的使用对农业生产的影响。西汉时期，楼车在统治的核心——中原地区也属于先进的新式播种工具。20 世纪 50 年代，在海淀区清河镇朱房汉代冶铁遗址中发现楼足，楼足也称楼铧，是楼车的重要组成部分，说明西汉时期还属于边郡的北京地区在农业生产工具方面与中原地区相差无几。史料记载，楼车由西汉时期的赵过发明。《政论》载："武帝以赵过为搜粟都尉，教民耕殖。其法三犁共一牛，一人将之下种，挽楼皆取备焉，日种一顷，至今三辅犹赖其利。"由此可知，这种楼车应是以大型牲畜（如牛）为动力，并用铁制犁铧开沟的一种复杂的播种工具，可以极大地提高劳动效率。可是汉代有些农户家中无力饲养大型牲畜（如牛、马等），无法采用牛耕法，所以当时也许还有使用人力耕地的情形。北京市海淀区清河镇发现 2 件西汉时期的犁铧，铧身尖端稍反曲，两面都有菱形凸起的犁底槽，竖长 9 厘米，宽 11 厘米，犁底槽口 6 厘米[7]。这种犁比较小，可能使用人力进行耕地。当时，应是两种耕地方式同时并存。

## 三、结语

两汉时期的人们已经充分认识到农具对农业生产有着重要的影响。铁制农具广泛应用于农业生产

---

① 赵志军、赵朝洪、郁金城、王涛、崔天兴、郭京宁：《北京东胡林遗址植物遗存浮选结果及分析》，《考古》2020 年第 7 期。
② 大葆台汉墓发掘组、中国社会科学院考古研究所：《北京大葆台汉墓》，文物出版社，1989 年，第 63 页。
③ 孔昭宸、刘长江、赵福生：《北京老山汉墓植物遗存及相关问题分析》，《中原文物》2011 年第 3 期。
④ 大葆台汉墓发掘组、中国社会科学院考古研究所：《北京大葆台汉墓》，文物出版社，1989 年，第 63 页。
⑤ （汉）司马迁：《史记》，中华书局，2013 年，第 3270 页。
⑥ （汉）桓宽著、王利器校注：《盐铁论注（定本）》卷六，中华书局，1982 年，第 429 页。
⑦ 李文信：《古代的铁农具》，《文物参考资料》1954 年第 9 期。

各环节，配套齐全，且向专业化方向发展。铁制农具的应用提高了农业生产效率，开垦耕地面积逐步扩大，粮食产量增加，因而人口也得到了相应的增加。幽州刺史统监的燕蓟地区（北京）10 个郡国、162 个县共计有 370 多万人，约占全国总人数的 6.4%，而按照人均耕地面积来看，该地区可耕地面积则比全国平均数要多。这反映出铁制农具在农业生产中的应用直接或间接促进了农业经济各方面的发展。两汉时期，北京地区农业经济发展水平与当时的统治核心区基本一致。

# 汉代经济繁荣的图像史书

## ——以鄂尔多斯汉墓壁画为例

赵国兴

鄂尔多斯市博物院

**摘　要：** 在探讨汉代经济繁荣的历史过程中，我们不仅仅依赖于史料记载，更可以从汉代墓葬壁画艺术中寻找当时经济与社会生活的生动画面。特别是鄂尔多斯汉墓壁画，这一汉代艺术的瑰宝，为我们研究汉代经济繁荣提供了极为宝贵的素材。本文以鄂尔多斯汉墓壁画为例，通过壁画中描绘的各类生产、生活场景，来解读鄂尔多斯地区在汉代农业、牧业的繁荣盛况，以及手工业的高度发展，并结合图像与史料进行相互印证。同时根据汉代政策的支持、社会环境稳定和文化交流，进一步探讨鄂尔多斯地区汉代经济繁荣的成因，以期更为全面地揭示汉代社会经济的真实面貌。

**关键词：** 汉代经济　鄂尔多斯汉墓壁画　文化交流　经济发展

## 一、鄂尔多斯地区汉代墓葬壁画概述

鄂尔多斯因其独特的地理位置，自古便是北方广袤草原上游牧民族繁衍生息的乐土，也是中原农耕文化与北方游牧文化碰撞、融合共生的关键地带。在这片土地上，汉代墓葬遗迹众多，遍布广泛，考古探索成果丰硕，尤为珍贵的是在鄂尔多斯地区出土了汉代壁画墓。

1990～2001年，鄂托克旗发现米兰壕汉墓与凤凰山汉墓；2001年，乌审旗抢救性发掘了2座汉代壁画墓，即巴日松古敖包（亦称嘎鲁图）汉墓M1与M2，为学界增添了宝贵的研究素材；2009～2012年，在鄂托克旗米兰壕的考古发掘工作中发现6座壁画墓；2015年，为了进一步加强鄂尔多斯地区古代壁画保护与传承，对凤凰山汉墓及巴日松古敖包汉墓M1、M2实施了二次发掘，

全面而细致地搜集了壁画所承载的丰富信息[1]。这些珍贵的图像资料，生动展现了鄂尔多斯地区汉代墓室壁画艺术的独特魅力，深刻揭示了当时该地区社会结构、经济状况、文化风貌及思想观念的多元面貌。

综上所述，鄂尔多斯地区发现三处共9座汉代壁画墓，其中，鄂托克旗米兰壕汉墓6座、凤凰山汉墓1座、乌审旗巴日松古敖包汉墓2座。墓室壁画均绘制于墓室四壁及墓室顶部。

### （一）米兰壕汉墓壁画[2]

米兰壕汉代壁画墓6座，壁画内容几乎一致，仅画面的空间排序略有不同。壁画内容包括车马图、农耕图、放牧图、山林动物图、围猎图、晒衣图、歌舞楼阁图、斗拱图、双鹅图、神兕图等，墓室顶部绘有祥云星象图。

---

① 赵国兴、高兴超：《从壁画图像内容分析汉代墓葬的早晚关系——以鄂尔多斯出土三处汉代壁画墓为例》，《蓦然回首现光华——第四届曲江壁画论坛论文集》，文物出版社，2019年，第249～257页。

② 赵国兴、高兴超：《从壁画图像内容分析汉代墓葬的早晚关系——以鄂尔多斯出土三处汉代壁画墓为例》，《蓦然回首现光华——第四届曲江壁画论坛论文集》，文物出版社，2019年，第249～257页。

### （二）凤凰山汉墓壁画①

凤凰山汉代壁画墓1座，壁画整体保存较好，画面内容有庭院图、乐舞图、百戏宴饮图、群山放牧图、牛耕图、弋射图、车舆图、出行归来图、门吏图、执吾门侍图、武库图、神兕图，墓室顶部绘制有祥云星象图及月宫图。

### （三）巴日松古敖包汉墓壁画②

M1壁画保存较为完整，墓葬四壁绘制有武库图、山林放牧图、骑马游猎图、牛耕图、车马图、乐舞图、楼阁侍佣图、妇人倚门图、执吾门侍图、祥瑞（玄武）图、鸾凤图、云气星象图等。

M2壁画保存较差，墓葬四壁保存有楼阁宴饮图、车马出行图、群山放牧图、乌燕对鸣图，墓室顶部绘制有朱雀百鸟图、飞龙图、太阳金乌、月亮蟾蜍等。

鄂尔多斯地区汉墓壁画资源丰富，上述三处汉墓壁画尤为典型，壁画色彩鲜艳，技法娴熟，内容丰富，既体现了中原汉文化的精髓，又融入了少数民族的特色。通过壁画的内容来看，农耕图、放牧图、围猎图以及晒衣图等，表现了当时鄂尔多斯地区农牧经济的繁荣和手工业的发展水平，为研究汉代社会经济提供了重要的图像资料。

## 二、汉代鄂尔多斯经济繁荣的图像表达与史料互证

### （一）农业生产的繁荣

在米兰壕汉墓壁画的农耕图像中（图一、二），一幅为二牛二人式，一人手执缰绳驱使二牛，另一人扶犁，前者回头张望，似在统一步调，两名女

图一 牛耕图

图二 锄禾图

子双手执耙，平整耕翻过的土地，反映了农耕过程的忙碌场景，耕翻过的土地整齐成行，耕田中依稀可见生长出的禾苗；另一幅壁画可见整齐排列的禾苗，两名男子弓步低头，持耙锄地，下方一男子驭牛扶犁耕翻土地。

巴日松古敖包出土的农耕图均为二牛一人式（图三），图像上方为一名扶犁者，上身赤裸，穿

① 赵国兴、高兴超：《从壁画图像内容分析汉代墓葬的早晚关系——以鄂尔多斯出土三处汉代壁画墓为例》，《蓦然回首现光华——第四届曲江壁画论坛论文集》，文物出版社，2019年，第249～257页。
② 赵国兴、高兴超：《从壁画图像内容分析汉代墓葬的早晚关系——以鄂尔多斯出土三处汉代壁画墓为例》，《蓦然回首现光华——第四届曲江壁画论坛论文集》，文物出版社，2019年，第249～257页。

图三 农耕图

齐腰短裤，足蹬尖头便鞋，左手扬鞭，驱使二牛，可见犁铧尖锐，犁臂弯曲。下方牛耕图中，前者扶犁，束发裸身，耕者分工明确，耕翻过的土地整齐成行。

凤凰山汉墓壁画中的农耕图脱落严重，仅保留人物下部和犁底，根据汉代及上述两处墓葬出土农耕图的耕作方式分析，此处应为二牛抬杠的耕作形式，壁画的下部分可见犁铧，耕作者身穿宽腿短裤，脚蹬黑鞋。

在鄂尔多斯汉墓壁画中，农业生产场景占据了重要位置。画面中农民耕种、锄禾的场景，展示了汉代农业生产的繁忙景象。同时，壁画中还出现了犁、耙、锄等农具，进一步证明了汉代农业生产的丰富性和多样性，反映了汉代鄂尔多斯农业生产的真实过程。这些图像不仅展示了先进的耕作技术和工具，还体现了汉代农业生产的广泛性和深入性。牛耕图和锄禾图共存，说明汉代鄂尔多斯地区宜农宜牧，农业与畜牧业并重的生业模式。

在鄂尔多斯地区出土的农耕图中，所体现的劳动场景都是以牛耕方式为主。《汉书·食货志》记载："其耕耘下种田器，皆有便巧。……用耦

犁，二牛三人。"[1] 耦原意指两牛并肩共耕，犁乃耕地之具，描述的是两头牛合力拉动一张犁的情景，其中需一人稳住犁辕，一人把持犁身以导正方向，另有一人负责牵引牛。随着农业生产力的进步及对犁耕技术的不断优化，劳动效率得以提升，进而演变出更节省人力的耕作模式，如二牛配二人操作，乃至二牛仅需一人管理的耕作方法。说明中原先进的农耕技术在鄂尔多斯地区已经被广泛使用，为汉代农业经济的繁荣发展奠定了基础。

当然，农业的发展与土壤、气候、水资源等地理环境因素是分不开的。从土壤构成来看，在秦汉时期，鄂尔多斯地区（亦称河套地区）的土壤特性对该地区的农业经济开发起到了至关重要的作用。据史籍所载，黄河自流经临戎之地后，进入河套平原区域，其挟带的大量泥沙在此地逐渐沉积，日积月累，形成了广袤的冲积平原。这一自然地理现象为汉代开展农业屯垦活动创造了极为有利的条件。人们很早就已经认识到朔方郡一带土壤肥沃，《史记》记载，秦始皇遣蒙恬北击匈奴，获得肥沃富饶之地七百里，迁徙内郡人民皆往充实此地，称之为"新秦中"[2]。由此可知，秦汉时期鄂尔多斯高原的土壤条件十分理想，适合农业生产。从气候条件审视，温度对农作物生长有重要的影响，适宜的温度对农作物的生长发育十分有利，温度过高或过低都会对农作物的生长及品质带来不利影响，进而导致农作物的产量下降。根据竺可桢对中国气候变迁的研究，秦朝和西汉时期的气候温和，东汉时期的气候趋于寒冷[3]。从汉代的整体发展过程来看，鄂尔多斯地区当时的气候条件适合农业生产。最后，从水资源的角度考虑，鄂尔多斯东、西、南三面被黄河环绕，地表水资源较为优越，区域内汇聚了众多支

① （汉）班固：《汉书》，中华书局，1960年，第1139页。
② 薛瑞泽：《汉代河套地区开发与环境关系研究》，《农业考古》2007年第1期。
③ 姬霖、查小春：《汉江上游东汉时期洪涝灾害及其对社会经济的影响》，《江西农业学报》2016年第2期。

流，为该地区发展灌溉农业提供了极为有利的自然条件。

### （二）畜牧业的兴旺

在米兰壕汉墓壁画的放牧图中，四棵树的枝头各自栖息着两只雀鸟，它们姿态万千，有的似要振翅高飞，有的则回首顾望，形象栩栩如生。羊群则在山间悠然漫步，各自展现出不同的神态，自在而惬意。

围猎图中有六名驭枣红色骏马的骑士（图四），策马于山间围猎。画面上方，四名骑士两两相对，弯弓搭箭，欲射奔跑的梅花鹿。下方两名骑士同向驭马捕射猎物，五只体态肥胖、尾部短小的梅花鹿，正急于奔跑，逃脱捕获。

巴日松古敖包汉墓壁画中，几名牧者或坐于山头，或行走于山间，悠闲自得地放牧。群山交错，树木苍苍，山林间有成排的鸟儿，遨游山间，自由畅快。骏马成群，或低头觅食，或举首张望。羊羚排行，山间慢走。蛮牛成双，抵触为趣，表现出牧业繁荣及自然和谐的景象。

凤凰山汉墓壁画的放牧图中（图五），背景为连绵高山间，牛马成群觅食于山坡，林间生机益

图五　放牧图

然。山顶之上，两黑衣牧人着束腿裤，执牧鞭静坐，或养神闭目，或眺望群山。

畜牧业是汉代经济的重要组成部分，鄂尔多斯汉墓壁画也反映了这一特点。画面中牧者放牧、狩猎的场景，展示了汉代畜牧业的繁荣。同时，壁画中还出现了大量的牛、羊、马等动物形象，描绘了草原上牛羊成群的场景，进一步证明了汉代鄂尔多斯地区畜牧业的发达程度，反映了畜牧业的重要地位和对经济的重要贡献。

河套地区水草丰茂，自古以来便是畜牧之良地，从图像资料可以了解当时农牧经济的发展水平。根据史书记载，昔时匈奴，崛起于河套内外，其畜群以马、牛、羊为主，兼有驴、骆驼等，游牧为生，逐水草而居。《史记·货殖列传》记载："北有戎翟之畜，畜牧为天下饶。"[①] 足见当时河套地区畜牧业之盛，及至秦汉，中原政权北逐匈奴，屯田戍边，移民实边，对河套地区进行全面开发。然而畜牧业并未因此而衰，反与农业并行发展，形成农耕文明与游牧文明交错的独特景象。在养羊技术方面，《齐民要术》有相关记述，"羊羔腊月正月生者，留以作种"，选择冬羔作种，可以使怀孕母羊在秋草正肥的季节，吃得膘肥体壮，从而有丰富的乳汁抚育冬羔，开春"母乳适尽"时，

图四　围猎图

---

① （汉）司马迁：《史记》，中华书局，1959年，第3262页。

如能接上春草，母子都能肥壮，达到较好的效果。这种技术体现了牲畜繁育与牧场环境季节变化的关系，显然是人民在实践中总结出来的经验[①]。此外，朝廷于此地设立国营马苑，以牧养军马，充实官府用马，同时推动民间饲养牲畜。因此汉代河套地区不仅有丰富的畜牧业品种，还有朝廷大力扶植的养马业，才会呈现出"沃野千里，谷稼殷积，牛马衔尾，群羊塞道"的兴旺景象。

### （三）手工业的发展

手工业是汉代经济的另一个重要领域，鄂尔多斯汉墓壁画中并未直接展示手工业的发展状况，但通过壁画所表现的当时社会文化风貌和日常生活场景，为我们提供了研究汉代手工业发展的重要线索。

在米兰壕汉墓壁画的鞋箱图中，左侧绘制两双鞋子，一双为紫色，一双为绿色，均以红色线条勾勒鞋口；右侧绘有四个黑色鞋箱或衣箱，周围放置衣物，其中间一衣箱微微开启（图六）。另一幅画面中绘有烛台和博山炉（图七），通体为绿色，色彩艳丽，烛台为豆形，博山炉为盘底柱形柄，形象十分写实。

在凤凰山汉墓壁画中，人物手中的壶，通体装

图七　烛台图

饰相当精细，与汉代出土的实物形成对照（图八）；另一人物手中的精美衣物反映出汉代纺织技术已经达到了相当高的水平（图九）。因此，通过鄂尔多斯汉代墓葬壁画晒衣图和执壶、执衣物的人物图像，侧面反映出当时的手工业不仅种类繁多，而且工艺精湛，体现了汉代手工业的高度发展。

《史记·货殖列传》中描述，自汉朝兴起以来，天下一统，四海之内皆归一统[②]。朝廷开放关卡桥梁，废除对山林湖泽的禁令，于是富商大贾

图六　鞋箱图

---

①　王涛：《略述匈奴与中原物质技术的交流以及汉匈在文化上的融合》，西北大学硕士学位论文，2003 年。
②　（汉）司马迁：《史记·货殖列传》，中华书局，1959 年，第 3261 页。

图八　执壶人物图

图九　执衣物人物图

得以遍游天下，各种商品交易畅通无阻，人们皆能得其所欲之物。《汉书·食货志》记载："一夫不耕，或受之饥，一女不织，或受之寒。"① 这反映了汉代纺织业的普遍性和重要性，女子的纺织工作对于家庭的生存至关重要；又载："今农夫五口之家，其服役者不下二人，其能耕者不过百亩，百亩之收不过百石。"② 这说明在汉代，农民除了耕种外，还需从事家庭手工业以补贴家用。

汉代手工业的发展在官营和私营两方面均取得了显著成就，官营手工业主要满足统治阶级的需求，而私营手工业则广泛分布于民间，为普通民众提供了丰富的日用品。同时，汉代手工业产品的多样化和精美程度，不仅体现了当时手工业技术的高超水平，也进一步推动了当时社会经济的发展。

## 三、汉代鄂尔多斯地区经济繁荣的原因分析

### （一）政策支持

汉代政治稳定，并实行了一系列有利于经济发展的政策，如减轻赋税、鼓励农业生产等，为经济繁荣奠定了基础。

秦末动乱，使汉初社会经济萧条，给人民的生活造成了严重影响。汉文帝听取大臣晁错的建议："徙民实边，使远方无屯戍之事；塞下之民，父子相保，无系虏之患。"把流民安排到西北边塞，由朝廷分拨土地，安居于西北地区。同时给徙民发放种子和农具，甚至有的还会免除赋税。武帝时期，汉朝经济逐渐恢复，此后，汉朝继续

---

① （汉）班固：《汉书》，中华书局，1960年，第1128页。
② （汉）班固：《汉书》，中华书局，1960年，第1132页。

实行屯田制度，对鄂尔多斯地区采取移民政策，大力发展农业生产。

根据史书记载，在西汉时期，官方确实是以移民及土地开垦作为治理边疆的主要形式，其中包括向鄂尔多斯等边地进行移民及土地开垦活动①。《史记·平准书》记载元鼎四年（前113年），"朔方、西河、河西开官田，斥塞卒六十万人戍田之"②。人口的迁移为当地带来了劳动力和生产技术。同时，在边疆地区开官田、置田渠，派遣官吏和士卒进行屯田和戍守，促进了鄂尔多斯地区农业生产的发展，也为当地提供了稳定的粮食来源，减轻了国家的财政负担。当时在鄂尔多斯部分区域设有"朔农都尉"，负责屯田事务，显示出西汉政府对这一地区农业生产的重视。王莽时期，为了增加军粮储备，又恢复了北假屯田点，再次证明了朔方郡及其屯田点在军事和经济上的重要性。

同时，汉朝在鄂尔多斯地区通过兴修水利、改善土壤质量等措施，使这些新开垦的土地迅速成为富饶的农田，为当地的农业生产提供了坚实的物质基础。在配合农业生产及农业社会治理方面，设置了类似于中原农耕区的县级统治政权，负责维护当地的社会秩序，积极推动农业生产的组织和管理，确保农业生产的高效运行。不同地域、不同背景的移民和当地民族之间的相互交往，推动了文化、技术和资源的交流，形成了独具特色的文化，这些政策不仅加强了国家的统治力量，也促进了边疆地区的繁荣与发展。

### （二）环境因素

西汉初期，汉朝在与匈奴的作战中处于不利

地位，尚未实现对北方地区的有效控制。然而，到了武帝时期，汉朝对匈奴的战争取得了节节胜利。为了巩固对北方地区的统治，汉朝实行了大规模的移民开发政策，这一举措标志着北方地区进入了农牧业繁荣发展的新阶段③。据《史记·匈奴列传》记载，匈奴在失去阴山之后，经过该地区时常常选择绕道而行，再也不敢觊觎马邑以南地区。阴山作为河套地区的北方天然屏障，使得迁徙至河套地区的汉朝百姓安全得到了有效保障。因此，在这一时期，社会相对安定，人民积极参与生产活动，能够充分发挥鄂尔多斯地区的地理优势和资源优势，促进了经济的繁荣与发展。

《史记·卫将军骠骑列传》中详细记载了卫青、霍去病等将领北击匈奴、收复河套地区的事迹。武帝元朔二年（前127年），卫青大军从云中出发，抵达高阙，随后攻占黄河以南，一直推进到陇西，俘虏数千敌军，成功收复黄河以南，并在此地修筑了朔方城④。同时修复了秦朝蒙恬所筑的边塞，利用黄河天险作为坚固的防线。这标志着河套地区正式纳入汉朝版图。社会的安定为社会经济的发展提供了坚实的基础和有力保障。汉代鄂尔多斯地区形成了农牧并行发展的生业模式，而经济的繁荣则需要稳定的社会环境作为支撑。当时统治阶级采取了一系列措施来维护边疆地区的社会安定，为农牧业生产创造了良好的条件，从而推动了社会经济的繁荣发展。

### （三）文化交流

在汉代的辽阔疆域中，鄂尔多斯地区以其独

---

① 李锐、崔思朋：《试论历史时期鄂尔多斯地区环境问题产生的阶段特征——以环境变迁史为考察视角》，《中国区域文化研究》2022年第2期。
② （汉）司马迁：《史记》，中华书局，1959年，第1439页。
③ 蒋璐：《北方地区汉墓格局演变与汉代边疆政策的关系》，《华夏考古》2015年第3期。
④ （汉）司马迁：《史记》，中华书局，1959年，第2923页。

特的地理位置和文化背景，成为文化交流的重要节点。武帝时期，派遣张骞出使西域[1]，打开了中原与西域交往的大门，极大地促进了东西方商旅的往来，丝绸之路逐步形成，对经济文化产生了极为深远的影响。河套地区也从此日益繁荣，商贾云集，贸易活动空前兴盛。丝绸之路不仅是一条商贸往来的重要通道，更是一条文化交融的纽带。西域的特产通过这条通道传入中原，同时也传入河套地区，极大地丰富了当地的物质文化生活。

鄂尔多斯地处北疆，是蒙古高原与黄土高原的交错地带，其地理位置十分重要。同时，鄂尔多斯向西是河西走廊，西域文化可以沿着鄂尔多斯高原由西向东、由南向北深入欧亚草原，形成南北两条丝绸之路的重要交汇点。这样的地理位置，使得鄂尔多斯成为文化交流的重要平台。草原丝绸之路是蒙古草原沟通中原与亚欧的商贸大通道，也是古丝绸之路的重要部分，连接东西方经济文化大动脉，中西与南北文化交流汇集地[2]。在文化交流的过程中，中原地区的冶炼、纺织、建筑等技术在鄂尔多斯地区传播和发展，提高了当地的生产效率，推动了经济的快速增长。

随着丝绸之路的开通，来自中原地区的商品如丝绸、瓷器、香料等源源不断地涌入鄂尔多斯，而鄂尔多斯地区的特产如马匹、皮毛等也通过丝绸之路远销海外。这种商品的流通不仅丰富了人们的物质生活，也促进了文化的传播和发展，使得各民族之间形成互补和融合的紧密关系，共同推动了汉代经济的繁荣和发展。

## 四、结论

鄂尔多斯汉墓壁画以其丰富的图像内容、生动的艺术形式和深刻的历史内涵成为研究汉代经济繁荣的重要图像史书。通过对这些壁画的分析和研究，可以更加全面地认识和理解汉代社会经济的繁荣和发展状况，以及多民族杂居融合的历史背景和文化内涵，让我们更加深入地了解汉代时期边疆地区经济繁荣的景象。

---

① （汉）班固：《汉书》，中华书局，1960年，第2687页。
② 高晓焘：《内蒙古在丝绸之路经济带建设中的地位与作用——"论草原文化与草原丝绸之路"之二谈》，《论草原文化》第十二辑，内蒙古教育出版社，2015年，第41～49页。

# 汉代六博棋局中的三才解读

赵芮禾

北京考古遗址博物馆

**摘　要：** 六博棋是两汉时期非常流行的一种博棋类娱乐活动，众多汉墓中都有六博棋具的出土，但因史料缺失，至今无法完全复原行棋方法。通过不同汉墓出土的六博棋盘、棋具与文献中的行棋位等相互比对研究，可知棋盘上不同纹样，棋具中不同棋子、箸、骰等与行棋位等都有其特定的象征意义，并由此分析汉代六博棋局中所蕴含的天、地、人三才思想。在两汉时期，人们将对于自然的认知浓缩进了一方棋局之上，六博棋局阐释了人们认识自然、顺应自然的生活法则与思想内涵。

**关键词：** 六博棋　三才　汉代　八方九宫

## 一、六博与三才

六博是两汉时期非常流行的一种博棋类娱乐活动，与六博同时代流行的棋类游戏还有许多，如塞棋、围棋、弹棋等。棋类游戏的多样化体现出了汉代人民休闲生活的丰富性。

六博棋的游戏方法因年代久远，虽有零星记载，却无法完全复原。但通过诸多墓葬文物的出土，可对六博棋的棋具组成进行较为完整的探讨。根据使用方法的不同，六博棋的主要用具可以分为三大组成部分，分别为博具、棋具与筹具。其中，博具主要包括箸、骰，棋具包括棋盘、棋子，筹具包括算筹等。各类用具的数量、颜色、形状、材质皆有不同，不同之处包含了秦汉及先秦时期流行的诸多文化内涵，其中"三才"的概念极为突出。

"三才"之说可上溯自先秦重要的思想典籍《易经》。《易经·说卦》中有云："易以立天之道，曰阴与阳；立地之道，曰柔与刚；立人之道，曰仁与义；兼三才而两之，故《易》六画而成卦。"由此可知古人所言之"三才"为"天、地、人"，世界万物皆由此"三才"演化而成。此理论是古人原始世界观的展现，是基于"盖天说"早期天文观念的反映。《易经》便是以"三才"为基础，而衍生出的中国古人最基本的思想理论。

通过对六博棋具与游戏方法的解读，可知六博并非简单的流行游戏，"三才"的理论也充分体现在秦汉六博棋局之中。其棋局之盘象征地，行棋之术象征天，博棋之法象征人循天地法则，合而成一。

## 二、六博与地理

### （一）六博棋盘纹样

黄儒宜曾系统梳理了从先秦至两汉时期各地出土六博棋盘的形制演变，根据棋盘表面"T、L、V"纹与其他纹样的变化，将六博棋盘分为七种类型，而此七种类型的演变也基本可以遵从历史发展的前后顺序，直观看出棋盘样式的改变。

其中，两汉时期六博棋盘的类型划分主要集中在类型 3 至类型 7 的范畴之内①。这一阶段的六博棋盘数量极多，纹样及整体样式经历了从定型、繁缛直至简化的全过程，而东汉时期出土棋盘却

---

① 黄儒宜：《六博棋局的演变》，《中原文物》2010 年第 1 期。

仅有 2 件，可以推测六博棋在两汉时期的活跃时间，主要集中在西汉，且风靡一时。

对于六博棋盘样式的解读，主要集中在棋盘表面的"T、L、V"纹之上，这些纹饰以英文字母命名，可方便阐述其图像样貌，但无法解释其图像内涵。如欲解读其所蕴含的古代地理概念，需将纹样置于整体棋盘之上，根据其位置解答其内涵。

为方便探讨，此处选择属于类型 4 的西汉早期马王堆 3 号墓出土的六博棋盘进行解读，此时的棋盘样式已基本定型。在棋盘中，"T"纹位于内方四边的中心点位；"L"纹位于外方四边的中心点位；"V"纹位于外方四角之上；除此之外，四雀纹位于"T"纹横线的延长线上，由此构成了棋盘表面的整体图像。如按照"T、L、V"所有线条走向进行连接，可得到横纵各八条辅助线，将棋盘分为九九八十一个等分方形，棋盘之上的所有图像皆位于八经八纬之上（图一）。

六博棋盘以方形为底，根据图像可分为内方和外方两部分。若以内方面积为一，向外延伸，棋盘可等分成九个内方的面积。以古人之原始宇宙观，地为方形，在测量土地时多以"二绳"和"四维"定方位。古人以十二地支平分地平方位，其中以子

午（正南北）、卯酉（正西东）为二绳；丑寅（东北）、辰巳（西南）、未申（西南）、戌亥（西北）为四维，由此形成了古人地平方位认知中最基础的"八方九宫"，"八方"为东、南、西、北、东北、东南、西北、西南，"九宫"为中央与八方①。对应在棋盘之上，内方四边中心"T"纹之竖是为"二绳"，外方四角"V"纹是为"四维"（图二）。

根据河北中山王墓出土的战国时期六博棋盘可知，早期棋盘的纹饰确实分为九部分（图三）。而按李零的观察，中山王六博棋盘是"由五块石

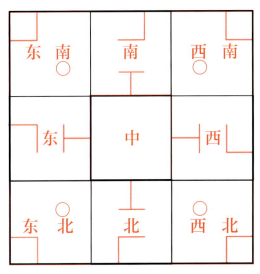

图二　棋盘所分九宫

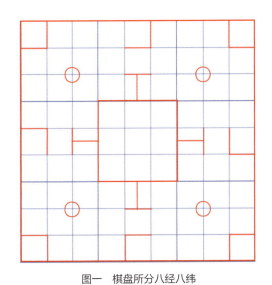

图一　棋盘所分八经八纬

图三　河北中山王墓出土石质六博棋盘

① 冯时：《文明以止：上古的天文、思想与制度》，中国社会科学出版社，2018 年，第 58～72 页。

板按螺旋形（如"卍"字形）拼成。其中一块做正方形，位于中央，四块做方形，围在四周"①。而古人的"八方九宫"正是由"四方五位"发展而来，五块石板组成一张棋盘可印证此象征意义。另据李零观察，外围的四块石板，两块红色，两块青色，摆在一起极像太极阴阳鱼图，因此可知，古人设计棋盘时，将阴阳思想也引入其中。

### （二）六博行棋位

尽管六博棋的具体玩法已经失传，但《西京杂记》中记载了许博昌对于六博玩法的行棋口诀②，口诀共九个棋位，分别为方、畔、揭、道、张、屈、究、高、玄。根据各地出土竹简、木牍中对此九个行棋位名称的不同记载，可做如下总汇：方、畔（廉）、揭（楬）、道、张、曲（究）、诎（屈）、长（玄）、高③。李零也将九个行棋位一一对应在棋盘的确定位置上（图四）。

行棋位的名字较为生涩，但若将名字放于整

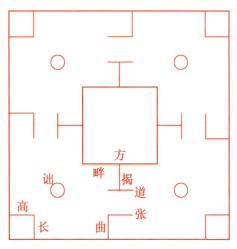

图四　行棋位对应位置

个棋盘象征的地面之上，亦不难解释，可将九处行棋点位分为三部分。

#### 1. 内方及周边

内方囊括的行棋位主要包括方、畔、揭、道。四处行棋位对应在盘中："方"位在棋盘内方四边中心；"畔"位在内方四边外缘；"揭"位在内方"T"纹之竖；"道"位在内方"T"纹之横。

如若将内方比作大城之中的内城，抑或为宫城。"方"引甲骨文字形，"方"字本意便为由中心向外延伸，形成四方界限便成了一个平面；"畔"字，《说文》解其为"田界也"④，因此"方畔"便为内城的面与界。揭亦作"楬"，"楬"字本意为立作标志的木桩子，有学者认为汉代阙门建筑的初始便为木楬演化而来⑤；"道"字是为道路，"楬道"意为内城外竖立木桩标记相隔的道路。

#### 2. 外方

外方囊括的行棋位主要包括曲、张、长、高。四处行棋位对应在盘中："曲"位在棋盘外方四边"L"纹之竖；"张"位在外方四边"L"纹之横；"长"位在外方四角"V"纹之右；"高"位在外方四角"V"纹之左。

如若将外方比作外城。"曲"字，《说文》解"象器曲受物之形"⑥；"张（張）"字，《说文》解"施弓弦也"⑦，引为开，二字本意一为弯曲，一为展开，反观"曲"字甲骨文形🔲，可知"曲"字本体即为"L"形，与外方四边的"L"纹完全吻合。将二字置于城垣的基础之上，"曲城"在汉代为后世瓮城之别称，早期瓮城如石峁皇城台门址内瓮城、陶寺宫城东南角门出的南城墙等遗址亦有一

---

① 李零：《跋中山王墓出土的六博棋局——与尹湾〈博局占〉的设计比较》，《中国历史文物》2002年第1期。
② （晋）葛洪著，成林、程章灿译注：《西京杂记全译》，贵州人民出版社，1993年，第157~158页。
③ 王楚宁、杨军：《海昏侯墓竹书〈五色食胜〉为"六博棋谱"小考》，《文化遗产与公众考古》（第三辑），2016年，第94页。
④ （汉）许慎：《说文解字》，中华书局，1962年，第291页。
⑤ 顾大志：《试论汉代石阙的起源与早期发展》，《南方文物》2022年第2期。
⑥ （汉）许慎：《说文解字》，中华书局，1962年，第268页。
⑦ （汉）许慎：《说文解字》，中华书局，1962年，第269页。

侧设置一道短墙，另一侧向外开放的样式，名为曲尺形瓮城[①]。而瓮城的门道往往会设置有开合的门具，因此"曲张"二字或可释为外城城墙上的瓮城之意。

"长"字本意为一人挂杖之形，引申为表示空间或时间的距离大；"高"字，《说文》意"崇也，象台观高之形"[②]。"长高"应为外城四角所立之高台，《考工记·匠人》营国一节规定"王宫门阿之制五雉，宫隅之制七雉，城隅之制九雉"[③]，"隅"即四角角楼，宫城的四角比宫门高二雉，外城的四角比宫城四角亦高，可知古人建城皆于四角建筑角楼，角楼至迟在春秋时已见，而考古学表示远在龙山时期，已偶见城墙转角的"城隅"形式[④]。

### 3.内外方间

内外方间只有一处行棋位：屈。"屈"位在外方与内方四角连线之上。此连接线在内方交叉点即中心点。"屈"与"诎"为通假字，"屈"字意

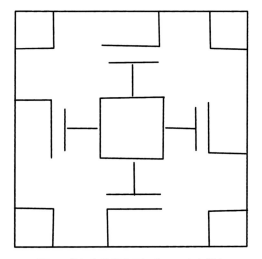

图五　仪征张集团山西汉墓 M1 出土棋盘

（参考南京博物院等：《仪征张集团山西汉墓》，《考古学报》1992 年第 4 期）

为弯曲。作为内方与外方间的位置，亦象征着内城与外城间，位于"道"的延长线，作为内城外道的拐角处，以"屈"名即妥。另有出土汉代六博棋盘上并未标出"屈"位，或内方与外方四角相连，如湖北荆州高台汉墓M2、仪征张集团山西汉墓M1等（图五），此类未标"屈"位的棋盘是否为六博棋盘，抑或是与六博相似的塞棋或格五，尚有学者提出不同看法[⑤]。

## 三、六博与天文

《楚辞》注疏中引《古博经》云："博法，二人相对坐向局，局分为十二道，两头当中，名为水。用棋十二枚，六白六黑。又用鱼二枚，置于水中。其掷采以琼为之。琼昙方寸三分，长寸五分，锐其头，钻刻琼四面为眼，亦名为齿。二人互掷采行棋，棋行到处即竖之，名为骁，棋即入水食鱼，亦名牵鱼。每牵一鱼获二筹，一鱼获三筹。"[⑥]《古博经》中亦提到了前文所言之博戏所需实体物品，有博局、棋子、琼或箸等。

以方形的六博棋盘为地，博戏行棋中所使用的棋具材质、数量等有许多体现出古人原始天文观念，其中多与观象授时息息相关。此种亦符合古人三才观的展现，棋盘为地，投箸或掷茕的随机性使古人认为更能体现出天意，人在其中，执棋而下，方是按照天意而行。

### （一）箸与琼（骰）

与六博同时代，在社会上极为流行的还有一种棋类游戏，名为塞棋。博塞在汉代经常被统称

① 于有光：《早期瓮城结构试析》，《西部考古》2022 年第 1 期。
② （汉）许慎：《说文解字》，中华书局，1962 年，第 110 页。
③ 徐正英、常佩雨译注：《周礼》，中华书局，2022 年，第 998～999 页。
④ 叶万松、瓯燕：《略论中国古代城垣上的附属建筑》，《考古学研究》（六），科学出版社，2006 年，第 271 页。
⑤ 傅举有：《论秦汉时期的博具、博戏兼及博局纹镜》，《考古学报》1986 年第 1 期。
⑥ （战国）屈原撰、（汉）王逸章句、（宋）洪兴祖补注：《楚辞·招魂章句第九》，《四部丛刊》景明翻宋本，第 15～16 页。

在一起，有学者认为博与塞最大的区别在于"玩博棋要投箸，玩塞棋不用箸"，除此之外，两种玩法极为相似[1]。因此，六博最为重要的棋具当属博箸。但两汉时期，六博的玩法分为大博与小博，在博的过程中，大博使用博箸，而小博则用骰。根据考古出土的实物看，两汉时期六博棋流行使用的箸应为六支，骰有一枚或两枚。

**1.箸**

六博棋的命名即来自博弈双方使用的六支博箸，游戏时，双方轮流将博箸投向空中，而后落下，以观博箸正反，通过正反的不同组合，将棋子下至相应的棋位之上。从出土的实物箸样式而言，皆含正反两面[2]。而博箸的数量与正反面刚好符合易经六十四卦的组合，易经的卦象每一卦由六爻组成，每一爻由代表阴阳的长横与两短横组成，箸则以正反两面代表阴阳。投箸的过程符合古人用竹签或钱币投掷卜阴阳算卦的方式。而《周易》中的六十四卦则是由古人观天象变化而得，认为这便是世间万物运转的规律，此为大博（表一）。

**2.琼（骰）**

六博棋在小博时会选择骰进行博的过程，也就是类似现在游戏的骰子。但与现代的六面体骰子不同，两汉时期使用的骰大部分为十八面体（图六），其中十六面阴刻从一至十六的数字，上下二顶阴刻中文，文字略有不同，多以"骄"和"妻男"为主。李学勤将"妻男"释读为"媿"，是以与"骄"互为反义[3]。另有骰阴刻"酒来"二字，

图六　山东淄博齐王墓 5 号陪葬坑出土骰

**表一　出土两汉时期博箸**

| 出土地点 | 尺寸（厘米） | 数量（支） | 年代 | 材质 |
|---|---|---|---|---|
| 山东临沂金雀山汉墓M31/M32[4] | 22.5×0.6×0.2 | 不详，约50 | 战国晚期至西汉初期 | 银 |
| 湖北省江陵县凤凰山汉墓M8[5] | 长23.7，断面为弧形 | 6 | 西汉文景时期 | 竹 |
| 安徽天长三角圩汉墓M19[6] | 22.8×0.4×0.2 | 36 | 西汉早期 | 银 |
| 山西浑源毕村汉墓M1[7] | 23×0.6×0.15 | 6 | 西汉中期 | 铅 |
| 山东莱西县岱墅村汉墓M2[8] | 22×0.5×0.2 | 30 | 西汉中晚期 | 银 |
| 江苏盱眙东阳汉墓M7[9] | 23×0.4×0.2 | | 西汉晚期至新莽时期 | 似铅质 |

① 张斌：《古老的游艺塞棋考略》，《社会科学论坛》2015 年第 4 期。

② 谢一峰：《从六博到樗蒲——秦汉魏晋间博戏宇宙论意味的淡化与消解》，《形象史学》2023 年第 3 期。

③ 金银：《浅析战汉时期六博棋具》，《秦汉研究》第一辑，三秦出版社，2017 年，第 204 页。

④ 临沂市博物馆：《山东临沂金雀山九座汉代墓葬》，《文物》1989 年第 1 期。

⑤ 长江流域第二期文物考古工作人员训练班：《湖北江陵凤凰山西汉墓发掘简报》，《文物》1974 年第 6 期。

⑥ 安徽省文物考古研究所、天长县文物管理所：《安徽天长县三角圩战国西汉墓出土文物》，《文物》1993 年第 9 期。

⑦ 山西省文物工作委员会：《山西浑源毕村西汉木椁墓》，《文物》1980 年第 6 期。

⑧ 烟台地区文物管理组、莱西县文化馆：《山东莱西县岱墅西汉木椁墓》，《文物》1980 年第 12 期。

⑨ 南京博物院：《江苏盱眙东阳汉墓》，《考古》1979 年第 5 期。

学者们普遍认为,刻"酒来"的骰应为酒令使用的骰,非六博时使用。

掷骰在博的过程中相比投箸更为简便,也更为一目了然。若六箸在博戏的过程中体现了近似于易经所呈现的大时间观念变化的阴阳,骰的十六位数字则体现了一天中时间的变化。在秦汉之后很长的历史演变中,中国古代都采取了十二时制的授时制度,以十二地支命名十二时辰。但学者们通过对敦煌悬泉置木牍、居延汉简等出土文物的研究,已基本确定秦汉时期还流行一种昼夜不等分的十六时制,十二时制在东汉章帝时期得到了官方的推行,而十六时制一直到唐朝仍在民间有一定影响[1],但大环境已经被十二时制所替代。梳理出土两汉时期的十八面骰,皆为西汉时期。由此可推测,小博使用的骰应为代表一天的时间变化,以此区分大博时的投箸所代表的大时间观念,时间的轮转即天体运动带给地球自然万物的变化。

## (二)阴阳棋子

六博棋的游戏之中,与棋盘、六箸等一样必不可少的还有行棋使用的棋子。六博棋子出土的数量极多,材质主要可以分为玉石质、骨质与木质三种,每一墓葬中出土棋子数量多寡不一,但

**表二　出土两汉时期博骰**

| 出土地点 | 年代 | 材质 | 数量(件) | 形制 |
|---|---|---|---|---|
| 山东淄博齐王墓 5 号坑[2] | 西汉初年 | 铜质,错银 | 2 | 18 面,直径 4.9 厘米,刻出一至十六,对顶两面刻"骄"和"妻男",空心,内有小铜块 |
| 河北满城汉墓 M2[3] | 西汉初期 | 铜质,错银 | 1 | 18 面,直径 2.2 厘米,篆书一至十六,对顶两面刻"骄"和"酒来" |
| 湖南长沙马王堆汉墓 M3[4] | 文帝初元十一年 | 木质 | 1 | 18 面,直径 4.5 厘米,印刻篆体一至十六,对称两面刻"骄"和"妻畏" |
| 湖北江陵凤凰山汉墓 M10[5] | 文景时期 | 木质 | 1 | 18 面,直径 5 厘米,印刻一至十六,对称两面刻"骄"和"妻黑" |
| 湖北荆州高台汉墓 M3[6] | 西汉早期后段 | 木胎黑漆 | 1 | 18 面,可辨认三、四、五、六、七、十一、十二、十四、十五,先阴刻,后描红,红色多脱落 |
| 湖北荆州高台汉墓 M11[7] | 西汉早期后段 | 木胎黑漆 | 1 | 18 面,每面均有字痕,但多模糊难辨,仅可辨一、十,先阴刻,后描红,红色多脱落 |
| 安徽霍山西汉木椁墓 M1[8] | 西汉前期 | 木 | 1 | 18 面,直径 4.5 厘米,阴刻篆体一至十六,及"骄"和"妻畏" |
| 湖南长沙渔阳汉墓[9] | 西汉 | 木胎黑漆 | 1 | 18 面,每面阴刻篆体,内涂朱červený,数字一至十六,对顶刻"骄"和"酒来" |
| 四川什邡市箭台村遗址[10] | 汉代 | 陶 | 1 | 6 面,直径 1.8 厘米,通高 3.2 厘米,"陀螺"骰子,六面分别刻有一至六个小圆涡 |

① 任杰:《秦汉时制探析》,《自然科学史研究》2009 年第 4 期。

② 山东省淄博市博物馆:《西汉齐王墓随葬器物坑》,《考古学报》1985 年第 2 期。

③ 中国社会科学院考古研究所等:《满城汉墓发掘报告》,文物出版社,1980 年,第 274 页。

④ 湖南省博物馆、湖南省文物考古研究所:《长沙马王堆二、三号汉墓》第一卷《田野考古发掘报告》,文物出版社,2004 年,第 166 页。

⑤ 长江流域第二期文物考古工作人员训练班:《湖北江陵凤凰山西汉墓发掘简报》,《文物》1974 年第 6 期。

⑥ 湖北省荆州博物馆:《荆州高台秦汉墓:宜黄公路荆州段田野考古报告之一》,科学出版社,2000 年,第 210 页。

⑦ 湖北省荆州博物馆:《荆州高台秦汉墓:宜黄公路荆州段田野考古报告之一》,科学出版社,2000 年,第 210 页。

⑧ 安徽省文物考古研究所、霍山县文物管理所:《安徽霍山西汉木椁墓》,《文物》1991 年第 9 期。

⑨ 木槿:《渔阳墓出土的博局与博棊》,《环球人文地理》2017 年第 11 期。

⑩ 刘章泽等:《四川什邡市箭台村遗址Ⅳ Ⅴ Ⅵ区发掘简报》,《四川文物》2016 年第 2 期。

图七　大葆台汉墓出土象牙质棋子

图八　南越王墓出土青玉水晶棋子

大多保存完好的墓葬皆以 12 枚为一组出土。

　　在游戏过程中，对弈双方，每人执棋 6 枚，以棋子颜色、材质或纹饰区分。以大葆台汉墓出土龙虎六博棋子（图七）与广州南越王墓出土青玉水晶六博棋子（图八）为例。大葆台汉墓出土象牙质棋子共 8 枚，其中 4 枚阴刻龙纹，4 枚阴刻虎纹，以其在天象中所对应东方青龙星宿与西方白虎星宿相附会的颜色属性，广州南越王墓出土的青色玉质棋子与白色水晶质棋子完全符合。在汉代阴阳五行观念的盛行之下，六博棋所使用的棋子与天象阴阳相符。另据学者们对尹湾汉墓出土博局占木牍的研究，棋子在棋盘上行棋一周，需循环七组前文提到的行棋位，其中三组首尾相接，除去重复走棋的位置，共六十步，贴合了天干地支循环一周的六十甲子[①]。作为中国古代成熟的天文历法计算方式，干支纪元法从诞生之初即在于古人观木星的运行方式所成。因此，对于六博棋子的探讨，其颜色质地与行棋方式都与天文息息相关。

----

① 　李零：《跋中山王墓出土的六博棋局——与尹湾〈博局占〉的设计比较》，《中国历史文物》2002 年第 1 期。

## 四、六博与三才相合

东汉边韶曾作《塞赋》，以汉代人的视角解读塞棋的文化含义。学者们普遍认为塞棋与六博棋的棋具和下法都极为相近，因此《塞赋》的解读对于我们了解六博的文化内涵有着极为重要的借鉴意义。

对于塞棋各类棋具、玩法的内涵，《塞赋》记载如下："四道交正，时之则也。棋有十二，律吕极也。人操厥半，六爻列也。赤白色者，分阴阳也，乍亡乍存，像日月也。行必正直，合道中也。趋隅方着，礼之容也。迭来迭往，刚柔通也。周而复始，乾行健也。局平以正，坤德顺也。"[①]

棋盘上的子午卯酉线相交，象征着四时变换的准则。棋子一共有十二个，象征万物运行的标准。二人投箸，以箸的正反面象征六爻。棋具上的红、白色，分出了阴阳。棋局中风云变幻，兴亡乍现，就像日月轮转。行棋之道皆为直线，象征着为人处世保持中道。走到棋盘四角呈方形，象征着容止进退合乎礼仪。双方交替行棋，强弱相通。行棋一圈，周而复始，象征了天道运行。博局盘四角向平，象征着地道和顺。

将前文对六博进行的地理天文分析对比《塞赋》可知，棋盘上确实暗合了子午卯酉线的地理内涵，而各类棋具与行棋的方法也符合古人心中的天地运行法则，时间与空间的结合在棋盘上无限循环。《塞赋》记载最重要的内容在于，执棋双方处于这棋局的天地之中，进退有度，循万物运转的规律而行，符合黄老之学的阴阳相合，亦符合儒家所倡导的为人中正，"乾行健""坤德顺"，也暗合了《周易》"天行健，君子以自强不息；地势坤，君子以厚德载物"之意。

两汉时期，画像石中出现有大量"仙人博"的题材形象，大多以东王公、西王母、羽人对弈等图像出现。作为一种人间流行的世俗游戏，频频出现在象征人死后升仙或汉代人们世界观的图像之上本就是较为牵强的解释，但作为汉代人们心中象征天地运转规律的六博棋局出现在神山仙境上，以仙人的形象博弈其中，其逻辑便浅显易懂了。

象征掌管宇宙的仙人在六博棋局中，通过投箸行棋，以阴阳六爻推演世间万物的运转，为人间制定秩序，形成一整套完整的天地人宇宙模型。因此有学者认为"六博图是汉墓用以构造其生命转换功能的信仰符号之一"[②]。伴随着汉代庞大的仙人宗教信仰的盛行，六博也成为墓主升仙过程中配套出现的物品之一。六博棋局因其所代表的天地之道，作为人间与仙界的沟通媒介，自然而然成为古人思想中"天人关系"与"天地关系"的重要纽带。

## 五、结语

六博棋的棋局之中，古人将每一件有形的实物棋具与无形的行棋法则都赋予了当时人对于自然运转规律的认知，将"地法天、天法道、道法自然"的含义全部浓缩进了一方棋局之上。人立身天地之间，在对弈的同时不忘敬畏天地，寻求顺应自然的生活法则。作为两汉时期上至天子、下至百姓都极为喜爱的游戏，六博棋中所体现出的不仅仅是休闲娱乐，亦展现了古人生活的整体世界观。

① 赵逸夫：《历代赋评》，巴蜀书社，2010 年，第 760 页。
② 姜生：《六博图与汉墓之仙境隐喻》，《史学集刊》2015 年第 2 期。

# 论汉代玉魁

刘梦嫒

故宫博物院

**摘 要：** 山东兰陵层山汉墓出土一件特别的玉器，近期在"礼运东方：山东古代文明精粹"特展上展出，被命名为"龙首柄玉斗"，笔者对其器形进行考察后，认为应将其更名为"玉魁"。此为目前发现的唯一一件汉代玉魁，乃是以玉模仿汉代饮食器"魁"制作而成。通过梳理魁的器形特征、使用功能和历史演变脉络，辨析魁与斗勺的区别，为这件玉器指明了归属。此玉魁体现了汉代独特的玉文化，其龙首柄装饰在汉代器物上十分普遍，更体现了汉代流行的龙瑞观念。此外，汉代玉魁也为宋、元时期所见相似造型的仿古玉器指明了源头，丰富了仿古玉器的脉络内涵，展现了汉代玉文化延续不息的生命力。

**关键词：** 玉魁　龙首柄　龙瑞　仿古玉

2023～2024 年在清华大学艺术博物馆举办的"礼运东方：山东古代文明精粹"特展展出了一件罕见的汉代玉器——"龙首柄玉斗"（图一）[1]。目前发现仅此一件，故引人瞩目。此玉器为青玉质，局部有土黄色沁。口径 7.5 厘米，底径 4.2 厘米，高 3.9 厘米，柄长 4.4 厘米。整玉雕琢而成，主体为碗形，侈口，圆唇，口沿下收折，有一周弦纹，弧腹下收，平底矮圈足。腹一侧附一柱形短柄上扬，柄端雕龙首，龙首昂起，睁目翘鼻，龇牙咧嘴，长须扬起，耳、角后撇，十分灵动威武，体现了汉代玉匠高超的技艺。

这件玉器于 2011 年 4 月在山东兰陵县庄坞镇层山小学院内的西汉墓内发现，后入藏兰陵县博物馆，并未公布相关考古发掘报告。特展的文物说明牌里介绍随葬该玉器的西汉石椁墓被推测为西汉诸侯国墓葬，此玉器因形似北斗七星而被命名为"玉斗"，并未说明其用途。

但"玉斗"一名并不合适。徐琳在《汉代玉器研究》一书中结合相关文献及文物考古资料将玉器命名为"玉魁"[2]。笔者亦赞同"玉魁"之名。此玉器是以玉模仿汉代饮食器"魁"制作而成。而这是首次发现的汉代玉魁，体现了富有想象力的汉代玉文化，也为宋、元时期所见相似的仿古玉器指明了源头。

## 一、关于"魁"的辨析

从文献和考古文物来看，魁并非后人杜撰而

图一　兰陵县博物馆藏玉魁

---

① 图片及文物信息源自兰陵县博物馆官网。

② 徐琳：《汉代玉器研究》，故宫出版社，2024 年，第 408 页。

是真实存在的。王振铎《论汉代饮食器中的卮和魁》从历史文献和文字训诂角度分析出魁多为首义①。魁也与北斗七星有关，但并非天文里的专用名词。《史记·天官书》有"北斗七星……魁枕参首"，司马贞《索引》引《春秋运斗枢》云斗中七星："第一至第四为魁，第五至第七为标，合而为斗。"②此处魁指称北斗七星中的斗首四星，魁仍有首之义，并与斗之形联系。《说文解字》里说"魁，羹斗也"，"斗，勺也"，又有"卮，似羹魁"③，魁可以解释为外形似卮的盛羹所用的勺形容器，并非斗勺，因此不宜与"斗"混淆。《汉书·梅福传》里有"授以魁柄"④，说明魁器身有柄。东汉摩崖石刻《汉故司隶校尉犍为杨君颂》里有"奉甐承杓"⑤，其中"甐"为"魁"别字，《字汇补·鬼部》："甐，古文魁字。"⑥而"杓"同"勺"，也说明魁和勺不可混淆且两者可搭配使用。王振铎将文献结合考古资料判断出土所见形似斗勺的带柄容器即魁。

孙机将魁总结为口径一般为18厘米左右且无流、短柄、平底或有圈足的类勺但有别于勺的盛羹之器⑦。这些观点在考古报告里得以沿用。高启安、安忠义、张小艳等人对唐代敦煌文献中的"食魁""魁子"进行了考辨⑧，亦追溯到汉代食器魁。徐琳通过对一件原为清宫旧藏而今归于南京大学博物馆馆藏的辽代玉魁考证后理清了其仿古

图二　河南洛阳孟津区东汉墓 C10M1075 出土陶魁、陶勺
（引自南京大学历史学院、洛阳市考古研究院：《河南洛阳孟津区两座东汉墓发掘简报》，《中国国家博物馆馆刊》2024 年第 3 期）

于汉代器物魁的源头⑨，而后在《汉代玉器研究》一书中对魁的历史进行了简要的梳理。

由此可知，魁虽形类斗勺，而非舀勺器用。两者具体形态差异可以河南洛阳孟津区东汉墓 C10M1075 出土的陶魁与陶勺作为参考（图二）⑩，明显魁较勺更接近于碗类盛食器，表明两者有不同的用途。因此，魁与斗不可混淆。

①　王振铎：《论汉代饮食器中的卮和魁》，《文物》1964 年第 4 期。
②　（汉）司马迁：《史记》，中华书局，2011 年，第 1205～1206 页。
③　（汉）许慎：《说文解字》，中华书局，1963 年，第 268、300 页。
④　（汉）班固：《汉书》，中华书局，1999 年，第 2197 页。
⑤　王学良：《石门颂》，上海人民美术出版社，2018 年，第 51 页。
⑥　（清）吴任臣：《字汇补》，上海古籍出版社，1996 年，第 287 页。
⑦　孙机：《汉代物质文化资料图说》，上海古籍出版社，2008 年，第 360 页。
⑧　安忠义：《敦煌文献中几种食器考辨》，《中国文物科学研究》2016 年第 3 期；高启安：《唐五代敦煌饮食文化研究》，民族出版社，2004 年，第 87 页；张小艳：《"魁"与"盔"：中古"名""物"系联例释》，《复旦学报（社会科学版）》2013 年第 4 期。
⑨　徐琳：《辽代玉魁考》，《考古与文物》2006 年第 4 期。
⑩　南京大学历史学院、洛阳市考古研究院：《河南洛阳孟津区两座东汉墓发掘简报》，《中国国家博物馆馆刊》2024 年第 3 期。

目前考古所见汉代魁器质地多样，有漆、铜、陶、玉石等。基本器形为状似大勺的带柄碗，按柄部造型不同可大致分为两类：短柱柄魁和龙首柄魁。

短柱柄魁既有实物发现，也有图像依据。以江苏仪征胥浦西汉墓M101出土漆魁为代表，口径22厘米，高13.2厘米，柄长10厘米，平口，折腹，矮圈足，有柱体柄，柄端翘起，内外髹朱漆（图三：1）[1]。漆魁尺寸较大，且有漆勺搭配，应该是实用器。清宫旧藏一件汉代铜魁，器形相近，柱体柄呈弧形外翘（图三：2）。河北蔚县大德庄东汉墓M2出土一件灰陶魁，敞口，方唇，浅腹，平底，短柱柄斜伸出，柄端上翘外卷。器形不规

整且尺寸略小，当为明器（图三：3）[2]。另，东汉武梁祠画像石中的邢渠哺父图里就有相似造型的魁，用于盛放食物（图四）[3]。

龙首柄魁出土数量多，分布广泛。龙首柄漆魁多见金属柄饰，造型精美，应当为日常实用器。天津武清东汉鲜于璜墓出土以鎏金龙首柄为把手的漆魁，柄长15.4厘米，漆身已朽[4]。河南偃师寇店西庞村出土有相同的鎏金龙首柄，柄端龙首伸昂，启唇露齿，抿须立目，长角双耳后撇，神态鲜活（图五：1）[5]。龙首柄铜魁以广西合浦县望牛岭汉墓出土錾刻花纹铜魁为代表（图五：2）[6]，口径24.2厘米，高4.4厘米，口微敞，深腹，平底，口沿下錾刻一周锯齿纹、菱形回纹、网格

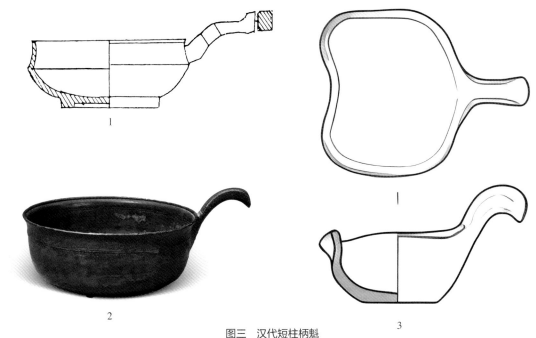

图三　汉代短柱柄魁
1.江苏仪征胥浦西汉墓 M101 出土漆魁　2.故宫博物院藏铜魁　3.河北蔚县大德庄东汉墓 M2出土陶魁
（1.引自扬州博物馆：《江苏仪征胥浦 101 号西汉墓》，《文物》1987 年第 1 期；2.引自故宫博物院数字文物库；3.引自王振铎：《论汉代饮食器中的卮和魁》，《文物》1964 年第 4 期 ）

① 扬州博物馆：《江苏仪征胥浦 101 号西汉墓》，《文物》1987 年第 1 期。
② 河北省文物考古研究院、张家口市文物考古研究所、蔚县博物馆：《河北蔚县大德庄墓M2发掘简报》，《北方文物》2021 年第 2 期。
③ 王振铎：《论汉代饮食器中的卮和魁》，《文物》1964 年第 4 期。
④ 天津市文物管理处、武清县文化馆：《武清县发现东汉鲜于璜墓碑》，《文物》1974 年第 8 期。
⑤ 周剑曙、郭洪涛：《偃师文物精粹》，北京图书馆出版社，2007 年，第 65 页。
⑥ 广西壮族自治区文物考古写作小组：《广西合浦西汉木椁墓》，《考古》1972 年第 5 期。

图四　东汉武梁祠画像石邢渠哺父图

（引自王振铎：《论汉代饮食器中的卮和魁》，《文物》1964
年第4期）

1

2

3

图五　汉代龙首柄魁

1.河南偃师寇店西庞村出土鎏金龙首柄　2.广西合浦县望牛岭汉
墓出土铜龙首柄铜魁　3.故宫博物院藏铜魁

（1.引自周剑曙、郭洪涛：《偃师文物精粹》，北京图书馆出版社，
2007年，第65页；2.引自徐琳：《辽代玉魁——一件清宫流失的
国宝》，《紫禁城》2008年第2期；3.引自故宫博物院数字文物库）

纹，腹身一周四重羽纹，附龙首柄，龙首形象较前者略简化，稍显呆板。故宫博物院亦藏有相似龙首柄铜魁（图五：3）。东晋郭璞《易洞林》："太子洗马荀子骥家中以龙铜魁作食欻鸣。"[1]其中"龙铜魁"似能与考古所见龙首柄魁对应上。陶魁器形与铜魁基本一致，龙首简化且神情呆板，多为明器，尺寸不一。广东广州培真路东汉墓M3所见釉陶龙首柄魁，侈口，圆唇，上腹收折，下腹收弧，一侧置龙首形短柄斜直扬起，平底足[2]。

从考古发现来看，魁始见于西周，从两汉一直流行至魏晋南北朝，直至元代尚有零星实物发现。甘肃嘉峪关东晋壁画墓M5也有一侍女右手持魁、左手持钵，慢步前行以进奉食物的图像[3]。江苏南京西善桥刘宋墓出土"竹林七贤与荣启期"画像砖里也有魁的图像，其中魁被当作了酒器[4]。从这些图像里也得窥见魁在日常中的使用场景。

唐宋时期虽然未见魁的实物，但文献里尚存有魁的一席之地。《咸通十四年正月四日沙州某

①　《中国易学文献集成》编委会：《中国易学文献集成》第7册，国家图书馆出版社，2013年，第267页。

②　广州市文物考古研究院：《广州市培真路2地块四座东汉墓》，《文博学刊》2021年第1期。

③　甘肃省文物队、甘肃省博物馆等：《嘉峪关壁画墓发掘报告》，文物出版社，1985年，图版六五。

④　南京博物院：《南京西善桥墓及其砖刻壁画》，《文物》1960年第9期。

寺就库交割常住什物色目》："破漆食魁壹。"[①] 唐姚汝能《安禄山事迹》记当时的厨厕用器有"银平脱五斗淘饭魁二"[②]。唐张鷟《朝野佥载》："蜀中有酒器名酒魁，诗人所谓斟以大斗，制象北斗有魁柄。"[③] 可知唐代的魁除作食器外，也作了酒器，或许用途不同于汉代的魁，器形仍有所延续保留。宋黄庭坚《谢杨景仁承事送惠酒器》："杨君喜我梨花盏，却念初无注酒魁。"宋刘弇《癸西岁暮寿春道中五首》："有客有客垢发须，羹魁挂鞍无宿储。"[④] 可知食魁和酒魁在宋代依然存在。元墓里尚见魁，陕西西安航天城元代墓葬出土两件龙首柄陶魁[⑤]，与当时作为酒器的玉壶春瓶摆放在一处，由此推测魁也可能是酒器。可见魁并非在汉代昙花一现，而是作为日常用器一直延续到了宋、元时期。

再回到这件玉魁，从器形来看，玉魁明显符合龙首柄魁的特征，不过在尺寸上却小于魁的尺寸，特别是器口径不超过 10 厘米，甚至小于明器陶魁。可能因其为整玉雕琢而受限于玉料大小。目前所见汉代以整玉雕琢而成的玉容器普遍尺寸不大。依据洪石对秦汉玉容器的统计，所费整块玉料体积最大的当是江苏盱眙大云山西汉江都王陵M1出土的玉耳杯，其口长 17.5 厘米，连耳宽12.2 厘米，高 5.2 厘米[⑥]。因目前尚无此墓葬的其他信息，很难判断其是否具有实用价值。但将其命名为"玉魁"仍是妥帖的。

## 二、玉魁所见龙首柄装饰的内涵

这件玉魁的点睛之笔落在其龙首柄装饰上。龙首柄是否在模拟天上的北斗七星，事实可能并非如此。同款龙首造型还频繁出现在汉代多种生活器具上，如勺、鐎斗、熨斗、釜、炉、灯、灶等（图六），质地多样，有铜、陶、玉石等。可知这是汉代流行的装饰风格，重心在于龙，龙的形象不仅用于装点日常起居用具，也用在墓室明器上。上至皇家贵族，下至平民百姓，皆可使用龙的造型图案。

在动物显示灾祥观念盛行的汉代，龙并非同明清时期一样只能象征威严的皇家皇权，而是一种具有代表性的祥瑞动物。《史记·封禅书》记汉文帝时："鲁人公孙臣上书曰：'始秦得水德，今汉受之，推终始传，则汉当土德，土德之应黄龙见。'……后三岁，黄龙见成纪。"[⑦] 黄龙作为祥瑞而现身，以表上天垂命，标显汉朝廷的合法性。因而龙在汉代及汉文化里成为一种标志。

通过对龙首柄器物的观察，龙首造型尤为精致的是河北定县中山穆王刘畅墓出土的金龙首饰[⑧]，金龙首掐丝而成，龙长嘴翘起，微张露齿，宝石点睛，长眉长须，双角后扬，龙腹部以下为中空筒状，残长4.2厘米，也可能是漆魁之柄[⑨]。王侯贵族用器上的龙首柄刻画细腻生动，具有神性，也为地方百姓用器上的龙首柄装饰提供了模仿的范本。

① 上海古籍出版社、法国国家图书馆：《法藏敦煌西域文献16》，上海古籍出版社，2001 年，第 255 页。
② （唐）姚汝能：《安禄山事迹》，上海古籍出版社，1983 年，第 7 页。
③ （唐）张鷟：《朝野佥载》，三秦出版社，2004 年，第 172 页。
④ 汉语大字典编辑委员会编纂：《汉语大字典（第 2 版）》第 8 册，湖北长江出版集团，2010 年，第 4717 页。
⑤ 西安市文物保护考古研究院：《西安航天城元代墓葬发掘简报》，《文博》2016 年第 3 期。
⑥ 洪石：《秦汉玉容器及相关问题探析》，《华夏考古》2022 年第 1 期；南京博物院、盱眙县文广新局：《江苏盱眙县大云山西汉江都王陵一号墓》，《考古》2013 年第 10 期。
⑦ （汉）司马迁：《史记》，中华书局，2011 年，第 1280～1281 页。
⑧ 定县博物馆：《河北定县 43 号汉墓发掘简报》，《文物》1973 年第 11 期。
⑨ 李灿、吕国华：《古代金银器上的龙纹》，《文物天地》2024 年第 2 期。

图六　故宫博物院藏汉代铜灶、灯、博山炉、鐎斗、熨斗、勺
（引自故宫博物院数字文物库）

造型粗略的龙首装饰主要出现在陶明器上，如河北黄骅大马闸口东汉墓出土的陶龙首魁[1]，器口弯曲变形，魁柄龙首依旧保留长嘴露齿、双目圆睁、龙角细长的特征，与上述龙首造型基本一致，让人一看便知是龙。出土龙首柄魁的遗迹分布广泛，甚至在海外的加里曼丹岛三发市（Sambas）也发现了龙首柄陶魁，被推测为远航的汉朝人所携带使用的容器[2]，可见龙首柄器具在汉代使用的普遍性。这体现出汉代上下对龙的形象的一种共识和普遍的信仰。

汉代人认为展现祥瑞神物的形象可以助人通神应天。《史记·封禅书》载："上即欲与神通，宫室被服非象神，神物不至。"[3]巫鸿指出："当时的人们还相信在日常用品和衣服上描画祥瑞的图像可以引出真的祥瑞，叫做'发瑞'。"[4]由此可以理解龙首柄器物存在的含义，汉代人以此祈求生前死后的祥瑞保佑。龙首柄展现的是汉代普遍流行的龙瑞观念。

## 三、汉代玉魁对魁形仿古玉器的影响

汉代以后出现了数件造型类似龙首魁的仿古玉器，汉代玉魁的发现为其指明了源头。

南京大学博物馆藏白玉龙首柄魁（图七：1）[5]，

① 河北省文物考古研究院、黄骅市博物馆：《河北黄骅市大马闸口东汉砖室墓发掘简报》，《北方文物》2024年第1期。
② 杨勇：《东南亚地区出土的汉朝文物与汉代海上丝绸之路》，《四川文物》2023年第4期。
③ （汉）司马迁：《史记》，中华书局，2011年，第1286页。
④ [美]巫鸿：《三盘山出土车饰与西汉美术中的"祥瑞"图像》，《礼仪中的美术：巫鸿中国古代美术史文编》上册，生活·读书·新知三联书店，2005年，第151页。
⑤ 徐琳：《辽代玉魁——一件清宫流失的国宝》，《紫禁城》2008年第2期。

白玉质，长 13.5 厘米，连器柄宽 13.4 厘米，高 3.5 厘米。敞口，浅腹，椭圆形浅底，一侧附短龙首柄，器内底刻契丹文以及乾隆题记。此玉原为清宫旧藏，乾隆称之为"玉匜"，如今已被考证其为辽代玉器[①]。故宫博物院藏一件白玉双龙纹龙首柄魁（图七：2），通长 18.5 厘米，口径 14 厘米，高 5.3 厘米，器呈圆形，直口，斜腹，平底，附龙首短柄，外壁凸雕双龙互逐纹样。此为清宫旧藏元代玉器。

与上述两件玉器在器形上较接近的是陕西西安曲江池西村元墓[②]和西安航天城元墓所见的陶魁。以西安航天城元墓随葬陶魁为例（图七：3）[③]，其通长 10.2 厘米，口径 6.6 厘米，通高 4.1 厘米，微敛口，圆唇，浅弧腹，平底，一侧龙首状柄，龙首略短，作睁目卷鼻咧嘴之态，与汉代魁所见龙首造型略有区别。

另，故宫博物院藏两件龙首曲柄玉杯，皆为清宫旧藏玉器。一件为青玉椭圆形杯，口径 7.1 厘米×6 厘米，高 4.4 厘米，直口，弧腹，平底，口沿一周"回"字纹，杯体一侧附"S"形龙首，龙首长角与杯口相连（图八：1）。一件为青玉长方委角杯，口径 7.7 厘米×6 厘米，高 5 厘米，杯身呈八折委角方形，敞口，弧腹，平底，一侧龙首曲颈近"S"形，龙角亦与杯口相连（图八：2）。这两件玉器年代当在宋、元时期。与之相近的有内蒙古敖汉旗敖吉乡新丘元代窖藏里的银龙首柄杯（图八：3）[④]，口径 7 厘米，高 3.5 厘米，杯体为四系花口平底，杯身一侧附一龙首衔活环，龙身弯曲，龙弯曲长角亦与杯口相连。扬之水认为其为元代金银酒器中的马杓，是把饮兼

1

2

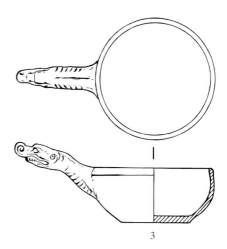

3

**图七 宋、元时期龙首柄魁形器**

1. 南京大学博物馆藏辽代白玉龙首柄魁　2. 故宫博物院藏白玉双龙纹龙首柄洗　3. 陕西西安航天城元墓出土陶魁

（1. 引自徐琳：《辽代玉魁——一件清宫流失的国宝》，《紫禁城》2008 年第 2 期；2. 引自故宫博物院数字文物库；3. 引自西安市文物保护考古研究院：《西安航天城元代墓葬发掘简报》，《文博》2016 年第 3 期）

① 徐琳：《辽代玉魁——一件清宫流失的国宝》，《紫禁城》2008 年第 2 期。
② 陕西省文物管理委员会：《西安曲江池西村元墓清理简报》，《文物参考资料》1958 年第 6 期。
③ 西安市文物保护考古研究院：《西安航天城元代墓葬发掘简报》，《文博》2016 年第 3 期。
④ 《中国金银玻璃珐琅器全集》编辑委员会：《中国金银玻璃珐琅器全集 2》金银器（二），河北美术出版社，2004 年，第 303 页。

1

2

3

**图八　宋、元时期龙首柄魁形器**

1.故宫博物院藏青玉龙首柄杯　2.故宫博物院藏青玉龙首柄委角
杯　3.内蒙古敖汉旗敖吉乡新丘元代窖藏出土银龙首柄杯
（1、2.引自故宫博物院数字文物库；3.《中国金银玻璃珐琅器全
集》编辑委员会：《中国金银玻璃珐琅器全集 2》金银器（二），
河北美术出版社，2004 年，第 303 页）

宜的饮酒器①。这两件玉器可能是模仿宋、元时期
的金银酒器，而宋、元时期魁也作酒器使用，笔
者认为这两件玉器的器形源头仍然是魁。

前文所述辽代玉魁被考证为辽代皇帝祝贺其
母后的皇家贺礼，是北方草原民族逐渐汉化而出
现的文化交融下的产物，也可能与宋代开始兴起
的仿古玉有关。宋代仿古玉的背后是"尊古复礼"
思潮的流行，此或许与多民族冲突交流带来文化
碰撞的历史环境有关。仿古与尊古强调汉人的历
史、礼制、文化，皇室兴扬尚古，自上而下地带
动这一风尚，实际上加深了宋人的身份认同和文
化归属。仿古玉器在纷争不断、文化碰撞的宋、
元时期可以说是保留、传承着汉文化。这几件玉
器虽与汉代玉魁存在差异，仍保留着汉代玉魁的
主要特征，特别是龙首柄部分，深层次上是延续
着汉文化。

这几件魁形仿古玉器并非直接模仿汉代玉魁，
而是模仿相同或相近时代的瓷器或金银器，属于
受到其他材质器物的启发而创作出来。这点与汉
代玉魁模仿同时代的漆器、金属器、陶器而诞生
有着异曲同工之处。黄翠梅、李建纬在讨论中国
古代物质文化中出现的金玉互动时，提及其发展
的原因之一："由于某些材料具有特定的象征意义
并深受喜爱，乃通过对不同材质之装饰形式与艺
术特质的模仿，突破材料自身的限制，以丰富自
身的表现特征。"②华夏大地对美玉的偏好从新石器
时代开始延续至今，玉文化融入中华历史文化的
长河里从未枯竭。汉代玉器兼具礼仪、宗教信仰、
装饰、实用等多种角色功能，魁本为寻常用器，
以玉制魁更多了几分身份彰显和文化表达。玉石
不朽，玉魁表述出汉代以玉辟邪、葬玉助升仙不
朽的普遍观念。玉魁虽小，也可以作为我们窥探
汉代玉文化的一个时代缩影。

① 扬之水：《元代金银酒器中的马盂和马杓》，《中国历史文物》2008 年第 3 期。
② 黄翠梅、李建纬：《金玉同盟——东周金器和玉器之装饰风格与角色演变》，《中原文物》2007 年第 1 期。

# 西汉玉蝉考论

穆 洁

北京考古遗址博物馆

**摘 要：** 玉蝉是西汉众多动物形玉器中的一类，在各阶段呈现出的表现方式、文化属性及社会功能与其他动物形玉器有所不同。本文通过梳理考古出土的西汉玉蝉，明确了其类型学划分标准，认为西汉玉蝉的形制一方面受到了战国时期楚文化和中原文化的影响，另一方面也与西汉时期的政治经济、思想文化以及丧葬制度等因素存在密切关联。依据器物造型和装饰风格的变化情况，大致可将其划分为西汉早期、西汉中期、西汉晚期三个阶段，中期晚段之后至西汉晚期时达到全盛。

**关键词：** 西汉 玉蝉 类型学 文化内涵

西汉是我国古代玉石业及玉文化高度繁荣和鼎盛时期。其中，玉蝉以其独特的造型设计、丰富的文化内涵以及深远的美学思想，受重玉及厚葬之风的影响发展迅猛，至西汉中晚期时达到鼎盛，尤以中下层官吏和平民墓葬所见最多，成为汉代丧葬文化的重要组成部分。陕西关中和江淮地区是西汉玉蝉分布的核心区域，河北、河南、山东、广东等地也有发现，几乎涵盖整个汉朝疆域。

本文从类型学的角度对考古出土的西汉玉蝉展开分析，探讨其形制演变序列，以期对进一步了解西汉的丧葬典仪制度、政治经济环境、地域风俗与文化习惯等有所帮助。

## 一、西汉玉蝉的器形分析

玉蝉是西汉常见玉器题材之一，其形制具有一定典型性，按是否钻孔可分为两型。

A型 带孔玉蝉

常见贯穿头尾的圆形通天孔和左右对穿的象鼻形孔，根据体型及背部特征可分为两式。

Ⅰ式 如徐州狮子山西汉墓[①]、广州西村凤凰岗[②]（图一：1）、徐州铜山苏山头西汉墓[③]所出，整体呈梭形，头端外凸，双眼呈斜角水滴形，颈部有带状绞丝纹；双翼合拢、上刻单线或双线羽纹、中部起棱，尾部弧收呈三角尖状，与翼尖合为一体。

Ⅱ式 如友谊凤林城址七城区[④]（图一：2）所出，身长比例及形制特征与Ⅰ式相近，背部中央出现三角形凹槽。

A型 玉蝉大体承袭战国玉蝉的形制，但对蝉翼及颈部纹饰等细节有所发展。包含佩蝉和冠蝉[⑤]两种，生前用以美化形象、彰显身份，死后随葬[⑥]，属于装饰品。据考古资料显示，汉墓中出土的A型玉蝉数量相对较少，主要见于西汉早、中期，随着厚葬之风盛行，葬玉口琀的主流器形逐

---

① 北京艺术博物馆、徐州博物馆：《龙飞凤舞：徐州汉代楚王墓出土玉器》，北京美术摄影出版社，2016年，第62页。

② 古方主编：《中国出土玉器全集》（广东 广西 福建 海南 港澳台），科学出版社，2005年，第137页。

③ 古方主编：《中国出土玉器全集》（江苏 上海），科学出版社，2005年，第138页。

④ 古方主编：《中国出土玉器全集》（内蒙古 黑龙江 吉林 辽宁），科学出版社，2005年，第218页。

⑤ 李玲：《玉蝉的分类与时代特征》，《中原文物》1998年第2期。

⑥ 张雯：《简论先秦到汉代玉蝉形制的流变及汉代琀蝉的文化含义》，《山东教育学院学报》2007年第6期。

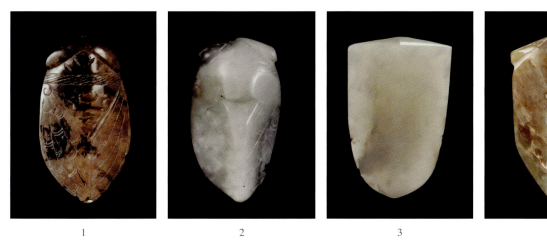

图一 西汉玉蝉

1. A 型 I 式（广州西村凤凰岗）　2. A 型 II 式（友谊凤林城七城区汉魏堆积）　3. Ba 型（巢湖放王岗 M1）　4. Bb 型 I 式（徐州小长山汉墓 M4）

（1.引自古方主编：《中国出土玉器全集》（广东 广西 福建 海南 港澳台），科学出版社，2005 年，第 137 页；2.引自古方主编：《中国出土玉器全集》（内蒙古 黑龙江 吉林 辽宁），科学出版社，2005 年，第 218 页；3.引自北京艺术博物馆、安徽博物院、陕西历史博物馆：《灵动飞扬·汉代玉器掠影》，北京美术摄影出版社，2014 年，第 108 页；4.引自北京艺术博物馆、徐州博物馆：《龙飞凤舞：徐州汉代楚王墓出土玉器》，北京美术摄影出版社，2016 年，第 105 页）

渐为无孔玉蝉占据[1]，A 型玉蝉遂大幅减少。

B型　无孔玉蝉

数量上占据绝对优势，主要以材质区分使用者身份等级。按形制及雕刻风格的不同，可分为四个亚型。

Ba型　如巢湖放王岗M1[2]（图一：3）、南昌老福山交通学校西汉墓[3]所出，器形宽扁，多数仅能分辨身体基本轮廓，头端平齐或略微外凸，以一至两道阴线与躯干区隔，双目缩隐，背部的"T"形或"Y"形脊线起伏不明显，尾部弧状收拢，蝉翼与躯干基本等长，主要流行于西汉早期。

Bb型　器形呈三棱柱体，头部与身体分界不甚明显，两侧角处以阴线斜刻出蝉目，三角形或两道短直阴刻线表示口部，背部中央凸起"Y"形棱线，两侧斜坡代表并拢的双翼、边缘呈钝刃状，多饰两至三道横向刻纹，尾端略尖弧收，与早期相比工艺有所发展，但总体风格仍较为简略。按双眼及蝉翼等局部特征的不同，可分为三式。

I式　如徐州小长山汉墓M4[4]（图一：4）所出，头端微凸，两侧角以斜向阴刻线代表双眼，脊棱上端带有一个楔形刻槽，两侧斜坡代表并拢的双翼，制作粗简，大致流行于西汉早期。

II式　如徐州米山M4[5]（图二：1）所出，体型略显修长，头端接近平齐，双目鼓凸，身体横截面近似三角形，普遍未经过多装饰。多见于西汉早期偏晚阶段，部分可持续至西汉中期前段。

① 宋彦丽：《中国古代玉器中的佩蝉、琀蝉与冠蝉》，《文物春秋》1996 年第 1 期。

② 北京艺术博物馆、安徽博物院、陕西历史博物馆：《灵动飞扬·汉代玉器掠影》，北京美术摄影出版社，2014 年，第 108 页。

③ 古方主编：《中国出土玉器全集》（江西），科学出版社，2005 年，第 62 页。

④ 北京艺术博物馆、徐州博物馆：《龙飞凤舞：徐州汉代楚王墓出土玉器》，北京美术摄影出版社，2016 年，第 105 页。

⑤ 徐州博物馆：《江苏徐州市米山汉墓》，《考古》1996 年第 4 期。

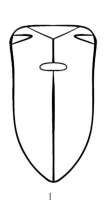

1　　　　　　　　　　2

图二　西汉玉蝉

1. Bb 型Ⅱ式（徐州米山 M4）　2. Bb 型Ⅲ式（西安西北医疗设备厂 M2）

（1. 引自徐州博物馆：《江苏徐州市米山汉墓》，《考古》1996 年第 4 期；2. 引自西安市文物保护考古所：《西安龙首原汉墓》（甲编），西北大学出版社，1999 年，第 21 页）

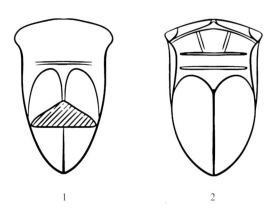

1　　　　　　　　　　2

图三　西汉玉蝉

1. Bc 型Ⅰ式（济宁师专汉墓 M1）　2. Bc 型Ⅱ式（西安西北医疗设备厂 M43）

（1. 引自济宁市博物馆：《山东济宁师专西汉墓群清理简报》，《文物》1992 年第 9 期；2. 引自西安市文物保护所、郑州大学考古专业：《长安汉墓》，陕西人民出版社，2004 年，第 33、533 页）

Ⅲ式　如西安西北医疗设备厂M2①（图二：2）、徐州拖龙山M4②所出，整体装饰较前期更为精细，背部中央刻槽有所扩大，颈、尾处出现斜线和横线纹，双翼及腹部出现由弧线和短直线组成的网格纹，此种装饰手法在西汉晚期仍可见到，蝉翼整体仍呈收拢状，但部分开始末端微微分开，露出尾尖③。多见于西汉中期阶段，西汉晚期仍偶有发现④。

Bc型　整体造型弧圆，蝉目微微外凸，背面头部以下磨出的两个弧形蝉翼，特征明显，可视其为早、晚期间的过渡形态。按局部装饰的差异，可分为两式。

Ⅰ式　如陕西交通学校M193⑤所出，头部几乎没有雕刻；而邗江杨庙乡西汉墓⑥、济宁师专汉墓M1⑦（图三：1）所出，除双翼磨成弧形外，头部另有两道横向刻纹。

Ⅱ式　如西安西北医疗设备厂M43⑧（图三：2）、老河口九里山M12⑨所出，头部装饰更加细致，多见横向的"井"字形刻纹。

Bd型　器形扁而薄，头、身由两条或多条阴线予以区隔，分界明晰。后期腹部微微隆起，上端饰以两道交叉阴线，倒八字形双翼呈半抿合状，近尾端处饰平行弧线表示腹节，线条刻画细致，中段粗狂深峻。主要流行于西汉中期偏晚至西汉晚期，最晚可至东汉早期。传世品与出土器中常见此型，抛光讲究，造型生动，代表了汉代玉蝉鼎盛阶段的形制特征。依据头部及蝉翼等细节特征，可分为四式。

---

① 西安市文物保护考古所：《西安龙首原汉墓》（甲编），西北大学出版社，1999 年，第 21 页。
② 徐州博物馆：《徐州拖龙山五座西汉墓的发掘》，《考古学报》2010 年第 1 期。
③ 中国考古学会：《中国考古学年鉴（2006）》，文物出版社，2007 年，第 191 页。
④ 南京博物院：《梁白泉文集·博物馆卷》，文物出版社，2013 年，第 168 页。
⑤ 西安市文物保护所、郑州大学考古专业：《长安汉墓》，陕西人民出版社，2004 年，第 520 页。
⑥ 扬州博物馆、天长市博物馆：《汉广陵国玉器》，文物出版社，2003 年，第 127 页。
⑦ 济宁市博物馆：《山东济宁师专西汉墓群清理简报》，《文物》1992 年第 9 期。
⑧ 西安市文物保护所、郑州大学考古专业：《长安汉墓》，陕西人民出版社，2004 年，第 33、533 页。
⑨ 襄樊市文物考古研究所、武安铁路复线九里山考古队：《老河口九里山秦汉墓》，文物出版社，2009 年，第 454 页。

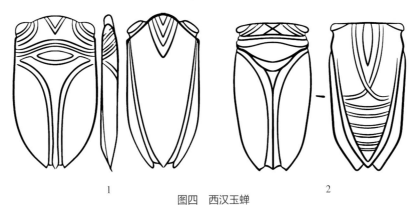

图四　西汉玉蝉

1. Bd 型 Ⅰ 式（西安北郊汉墓 M11）　2. Bd 型 Ⅱ 式（滕州染山汉墓）

（1.引自中国社会科学院考古所唐城队：《西安北郊汉墓发掘报告》，《考古学报》1991 年第 2 期；2.引自滕
州市汉画像石馆：《染山汉墓》，齐鲁书社，2010 年，第 20 页）

Ⅰ式　如仪征胥浦M101[①]、西安北郊汉墓M11[②]（图四：1）、邗江西湖胡场M22[③]所出，头端微弧或接近齐平，双目略向侧角凸出，大致与身体轮廓随形，蝉喙特征不甚明显；细节装饰多集中于蝉背，腹部基本光素，尾、翼末端大致齐平，三尖分叉尚未成型。陕西历史博物馆所藏[④]与此造型接近，但蝉目扁长，尾部三尖分叉已开始显露，更接近于向后期形态的过渡阶段。类似器形还见于东海尹湾汉墓群[⑤]，但为木质，其中两件外贴金箔。

Ⅱ式　早段如滕州染山汉墓[⑥]（图四：2）、西安曲江羊头镇汉墓[⑦]、长沙伍家岭汉墓[⑧]、西安曲江水厂M16[⑨]、西安尤家庄M14[⑩]（图五：1）所出，头端微弧或接近齐平，双眼凸显、刻纹较深；居中位置以弧形短凸或"八"字刻纹表示蝉喙；晚段如萧县西虎山汉墓[⑪]、盱眙东阳汉墓[⑫]（图五：2）、巴彦淖尔沙金套海汉墓[⑬]、青岛土山屯汉墓[⑭]所出，双翼及颈部弧形刻纹加深、加长，三尖特征逐渐明显，造型更加形象，立体感增强。

Ⅲ式　早段如宝鸡眉县第五村岳陈大队移交[⑮]、泗阳大青墩泗水国王陵墓[⑯]（图六：1）所出，与Ⅱ式相比更注重细节刻画，头部弧折微鼓、与腹部分界明显，双目、蝉喙的弧凸及"八"字刻纹

① 扬州博物馆：《江苏仪征胥浦 101 号西汉墓》，《文物》1987 年第 1 期。

② 中国社会科学院考古所唐城队：《西安北郊汉墓发掘报告》，《考古学报》1991 年第 2 期。

③ 扬州博物馆、天长市博物馆：《汉广陵国玉器》，文物出版社，2003 年，第 163 页。

④ 北京艺术博物馆、安徽博物院、陕西历史博物馆：《灵动飞扬·汉代玉器掠影》，北京美术摄影出版社，2014 年，第 107、109 页。

⑤ 连云港市博物馆：《江苏省东海县尹湾汉墓群发掘简报》，《文物》1996 年第 8 期。

⑥ 滕州市汉画像石馆：《染山汉墓》，齐鲁书社，2010 年，第 20 页。

⑦ 西安市文物保护考古研究院：《西安南郊曲江羊头镇西汉墓发掘简报》，《文博》2013 年第 6 期。

⑧ 中国科学院考古研究所：《长沙发掘报告》，科学出版社，1957 年，第 128 页。

⑨ 刘云辉：《陕西出土汉代玉器》，文物出版社，2009 年，第 302 页。

⑩ 古方主编：《中国出土玉器全集》（陕西），科学出版社，2005 年，第 153 页。

⑪ 古方主编：《中国出土玉器全集》（安徽），科学出版社，2005 年，第 144 页。

⑫ 古方主编：《中国出土玉器全集》（江苏 上海），科学出版社，2005 年，第 136 页。

⑬ 魏坚、胡延春、连吉林等：《内蒙古中南部汉代墓葬》，中国大百科全书出版社，1998 年，第 107 页。

⑭ 青岛市文物保护考古研究所、黄岛市黄岛区博物馆：《琅琊墩式封土墓》，科学出版社，2018 年，第 30 页。

⑮ 北京艺术博物馆、安徽博物院、陕西历史博物馆：《灵动飞扬·汉代玉器掠影》，北京美术摄影出版社，2014 年，第 106 页。

⑯ 古方主编：《中国出土玉器全集》（江苏 上海），科学出版社，2005 年，第 135 页。

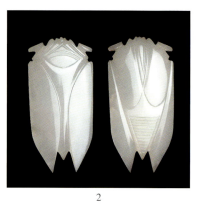

图五　西汉玉蝉

1.Bd 型 Ⅱ 式（西安尤家庄 M14）　2.Bd 型 Ⅱ 式（盱眙东阳汉墓 M4）

（1.引自古方主编：《中国出土玉器全集》（陕西），科学出版社，2005 年，第 153 页；2.引自古方主编：《中国出土玉器全集》（江苏 上海），科学出版社，2005 年，第 136 页）

图六　西汉玉蝉

1.Bd 型 Ⅲ 式（泗阳大青墩泗水国王陵）　2.Bd 型 Ⅳ 式（扬州甘泉庄姚庄 M102）

（1.引自古方主编：《中国出土玉器全集》（江苏 上海），科学出版社，2005 年，第 135 页；2.引自古方主编：《中国出土玉器全集》（江苏 上海），科学出版社，2005 年，第 134 页）

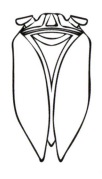

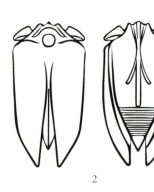

图七　西汉玉蝉

1.Bd 型 Ⅲ 式（西安北郊井上村 M24）　2.Bd 型 Ⅳ 式（徐州裴窝后山汉墓 M1）

（1.引自陕西省考古研究院：《西安北郊井上村西汉 M24 发掘简报》，《考古与文物》2012 年第 6 期；2.引自徐州博物馆：《江苏徐州后山西汉墓发掘简报》，《文物》2014 年第 9 期）

加深，翼尖加长。晚段如洛阳西郊汉墓[1]、西安北郊井上村M24[2]（图七：1）所出，喙部弧凸锐化呈锯齿状，"八"字纹加深形成凹槽，腹面喙下三角区与尾节雕刻更为精细；末端三尖分叉特征趋于成熟，"汉八刀"工艺特征已经显现。

Ⅳ式　如扬州甘泉庄姚庄M102[3]（图六：2）、盱眙东阳汉墓[4]、徐州裴窝后山汉墓M1[5]（图七：2）所出，为西汉玉蝉最成熟的阶段，展现出典型的"汉八刀"风格。整体造型棱角分明，头、颈、胸、腹、翼等各部位区隔醒目，雕琢精细。双目刻纹深而宽，达到悬凸的效果；蝉喙锯齿特征鲜明，有三齿与五齿之分；双翼宽大呈浅浮雕状，

① 陈久恒、叶小燕：《洛阳西郊汉墓发掘报告》，《考古学报》1963 年第 2 期。

② 陕西省考古研究院：《西安北郊井上村西汉M24 发掘简报》，《考古与文物》2012 年第 6 期。

③ 古方主编：《中国出土玉器全集》（江苏 上海），科学出版社，2005 年，第 134 页。

④ 南京博物院：《江苏盱眙东阳汉墓》，《考古》1979 年第 5 期。

⑤ 徐州博物馆：《江苏徐州后山西汉墓发掘简报》，《文物》2014 年第 9 期。

线形流畅，边缘减地削薄，与下腹分界更加清晰；翼尖长度远超尾端，三尖分叉特征进一步强化，尖峰有刺手感；腹面装饰细密规整，双翼与尾节刻纹加深、加宽。

## 二、西汉玉蝉的分期、年代及各期特征

概括来讲，自早期开始作为装饰物或口琀出现，至中期进入发展时期，晚期达到鼎盛，西汉玉蝉经历了从简练抽象到生动写实的演变过程，既与材料、技艺等因素直接相关，也深受政治变革、经济发展、社会风尚、哲学思想与美学观念的影响。

结合类型学分析，大致可将西汉玉蝉划分为三个发展阶段。

### （一）西汉早期

汉朝立国初期，礼制系统尚未完备，丧葬制度大多沿袭自战国时期的楚文化，深受楚文化优雅浪漫、自由不羁的传统情怀与巫蛊鬼神思想的影响，陕西关中地区与江淮地区既是两汉文化的发源地，也是汉朝最先使用玉蝉的区域。

玉蝉形制基本以A型、Ba型、BbI式、BdI式及其相应变形为主，造型圆润简洁，少数仅以极简阴线区分身体主要部位，弧线居多、直线较少，形态抽象，写意性强，普遍与窍塞伴出。

### （二）西汉中期

作为我国历史上的高度集权时期，除政治、经济外，思想文化的"大一统"也是统治者所追求的，一方面，"罢黜百家，独尊儒术"的儒家思想被视为稳定民心、巩固政权的正统思想，成为

社会思想的主流，另一方面，道家长生不死、天人合一思想加深了世人对永生的执着追求，助长了厚葬之风的盛行，也推动着汉代葬玉制度的不断完善。此外，"丝绸之路"的开辟以及汉朝与西域多元化交流的增强，共同推动晗蝉的制作与使用进入了一个高峰阶段[1]，对玉蝉文化的传播发挥了重要作用。

制玉工具改良使玉蝉的精细化、立体化生产成为可能，品质和数量较早期明显提升，分布地域进一步扩大至关中平原、河南、湖北北部、淮河及长江中下游东部地区，山东菏泽以及山西忻州、朔州等地也有发现。A型玉蝉基本消失，Bb型、Bd型II式、Bd型III式的早段形态成为主要形制。

### （三）西汉晚期

中央集权不断减弱，丧葬礼制逐步崩坏，甚至出现了"百官之制同京城"的现象，各诸侯国私自逾制随葬玉器的情况屡见不鲜，间接推动琢玉技术走向纯熟。作为葬玉，玉蝉在使用上并未像玉衣一样遵循严格的制度规定，社会普及度远高于后者，西汉中期以前出土玉衣的墓葬中基本不见蝉形口琀，至西汉晚期时，级别较高的玉衣墓中出土蝉形口琀的情况仍占极少数，或许便与此有关。

受道家"崇尚自然"的美学思想影响，材料本身的自然属性与制作手法巧妙结合，奠定了汉代玉蝉形制、工艺和艺术风格的整体基调。此时陕西关中及江淮地区仍是玉蝉出土最为集中的区域，占比几乎过半，特别是扬州地区，在经历了数百年的积累之后，制玉技术已非常发达，堪称汉代制玉业翘楚，并带动了周边地区的制玉发展，北至内蒙古[2]、南至两广[3]一带都有玉蝉出土。不仅

---

① 袁胜文：《汉代诸侯王墓用玉制度研究》，《南开学报》2012 年第 5 期。

② 魏坚、胡延春、连吉林等：《内蒙古中南部汉代墓葬》，中国大百科全书出版社，1998 年，第 71～110 页。

③ 广西壮族自治区文物考古写作小组：《广西合浦西汉木椁墓》，《考古》1972 年第 5 期。

有大量以典型"汉八刀"工艺制作的玉蝉，扬州、青州、蓟县等地汉墓中还出现了以其他材料，如玻璃替代玉料的情况①。

## 三、西汉玉蝉文化发展的时代背景及内涵寓意

在政治局势、经济环境、楚地文化的引导以及儒、道的"比德于玉""食玉成仙"等观念影响下，西汉玉蝉文化逐渐步入繁荣。

### （一）社会观念

以玉殓葬源于古代社会的原始信仰。因"事死如事生"的观念影响，先秦口琀的质地、种类、形制较为繁杂。

战国至秦汉时期，为实现逝去后能够顺利进入彼岸世界并获得永生的理想，产生了专门的殓葬礼俗。彼时巫术在社会观念中仍占有一定位置，汉人普遍认为形与神既合二为一又相互独立，形虽死但神仍可游离于身体之外而重获新生。而玉可调和阴阳、润化万物，与君子奉行的五节之德相符，是故以蝉入地冬眠、脱壳生羽的属性对应生命轮转②，寄寓逝者获得永生之乐、完成精神幻化便成为汉代口琀多取形于蝉的重要原因。

东汉以后，随着葬玉迷信的破除，人们逐渐认识到蝉的生命短促且不能复生，在薄葬风气的影响下，蝉形口琀最终衰亡。

### （二）宗教思想

汉代继承、发展了先秦儒家的"贵玉"思想，主张"事死如事生""以玉达礼"，既强化了"美"与"德"的相互统一，也使玉成为伦理教化的重要载体，并刺激了厚葬之风的盛行③。而道家秉持"仙道贵生""崇尚自然"的天命观和哲学观，在满足不同阶层追求乐生安定的同时，也影响着汉代玉器的设计风格。简而言之，平衡和谐的儒家思想与安之若素的道家美学思想都是影响汉代玉蝉设计理念的思想根源。

西汉的制玉风格处于由神秘走向世俗的重要转折期，在继承楚文化自由与新奇的同时，也发展了中原文化的古朴、写实，形成了雄浑豪放、夸张灵动、写实与浪漫并存的审美观，借助匠人精湛的工艺技法，玉材本身的自然属性得以充分展现，集中体现了汉代玉器的主要成就。在使用功能上，祭祀逐渐为丧葬、装饰所取代，尤以传统汉文化深厚、经济繁荣地区的丧葬用玉最为发达，既是"比德于玉""大一统"等主流思想的直观体现，又是对厚葬思想、阴阳五行、辟邪厌胜、等级财富等社会观念的间接反映，推动中国古代玉文化不断朝着世俗化的方向发展。

### （三）手工业技术
#### 1. 治玉工具

原始的治玉工具自良渚文化时产生，经春秋时期改进为青铜质地，在秦汉时期获得了进一步发展，铁质砣具的广泛应用大大提高了治玉设备的性能及加工效率，标志着中国古代玉器制作进入了成熟阶段。

#### 2. 装饰技法

西汉玉蝉通过高度的概括和夸张，将蝉的生

① 汤伟建、周长源：《扬州出土的汉代玉蝉和玻璃蝉》，《上海文博论丛》2006年第1期；扬州博物馆、邢江县文化馆：《扬州邢江县胡场汉墓》，《文物》1980年第3期。
② 夏鼐：《汉代玉器——汉代玉器中传统的延续和变化》，《考古学报》1983年第2期；李晓抒：《汉代葬玉的美学价值》，《新东方》2007年第8期。
③ 卢兆荫：《玉振金声——玉器·金银器考古学研究》，科学出版社，2007年，第100页。

理结构定格于某一瞬间，注重外在神态及内在精神的双重表达。装饰线条数量虽少但平直有力，特别是双钩阴刻，既将蝉的本质刻画得淋漓尽致，又营造出夸张的艺术化效果，明代高濂在《燕闲清赏笺》曾言："汉人琢磨，妙在双钩，碾法宛转流动，细入秋毫，更无疏密不匀、交接断续，俨若游丝白描，毫无滞迹。"且玉蝉的造型设计并非完全脱离现实，而是借由精与简的平衡处理，传达出世人的某些情感与审美观，这点在Bd型玉蝉上体现得尤为突出。

西汉玉蝉在继承春秋战国之长的基础上不断推陈出新，运刀技法简练豪放、朴拙流畅，纹饰线条更加精细繁复，雕琢疏简、造型凝练，具象中带有一丝抽象，既突显出葬玉的庄重感和稳定感，又与时代所赋予玉蝉的功能要求和思想属性更加吻合。玉工们从多角度塑造出立体化的视觉效果和富有张力、呼之欲出的动态感，制作工艺与设计审美将中国古代玉器装饰技艺提升到一个全新的高度。

# 四、结语

西汉是古代玉蝉制作的重要时期。几种主要器形中，A型流行于西汉早期，数量较少，中期后基本不见。B型为西汉玉蝉的主流形态，Ba、Bb型流行于西汉早期，数量较多，至中期晚段起逐渐减少；Bd型自西汉早期晚段开始出现，中期渐兴，晚期时发展至顶峰；Bc型大致产生于晚期偏早阶段，可延续至新莽及东汉时期。

伴随晚期丧葬习俗中的用玉制度空前繁荣，玉蝉制作进入鼎盛期，Ba型已所见不多，Bb型、Bc型与Bd型发展至成熟阶段，以"汉八刀"为核心特征的Bd型成为主流，蝉尾与两翼之尖锋棱角锐利，几可刺手，视觉张力饱满且强烈，更强化了世人赋予其的时空交驰、幻化重生的精神寓意。

东汉之后，受宗教思想、生死观、葬玉制度及国力衰落等诸多因素影响，玉器制作基本定型，葬玉传播势头逐渐平寂，玉质晗蝉的分布范围明显收缩。

# 北京大葆台汉墓出土豹骨刍议

周紫薇

北京考古遗址博物馆

**摘　要：** 本文以北京大葆台一号汉墓出土的豹骨为研究对象，分析其生物特征、生活习性及栖息环境等，揭示北京地区西汉时期的生物多样性和自然环境。同时，结合文献史料、考古发现以及"黄肠题凑"葬制，总结豹在汉代墓葬中的实用功能和文化内涵，阐释汉代贵族对豹的重视和喜爱，以期为了解北京地区汉代生态环境及贵族生活提供新的视角。

**关键词：** 豹　黄肠题凑　诸侯王

豹是力量、速度、凶猛的象征。早在商代，便有豹子的记载，考古发现中也出土了诸多与豹有关的珍贵文物。豹的全身都被视为珍宝：豹皮因其经济价值而被珍视，豹骨和豹油因其药用功效受到重视，豹尾则被用于装饰。无论是古代还是现代，豹在自然界和人类文化中都占有重要地位。特别是北京大葆台汉墓出土的一具随葬豹骨，可能是目前考古发现的西汉诸侯王黄肠题凑墓中唯一的殉葬豹，深入挖掘和研究其自然及文化属性，有助于我们进一步了解豹的考古价值及其历史文化内涵。

## 一、北京大葆台汉墓出土豹骨

### （一）文物基本情况

大葆台一号墓随葬有一具完整的豹骨架，出土于墓室东侧外回廊北端。经专家比对鉴定，这是尚未成年的雄性金钱豹骨骸，豹的体重约 30 千克，体长 0.8～1 米，尾长 0.5～0.6 米之间[1]。

### （二）金钱豹与北京地区汉代生态环境

金钱豹，又称文豹、银豹子，属于哺乳纲、

图一　北京大葆台出土豹骨

（引自北京市大葆台西汉墓博物馆：《大葆台汉墓文物》，文物出版社，2015 年，第 127 页）

食肉目、猫科、豹属动物。体黄色，因其身上有类似铜钱状的斑点或斑环而得名，腹面白色，间有黑色斑点。其身长可达 1 米以上，尾长 0.5～1.1 米，体重 40～100 千克。金钱豹体型较虎小，常栖息于多树平原地区，喜隐伏于树上，以鹿、山羊、野猪、野兔等中小型食草动物为主要食物来源，也捕食啮齿类动物，涉猎广泛。金钱豹产于非洲和亚洲，分九个亚种，其中，华北豹是中国特有的亚种，主要分布于华北地区，历史上曾广泛分布于太行山区域，是国家一级保护动物。大

---

[1]　大葆台汉墓发掘组、中国社会科学院考古研究所：《北京大葆台汉墓》，文物出版社，1989 年，第 116～117 页。

葆台汉墓出土的豹骨应属于此亚种。

北京地处太行山脉下的华北平原，历史上曾经生活着很多野生动物。西汉时期，北京地区是燕国的一部分。《史记·货殖列传》载："夫燕亦勃、碣之间一都会也。南通齐、赵、东北边胡……民雕捍少虑，有鱼盐枣栗之饶。"[1]燕国在西汉时期的辖境经历了多次变动，但其核心地区一直是蓟城，后归属广阳国管辖。《汉书·地理志》载："广阳国。高帝燕国，昭帝元凤元年为广阳郡，宣帝本始元年更为国……县四：蓟，故燕国，召公所封……方城。广阳，阴乡。""蓟，南通齐、赵、勃、碣之间一都会也"[2]。大葆台汉墓就位于蓟城西南隅，一号墓随葬的金钱豹为我们了解北京地区西汉时期的生物多样性和生态环境提供了珍贵证据。

豹是维持自然界生态平衡的重要物种之一。金钱豹在森林生态系统食物网中位于"顶级消费者"的地位，前文提到，它的主要食物来源为食草动物，而大葆台汉墓出土兽骨中有山羊亚科、鹿亚科、兔[3]等物种，这表明当时北京地区拥有丰富的食草动物种群，为金钱豹提供了充足的食物基础。此外，大葆台汉墓中的题凑用 15000 多根[4]柏木堆垒而成，棺椁及地板等其他结构还用了楸木、油松等，"松、柏是大葆台汉墓用量最多的木材，也是古代华北地区比较多的树种"[5]。这反映出当时北京地区的植被覆盖状况良好，林木茂盛。金钱豹的习性包括善于爬树和大部分时间栖息于

丛林中，这也证实了当时北京地区的森林密度相对较高。松、柏因其长青不衰、生命力顽强，被视为长寿和坚韧的象征，因此将其用于黄肠题凑墓中也表达了墓主人长寿永生之意。柏木的使用不仅彰显了墓葬的奢华，也从侧面证明了当地生态系统的稳定及生物多样性，构成了相对完整的生态系统食物网。

然而，与过去相比，现在的北京地区已经很少能见到金钱豹的踪迹。根据 2002 年《北京日报》的报道，有金钱豹出没京郊深山[6]。还有报道提到："2003 年至 2004 年的全国金钱豹调查中，北京地区仍有 10 只金钱豹的踪迹；2005 年再次调查时，在平谷和延庆都发现了豹的痕迹。但自 2008 年之后，北京地区再没有相关记录。"[7]这种变化可能是由于生态环境的退化和栖息地的减少。随着城市化进程的加快和人类活动的增加，野生动物的栖息地受到了影响，导致动物种群的分布和数量发生了变化。

## （三）金钱豹与墓主人

豹骨的出土地为一号墓外回廊。黄肠题凑以外的外回廊和墓道，即"正藏"以外的"外藏椁"[8]。《汉书·霍光传》颜师古注："服虔曰：'在正藏外，婢妾藏也。或曰厨厩之属也。'"[9]大葆台一号墓外回廊四周出土很多陶俑，作为婢妾的替代品，出土装有小米和兽骨的陶瓮以及与豹骨一同发现的两匹马骨架也印证了史料的记载。陶俑

① （汉）司马迁：《史记》，中华书局，1963 年，第 3265 页。
② （汉）班固：《汉书》，中华书局，1964 年，第 1634、1657 页。
③ 大葆台汉墓发掘组、中国社会科学院考古研究所：《北京大葆台汉墓》，文物出版社，1989 年，第 122 页。
④ 大葆台汉墓发掘组、中国社会科学院考古研究所：《北京大葆台汉墓》，文物出版社，1989 年，第 99 页。
⑤ 景爱：《来自古代北京的自然信息——从大葆台和老山汉墓看北京生态环境演变》，《科技潮》2001 年第 1 期。
⑥ 刘芳：《金钱豹出没京郊深山》，《北京日报》2002 年 12 月 28 日。
⑦ 杜梨：《华北豹，向着北京出发》，《文艺报》2023 年 1 月 13 日。
⑧ 大葆台汉墓发掘组、中国社会科学院考古研究所：《北京大葆台汉墓》，文物出版社，1989 年，第 102 页。
⑨ （汉）班固：《汉书》，中华书局，1964 年，第 2949 页。

有男有女，与豹骨同在外回廊部分，可能有一部分是生前负责饲养动物的奴婢。汉代的丧葬制度反映了"事死如事生"的思想，汉代人相信灵魂不灭，死后的生活应与生前无异。由此推测金钱豹应为墓主人生前豢养的宠物，葬在外藏椁中以彰显墓主人高贵的身份和地位，是其生前日常生活的缩影。

豹属猛兽，说明当时已经有驯化和豢养豹的技术和能力。《汉书·董仲舒传》载："生五谷以食之，桑麻以衣之，六畜以养之，服牛乘马，圈豹槛虎，是其得天之灵，贵于物也。"[1] 汉代辞赋作家枚乘在《七发》中也提到："山梁之餐，豢豹之胎。小饭大歠，如汤沃雪。"考古发现的文物也有所印证，在狮子山楚王墓中出土的豹镇，脖颈上佩戴有华丽的嵌贝项圈，项圈上还有系绳的纽；江陵凤凰山出土的彩绘七豹扁壶中，两豹脖颈处有两横线，均表明当时豹已被驯养。大葆台汉墓除豹骨外，还同时出土了鸿雁、白颈鸦、天鹅、鹿等观赏类野生动物，结合当时的自然环境，推测可能有饲养野生动物的苑囿。

大葆台汉墓一号墓墓主人为西汉广阳顷王刘建（前73～前45年）。《汉书·武五子传》载："后六年，宣帝即位，封旦两子，庆为新昌侯，贤为安定侯。又立故太子建，是为广阳顷王，二十九年薨。"[2]《汉书·诸侯王表》亦载："本始元年五年，顷王建以刺王子绍封，二十九年薨。"[3] 昭帝时，刘建因其父刘旦谋反，被贬为庶人，宣帝时又封为广阳王，死后谥号"顷"，《逸周书·谥法解》载："敏以敬顺（慎）曰顷（顷）。""祇勤追惧曰顷、慈仁和民曰顷"。集注引潘振云："敬顺，

即肃雍也……言性敏疾而不迟，用其敬于处事之际，用其和于接物之时，非中虚不能也，中虚则心无私累，故能疾速于敬顺也。"[4] 由此可知，墓主人刘建是一位谨慎、谦和、安分守己之人。此外，"大葆台刘建墓附近的南大地、高立庄、陈留及羊坊还有五六个大丘垄，均系夯筑，似可证明西汉燕都蓟城的东南及西南当为燕国或广阳国大贵族的陵墓区"[5]，而文献记载和学者研究表明，刘建之父刘旦的戾陵位于今北京市石景山区，在重视孝道的汉王朝，刘建的墓地与其父墓地之间保持了一定距离，这或许反映了他对父亲刘旦的态度，不愿与父亲的过往产生太多联系，表明了其谨慎的性格。

就目前所知的公开文献记载，西汉墓葬中有殉豹记录的多见于帝陵。"黄肠题凑"，《汉书·霍光传》中如淳注："《汉仪注》：天子陵中明中高丈二尺四寸……内梓宫，次楩椁，柏黄肠题凑。"[6] 由此可见，大葆台一号墓形制仿"天子之制"，这两种情况似乎暗示了墓主人有僭越之嫌，与其谥号所体现的品质形成鲜明对比。笔者认为，刘建从（燕王）太子到被贬为庶人，后又封为诸侯王，这个过程可能使他经历了复杂的心理变化。在被贬庶人时，从高位的跌落使其感到绝望、无助，其后恢复尊贵地位又给他带来重获尊严和权力的机会。这种转变是对其身份的自我重建，以及对地位、权力的再认识。这种人性的敏感和复杂，将其生前谨小慎微的态度在墓葬中得到了无需掩饰的充分表达。一号墓中除出土的豹骨，在前室还发现有鎏金铜豹的器纽，说明刘建生前可能将豹视为一种珍贵的宠物或象征其高贵身份的标志。

① （汉）班固：《汉书》，中华书局，1964年，第2516页。
② （汉）班固：《汉书》，中华书局，1964年，第2759页。
③ （汉）班固：《汉书》，中华书局，1964年，第419页。
④ 黄怀信等：《逸周书汇校集注》卷六，上海古籍出版社，1995年，第699页。
⑤ 北京市古墓发掘办公室：《大葆台西汉木椁墓发掘简报》，《文物》1977年第6期。
⑥ （汉）班固：《汉书》，中华书局，1964年，第2949页。

## 二、西汉诸侯王（王后）墓中与豹
## 相关的文物述略

除大葆台汉墓外，在其他汉墓的考古发掘中还发现了许多与豹相关的文物和元素。笔者查阅了全国40余座西汉诸侯王（王后）墓的发掘资料，其中为"黄肠题凑"葬制的有14处。根据初步统计，40余座墓葬中，共发现7处出土有与豹相关的文物，具体信息如表一所示。

从表一可知，西汉诸侯王（王后）墓中，除大葆台汉墓外，与豹相关的文物包括镇、玉饰

件、装饰件等。豹多以纹饰形式分布在漆奁、棺椁、壁画上。所发现豹的种类有金钱豹、猎豹等，材质以铜为主。其中，最常见的形式是镇，以满城汉墓出土的豹镇最为华丽。豹身采用错金银工艺错出梅花状斑点，头、足、尾部作点状纹饰。口部涂朱，二目嵌白玛瑙，尽显精湛工艺。这种复杂的工艺象征着墓主人高贵的地位和审美观，反映了当时诸侯王对奢华生活的追求。

西汉诸侯王黄肠题凑墓中，除大葆台汉墓外，只有安徽六安双墩一号汉墓发现有与豹相关的文物，为漆奁上的金银箔装饰。大葆台一号墓出土的

**表一　西汉诸侯王（王后）墓与豹相关文物一览表**

| 序号 | 发掘时间（年） | 墓葬地点 | 出土文物 | 墓主 | 年代 | 资料来源 |
|---|---|---|---|---|---|---|
| 1 | 1961 | 湖南长沙砂子塘西汉墓 | 外棺两侧壁板各绘有两豹<br>外棺足端挡板"磬上两方各绘一豹，匍伏相对，神态逼真。豹的背上各坐一羽翼神人" | 推测为长沙靖王吴著 | 西汉早期 | 湖南省博物馆：《长沙砂子塘西汉墓发掘简报》，《文物》1963年第2期 |
| 2 | 1968 | 河北满城汉墓M2 | 错金铜豹镇4件 | 中山靖王刘胜妻窦绾 | 武帝元狩五年至太初元年间 | 中国社会考古研究所、河北省文物管理处：《满城汉墓考古发掘报告》，文物出版社，1980年，第265页 |
| 3 | 1982 | 江苏徐州石桥汉墓二号墓 | 金箔饰上的动物图案有狮、虎、豹、狐等 | 西汉某代楚王之妻 | 西汉中晚期 | 徐州博物馆：《徐州石桥汉墓清理报告》，《文物》1984年第11期 |
| 4 | 1987 | 山东昌乐县东圈汉墓M1 | 豹状饰3件 | 菑川国某一王后 | 西汉中期 | 潍坊市博物馆、昌乐县文管所：《山东昌乐县东圈汉墓》，《考古》1993年第6期 |
| 5 | 1984~1985<br>1994~1995 | 江苏徐州狮子山西汉墓 | 石豹（玉豹）、铜豹镇 | 第二代楚王刘郢（客）或第三代楚王刘戊 | 西汉早期 | 狮子山楚王陵考古发掘队：《徐州狮子山西汉楚王陵发掘简报》，《文物》1998年第8期 |
| 6 | 1987~1991 | 河南永城邙山柿园汉墓 | 南壁壁画的东端有猛豹下山的图案 | 梁共王刘买 | 西汉早期 | 阎道衡：《永城邙山柿园发现梁国国王壁画墓》，《中原文物》1990年第1期 |
| 7 | 2006~2007 | 安徽六安双墩一号汉墓 | 漆器上的金箔、银箔饰件，有虎、豹、鹤、鹅等 | 共王刘庆 | 西汉中期 | 安徽省文物考古研究所、安徽省六安市文物局：《安徽六安双墩一号汉墓发掘简报》，《文物研究》第17辑，科学出版社，2010年，第120页 |

注：参考黄展岳《汉代诸侯王墓论述》一文及附表《汉代诸侯王墓统计表》、徐州博物馆官网《全国汉代诸侯王（王后）陵墓统计表》

两类与豹相关的文物在其他西汉诸侯王墓中均未发现。目前所查阅的西汉诸侯王墓葬资料中，尚未发现有殉葬豹的情况。不过，由于大多数墓葬曾被盗掘，不能排除在其他墓葬中存在殉葬豹的可能性。部分诸侯王墓的发掘报告中提及动物骨骼，但并未详细列明具体物种，且这些骨骼多出现在器皿中，推测是作为食用或祭祀用的动物。因此，目前仅在大葆台汉墓中发现把豹作为殉葬动物的情况。但文献记载和考古发现中有西汉帝陵存在类似情况，如《汉书·王贡两龚鲍传》有载："武帝时又多取好女至数千人，以填后宫。及弃天下，昭帝幼弱，霍光专事，不知礼正，妄多臧金钱财物，鸟、兽、鱼、鳖、牛、马、虎、豹生禽，凡百九十物，尽瘗臧之……昭帝晏驾，光复行之。"[1] 由此可见，汉武帝茂陵和汉昭帝平陵中或有殉豹的情况。此外，汉景帝阳陵外藏坑曾出土有豹掌骨两块[2]，汉文帝霸陵和薄太后南陵动物殉葬坑也出土了多种珍奇异兽，因此不排除有豹殉葬的可能。秦汉时期，部分帝陵都设有珍禽异兽陪葬坑，象征着帝王生前的苑囿，如上林苑。随着考古发掘资料的不断丰富，未来可能会有更多关于殉葬豹的发现。另据表一可知，与豹相关的文物出土地分布广泛，包括今北京、河北、山东、河南、湖南、江苏、安徽等多个省市，这表明豹是汉代墓葬随葬品中的常见形象。

## 三、"豹"在汉墓中的文化内涵

通过分析大葆台汉墓出土的豹骨及其他西汉诸侯王墓中与豹相关的文物，我们可以发现豹在汉墓中的频繁出现，不仅体现了贵族对豹的珍视，更揭示了其在汉墓中所蕴含的特殊文化象征意义。为了更深入理解这一现象，下面将探讨豹在汉代文化中的象征作用。

在词源学中，豹的象征意义最早在甲骨文中就有所体现。甲骨文中的"豹"字，是典型的象形文字，字形刻画出张大的嘴巴、尖牙利爪以及身上的圆点，生动地表现出豹这一动物的特征。这种形象化的文字符号不仅表征豹的凶猛和威力，也为后世赋予其象征意义奠定了基础。《甲骨文简明词典》对该字的释义中提到，古人常将虎、豹视为同类，认为虎豹之猛可威慑邪恶之物[3]。《说文解字》中提到，豹"似虎，圜文，从豸，勺声"，描绘出其独特的圆形斑纹和威猛形象[4]。

基于这些特征，结合前文分析，其文化内涵在以下几方面得以体现。

### （一）辟邪文化

在中国古代，辟邪文化广泛存在，人们相信某些动物或神兽具有驱邪避凶的能力，可以保护亡者免受邪恶力量的侵害。豹作为一种强壮、威猛的动物，常被赋予辟邪镇墓之功用。宋玉《楚辞·招魂》中载"虎豹九关，啄害下人些"，说虎豹是守卫九关的神兽。西汉诸侯王墓中棺椁上的豹纹饰、石豹，以及广阳顷王刘建的殉葬豹其实都有此作用。

### （二）升仙文化

河南永城邙山柿园汉墓南壁壁画（图二）中描绘了斑豹下山、朱雀展翅欲飞、灵芝草、神山等图案，斑豹下山象征着力量与勇猛，朱雀展翅欲飞则寓意着灵魂的升华与永生的希望，灵芝草

---

① （汉）班固：《汉书》，中华书局，1964年，第3070~3071页。
② 胡松梅、杨武站：《汉阳陵帝陵陵园外藏坑出土的动物骨骼及其意义》，《考古与文物》2010年5月。
③ 赵诚：《甲骨文简明词典——卜辞分类读本》，中华书局，2009年，第171页。
④ （汉）许慎：《说文解字》，中华书局，1978年，第197~198页。

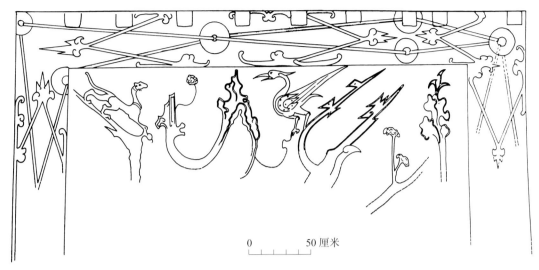

图二　柿园汉墓主室南壁及西壁左侧壁画线图

（引自河南省商丘市文物管理委员会、河南省文物考古研究所、河南省永城市文物管理委员会，阎根齐主编：《芒砀山西汉梁王墓地》，文物出版社，2001年，第118页）

代表对长生不老的追求，而神山则象征着人们对仙境和不朽世界的向往。这些图案共同构建了一个超越现实的神圣世界，反映了汉代人对超脱现实、追求永恒的精神信仰，表达了他们对灵魂升仙、永生不灭的深切渴望。

### （三）礼乐文化

湖南长沙砂子塘西汉墓外棺挡板上，纹饰绘有一磬、一钟及磬上两只背负羽翼神人的豹。文献中推测豹出自钟虡上的纹饰[1]。

《周礼·考工记·梓人》中记载："赢属（虎豹貔螭），恒有力而不能走，其声大而宏。有力而不能走，则于任重宜；大声而宏，则于钟宜。若是者以为钟，是故击其所悬而由其虡鸣。"由此可见，古代工匠利用豹的特性，将其应用于礼乐中，赋予其象征性的文化意义。

大葆台汉墓出土的豹骨不仅为我们提供了关于北京地区汉代贵族生活和生态环境的重要实物资料，也体现了汉代人的文化信仰和审美意趣。豹作为一种特殊的随葬之物，既承载了辟邪护佑、引导灵魂升仙的作用，也展现了汉代礼乐文化中对力量与尊贵的推崇。这些内涵反映了汉代贵族对生死、灵魂及身份地位的独特理解，赋予了豹作为陪葬品更深层的文化象征。

① 湖南省博物馆：《长沙砂子塘西汉墓发掘简报》，《文物》1963年第2期。

# 汉代狮子考略

王晓颖

北京考古遗址博物馆

**摘　要：** 狮子并非我国原产动物种类，但它传入已久。针对狮子传入时间、途径和具有中华特色"狮"文化的研究成果很多，大多研究认同狮子于汉代传入中原。通过文献记载和考古资料的相互印证得知，在我国狮子最初的称谓为狻猊，汉代为师子，而后才是狮子。本文重点对"狮"文化之滥觞期进行初步探讨，认为狮子传入中原的时间可具体提前至西汉中晚期，即汉武帝经略西域之后。麒麟、天禄、辟邪等灵兽虽与狮子形似，但并非一物，因为它们的器物造型和文献记载均有不同之处。

**关键词：** 汉代　狮子　称谓　表现形式

## 一、古籍中狮子称谓考

中国古籍中最早提及"狮子"是在西晋史学家陈寿所著《三国志》中："从安息绕海北到其国，人民相属，十里一亭，三十里一置，终无盗贼。但有猛虎、狮子为害，行道不群则不得过。"[①] 可知狮子在当时的西域地区很常见。而在此之前，《汉书》有云："师古曰：'师子即《尔雅》所谓狻猊也。'"[②]《后汉书》又云："是岁，西域长史班超击莎车，大破之。月氏国遣使献扶拔、师子。"[③] 在更早的先秦文献中，如《尔雅》云："狻猊，如虦猫，食虎豹。"虦猫是指浅颜色的虎，古人认为狻猊外形似虎，但又比虎豹凶猛许多。晋人郭璞做注："即师子也，出西域。"从这些古籍中可看出，"狻猊"一词在汉代并不常用，而是以"师子"为主。在郭璞之后，人们开始常用"狻猊"来指代狮子，如《旧五代史》记载："乙巳，回鹘可汗仁美遣使贡方物，中有玉狻猊，实奇货也。"[④] 明代史书中也有狻猊，舆服制度中提到天子所乘之车内饰绘有狻猊、象、孔雀、鹤等。

根据古籍中的相关记载，可知"狻猊"一词最早，大约出现在先秦时期，汉代后一直沿用至唐、宋、辽、明、清等朝代。"师子"流行于汉代，南北朝、隋唐、宋代官方史书仍会使用此称谓，但明清后不再如此称之。"狮子"流行于唐、宋、元、明、清，并沿用至今。

## 二、狮子入华时间考

狮子并非原产于我国中原地区的结论已得到数位学者的考证。黎虎在《狮舞流沙万里来》中认为狮子不产于亚洲东部，主要产于西亚和南亚地区。林梅村在《汉唐西域与中国文明》中，从语言学词源的角度阐述"狮子"和"狻猊"均是外来语，主要来源于欧亚草原的古代游牧民族，由此可佐证狮子本身也是外来物种。

既然狮子是外来物，那么它于何时入华，值得探讨。笔者根据具体内容分为两部分考证：一

---

① （晋）陈寿：《三国志》，中华书局，1971年，第861页。

② （汉）班固：《汉书》，中华书局，1965年，第3889页。

③ （南朝）范晔：《后汉书》，中华书局，1965年，第158页。

④ （宋）薛居正：《旧五代史》，中华书局，1976年，第1027页。

是动物界的狮子何时入华；二是狮形器，即以狮子为造型的衍生物何时出现在中国本土，将两者结合起来，对此问题进行论证。在阐述之前，有必要明确入华之"华"的地理范围。如前所述，西域地区产狮子，但是在汉宣帝神爵二年（前60年）建立西域都护府之前，中原政权对西域没有管辖权，所以在这个层面上，狮子入华是指其进入中原政权版图内。从史料记载看，狮子出现在中华大地是在西域都护府建立之前，大约是在张骞第二次出使西域（前119年）之后。"遭值文、景玄默，养民五世，天下殷富，财力有余，士马强盛。故能睹犀布、玳瑁则建珠崖七部（郡），感枸酱、竹杖则开牂柯、越嶲，闻天马、蒲陶则通大宛、安息。自是之后，明珠、文甲、通犀、翠羽之珍盈于后宫，蒲梢、龙文、鱼目、汗血之马充于黄门，钜象、师子、猛犬、大雀之群食于外囿"①。这里的"自是之后"就是指汉武帝开始经略西域之后，在此之前的文、景二帝时期，中原地区已与大宛、安息等西域小国有所交流，而在张骞二次出使西域后，丝绸之路打通，中西交流更加频繁、顺畅，内容更加丰富，更多来自西域的物品出现在中华大地之上。自此，狮子作为贡品开始屡屡出现。西汉时上林苑有"兽圈九"，其中有狮子圈②。又引《汉宫阙疏》云："有虎圈，有师子圈，武帝造。"③由此可知，汉武帝时的长安

上林苑已有圈养狮子。上林苑建造完成于建元三年（前138年），在张骞第一次出使西域之前，尚不能准确地佐证狮子入华的时间。但该书中还有两处有关狮子的描述："师子圈，在建章宫西南。""上林苑建章宫旁奇华殿兽圈内有'师子'"④。而建章宫和奇华殿的出现，为我们探究狮子的入华时间提供了更多依据。《史记》记载，建章宫兴建于汉武帝太初元年（前104年），在其南侧方向有大雀等动物的居所。狮子圈在建章宫的西南方向，两处记载大致相符⑤。奇华殿是建章宫的配殿之一，专门收藏外国进贡的礼物，狮子出现在此也是合情合理。通过上述史料分析，至晚在汉武帝太初元年以后，即西汉中晚期，狮子已出现在中原地带。

除此之外，以狮子为造型的器物制作也可反映狮子存在于中华大地的时间。首先，奇华宫的铜炉上有铭文："奇华宫铜炉，……天汉二年工赵博造，护守瓯贤省。"铜炉有五枚狮首含环绕腹一周，下腹对应装饰有狮面，巨目张口，长舌探出，再下各有狮形足⑥。天汉二年（前99年）也处于汉武帝时张骞第二次出使西域之后。其次，汉代广泛使用各种造型的镇，其中出现了狮子的造型。狮形镇大多出土于陕西西安，流行于西汉中晚期⑦。最后，陕西旬阳西汉晚期墓出土一枚煤精狮，狮为卧姿，腹间横穿一圆孔，可供佩戴⑧。早

① （汉）班固：《汉书》，中华书局，1965年，第3928页。
② 何清谷：《三辅黄图校释》，中华书局，2005年，第35页。
③ （宋）李昉：《太平御览》第三册，上海古籍出版社，2008年，第5页。
④ （宋）李昉：《太平御览》居处部引《三辅故事》，上海古籍出版社，2008年，第27页。
⑤ （汉）司马迁：《史记》，中华书局，1982年，第1402页。汉武帝元封六年（前105年），"上还以柏梁灾故，朝受计甘泉。公孙卿曰：'黄帝就青灵台，十二日烧，黄帝乃治明廷。明廷，甘泉也。'……于是作建章宫，度为千门万户。前殿度高未央。其东则凤阙，高二十余丈。其西则唐中，数十里虎圈。其北治大池，渐台高二十余丈，命曰太液池，中有蓬莱、方丈、瀛洲、壶梁，象海中神山龟鱼之属。其南有玉堂、璧门、大鸟之属。乃立神明台、井干楼，度五十丈，辇道相属焉"。
⑥ 王长启：《西安市文物中心藏战国秦汉时期的青铜器》，《考古与文物》1994年第4期。
⑦ 刘小阳：《汉镇的考古学研究》，河北大学硕士学位论文，2017年。
⑧ 张沛：《陕西旬阳出土汉代煤精狮》，《文博》1988年第12期。

在新石器时代，煤精就被先民们发现并当作装饰品使用。在古代，煤精属于稀有物，煤精制品也是身份地位的象征之一。以上狮形器的出现，侧面反映了西汉人民在知晓狮子以后，尤其是对实物有了直观的感受后，能够将其形象融入器物造型中，表现了当时人们的审美和对事物的认知水平。它们是狮子入华后与本土文化融合创新的产物，有别于西汉早期带翼狮元素造型器物或同期出现的一些外来狮型器物。

## 三、狮子、麒麟、辟邪与天禄

在我国，狮子、麒麟、辟邪与天禄都属于象征祥兆并可驱邪避祸的瑞兽，在外形上有相似之处，容易混淆。汉以前的文献中有记载狮子和麒麟的大致形象，如狮子似虎，而麒麟有一角，牛尾，马蹄，性情温和乖巧，更偏向独来独往。《释兽》云：“麟，麇身，牛尾，一角。”京房《易传》云：“麟，麇身，牛尾，马蹄，有五采，腹下黄，高丈二。”《公羊传》曰：“麟者，仁兽也。”《说文解字》云：“麒，仁兽。从鹿，其声。麟，大牝鹿也。从鹿，粦声。”

天禄与辟邪仅有语出“四海困穷，天禄永终”“射魅辟邪除群凶”，具体形象未可知。汉以前，辟邪神兽是笼统的形象，人们偏重强调其象征的意蕴。至汉代，随着狮子作为贡品进入中原，其形象愈加逼真写实，逐渐与麒麟、天禄、辟邪等传说动物有了明确区分，不再混为一谈。

首先是在汉代及后世的文献上，对这四者外形上的描述较之以前更加具体。与麒麟、天禄和辟邪不同，狮子无角。具体区别如下：麒麟，形似鹿，牛尾，马蹄，周身颜色丰富，腹部黄色，有一肉角；天禄，形似鹿，有一角，孟康曰：“桃拔一名符拔，似鹿，长尾，一角者或为天鹿，两角者或为辟邪”；辟邪，形似鹿，有两角；狮子，似虎，正

黄色，面部有髯，尾端绒毛大如斗。狻猊同狮子。

其次是体现在器物造型上。狮子通常为卧姿出现，如狮形镇。汉代作为古镇发展的繁荣期，狮形镇最早出现于此时，并对后世产生影响，如狮形镇直至辽时依旧被使用（图一）。

狮子还会以坐骑造型出现。狮子在佛教中就被当作坐骑，汉墓中出土的骑兽人物博山炉亦是文化融合的产物。炉底盘中部为一骑兽力士，兽呈俯卧状，炉身刻有龙、虎、朱雀、豹、羊、骆驼等动物形象。该器物中狮子尾部的绒毛造型与文献中的有关描述相吻合（图二）。

在西汉晚期，以辟邪和天禄为造型的雕刻素材开始流行。辟邪和天禄也是中国古代艺术中较为流行的神兽，两者外形类似，区别在于角的数

图一　辽滨塔地宫出土卧姿狮形镇

（引自北京辽金城垣博物馆：《铁凤凰鸣——辽金东京地区文物展》，北京联合出版社，2018年，第65页）

图二　骑兽人物博山炉（局部）

（引自中国社会科学院考古研究所：《满城汉墓发掘报告》，文物出版社，1980年，第256页）

量。辟邪是双角，张口，面颊有须毛，肩生双翼，尾巴弯曲下垂贴身。天禄，亦称天鹿，外形似鹿。至东汉时，二者通常成对出现在建筑物上或者陵墓前，有驱邪镇守之意。今邓州南阳县北有宗资碑，旁有两石兽，镌其膊，一曰天禄，一曰辟邪。据此，即天禄、辟邪并兽名也。"汉有天禄阁，亦因兽以立名"[1]。"又使掖廷令毕岚铸铜人四列于仓龙、玄武阙。又铸四钟，皆受两千斛，悬于玉堂及云台殿前。又铸天禄、虾蟆吐水于平门外桥东，转水入宫"[2]。

麒麟在汉代为四灵之一，多出现于画像石中。如文献所记，其多以鹿为原型，头部有一角。麒麟代表仁德，它的角相比辟邪和天禄更加圆润，看上去攻击性不强。

最后在修饰、纹饰应用方面，几者也有细微差别。从蕴含寓意的角度出发，使用这些形象的场景有共通之处，皆是代表祥瑞征兆、威严震慑或仁厚之意，但其所代表的身份等级略有区别。如南朝陵墓大都无墓阙，而神道两侧分布有带翼的神兽，皇帝陵园使用麒麟，贵族墓葬使用辟邪[3]。唐代武周时，禁卫军系统内也有不同的使用制度，如"左右监门卫将军等饰以对师（狮）子，左右卫饰以麒麟，左右武威卫饰以对虎，左右豹韬卫饰以豹，左右鹰扬卫饰以鹰，左右玉钤卫饰以对鹘，左右金吾卫饰以对豸，诸王饰以盘龙及鹿，宰相饰以凤池，尚书饰以对雁。"[4]

至明代几种瑞兽的应用场景变多，但使用范围缩小。明初，官民房屋禁止雕刻古帝后、圣贤人物及日月、龙凤、狻猊、麒麟、犀象之形[5]。而统治阶级可将几种瑞兽应用在服饰上，皇后的谒庙服上装饰有天禄、辟邪，狮子和麒麟还同时出现在天子驾乘之上，"大辂，高一丈三尺九寸五分，广八尺二寸五分……内饰绿地描金，绘兽六，麟、狻猊、犀、象、天马、天禄；禽六，鸾、凤、孔雀、朱雀、翟、鹤"[6]。可见，如果几种瑞兽不是同时出现，在代表身份等级时，狮子和麒麟大抵是高于辟邪的。

## 四、结语

综上所述，狮子是在汉武帝时期进入中华大地，在古代中国与西方文化交流的基础之上，融入中土的传统文化。丝绸之路的畅通为狮子及其相关文化的传播提供了有利的客观条件。汉代在我国狮文化的发展过程中是起承转合的时期，从此狮子的形象及衍生文化进入了由虚入实的阶段，与其形象有关联的其他神兽特征及应用场景也越来越明确，并在后世得到承袭。随着社会文化等因素的影响，狮子、麒麟等瑞兽不仅为镇墓神物，还逐渐演变为宫殿、官邸的建筑构件，唐代以后还以装饰纹饰的形式出现，进而发展为更具有本土特色的狮文化。

① （南朝）范晔：《后汉书》，中华书局，1965年，第353页。
② （南朝）范晔：《后汉书》，中华书局，1965年，第2537页。
③ 刘敦桢：《中国古代建筑史》，文物出版社，1981年，第4页。
④ （五代）刘昫：《旧唐书》，中华书局，1975年，第1953页。
⑤ （清）张廷玉：《明史》，中华书局，1977年，第1671页。
⑥ （清）张廷玉：《明史》，中华书局，1977年，第1599页。

# 汉代社会的升仙崇尚
## ——以南昌汉墓为中心[*]

邢　琳　陈之川　钟洪香

江西省博物馆

**摘　要**：升仙信仰是汉代仙话传说中的重要组成部分，在各地发现的汉代墓葬中，无论是墓室内部还是随葬器物，都有许多与升仙相关的图案和装饰。通过梳理南昌地区汉墓考古发掘材料，可以发现诸如神山仙境、御龙升仙、仙人铭文等与升仙信仰相关的装饰元素，这些装饰体现了汉代社会对长生不死追求和飞升成仙的向往。

**关键词**：升仙崇尚　仙话传说　南昌汉墓

汉代仙话蔚然成风，升仙观念成为社会盛行的风尚和追求，寄托了人们对长生不老的渴望。在汉代升仙信仰和厚葬风气的影响下，各地发现的汉代墓葬，无论是墓室内部还是随葬器物，都展现出极为繁缛丰富的装饰艺术，采用诸如刻划、雕塑、绘画的形式，将各种象征神山仙境和飞升成仙的意境融汇其中。这些装饰不仅体现着古人对不死仙境的精神构建，更是他们深信人死后灵魂将在另一个世界重生的确凿见证。袁珂研究认为，古人"用幻想的胜利——升仙，来向威胁人类最大的厄运——死亡进行了挑战"[①]。他们试图通过升仙这一途径为逝者提供精神上的依托，尽可能满足逝者"延长生命"的渴望。

## 一、仙话与升仙崇尚

神仙思想孕育于原始先民的信仰体系之中，来源于对自然死亡和生命永续的探索。《左转·昭公二十年》说："齐侯至自田，晏子侍于遄台，子犹驰而造焉……饮酒乐。公曰：'古而无死，其乐若何？'晏子对曰：'古而无死，则古之乐也，君何得焉？'"[②]这段文字反映了齐景公和晏子对长生不死的深切渴望，以及春秋末期神仙思想、成仙观念的发展态势。湖南长沙砂子塘一号墓漆棺昆仑画像、马王堆一号墓漆棺神山画像以及象征三界的帛画等考古发掘材料，揭示春秋末期至战国初期仙话故事已经开始流行。

随着成仙观念的衍生与发展，仙话传说广为传播。最初的仙话传说来源于先民对山岳的崇拜，他们认为山岳之巅居住着神灵。《庄子·逍遥游》说："藐姑射之山，有神人居焉"[③]，《诗经·大雅·崧高》也说："崧高维岳，骏极于天。维岳降神，生甫及申。"[④]成书于战国的神话典籍《山海经》提到了诸多神山，如"昆仑山""登葆山""肇山""青要山"等，它们既是神仙的居所，又是登往仙界的重要途径。

* 　本文为2023年度江西省汉代文化研究课题"江西省博物馆藏汉代陶瓷明器研究"（项目编号：23ww12）阶段性研究成果。

① 　袁珂：《中国神话通论》，巴蜀书社，1993年，第16～17页。
② 　王守谦等译注：《左传全译》，贵州人民出版社，1990年，第1303～1304页。
③ 　（清）郭庆潘辑、王孝鱼整理：《庄子集释》，中华书局，1961年，第28页。
④ 　袁愈荌译诗、唐莫尧注释：《诗经全译》，贵州人民出版社，1981年，第422页。

战国秦汉时期，仙话愈发盛行，方士热衷传布神山、仙境的传说，秦始皇与汉武帝都热衷于求仙。《史记》记载秦始皇派遣方士入海进行广泛的搜寻，以期求得蓬莱神药①。汉武帝为摆脱死亡、追求永生，也钟情于神仙信仰，高度宠信方士，并开启声势浩大的求仙活动。《史记·封禅书》说方士李少君"以祠灶、谷道、却老方见上"，齐人少翁"以鬼神方见上"②。《史记·孝武本纪》也记述李少君向汉武帝进谏祠灶，汉武帝派遣方士出海，寻求传说中的蓬莱神山的故事③。这些举措都对当时社会各个阶层产生了深远且巨大的影响。

汉代皇帝不遗余力地寻求方外仙境，寻觅长生不死仙药，对社会生活、民俗礼仪都产生了深远影响，升仙观念空前繁盛。此外，汉代文明开放、气势宏大的格局与风尚，也进一步推动了神仙信仰在社会各阶层中的传播与深化。葛兆光研究思想史提出："在精英和经典的思想与普遍的社会和生活之间，还有一个'一般知识、思想与信仰的世界'，而这个知识、思想与信仰世界的延续，也构成一个思想的历史过程。"④在汉代诸多仙话体系中，以蓬莱仙话、昆仑仙话流传最为广泛。蓬莱仙话被记载于《史记》等皇室正统文献之中，而昆仑仙话则多见于《山海经》《淮南子》这类反映民间信仰的经典著述中。这两种仙话体系各自承载着具备地域特性的仙话内容，表面看似有所差异甚至矛盾，但究其核心主旨却是殊途同归，它们共同构建了汉代人们对仙境与成仙的丰富多元的理解和想象。

在世时寻求神山，求仙问道，期望借此实现长生不老的梦想，希冀离世后能够升仙得道，这

是汉代社会的普遍崇尚。道家经典《抱朴子·论仙》说："上士举形升虚，谓之天仙。中士游于名山，谓之地仙；下士先死后蜕，谓之尸解仙。"⑤这段句子构建了一个完整的神仙信仰体系，上士、中士、下士的升仙途径，正是对成仙观念的高度总结。

"墓葬文化是人们生死观念的直接产物和集中反映，神仙信仰自然是汉代墓葬文化的核心之一"⑥。学者在研究仙话发展、升仙信仰等问题的时候，普遍重视墓葬材料。纵观汉代墓葬，墓葬设计以及随葬器物中融入许多仙境的母题和元素，这些元素都表达了人们对逝者死后能够升仙的渴望与祝愿。墓室的出现也丰富了表现手法，陕西、河南、山东、江苏、四川、重庆考古发现的汉墓壁画中，就常见有天文天象、神仙世界、引魂升天的母题；汉代画像石、画像砖，也常见有神山仙境、伏羲与女娲、西王母与昆仑、阙与天门等题材，而且数量比较可观。这些装饰，展现了汉代人对神山仙境、仙话人物的独特想象和诠释，是汉代的仙话体系和升仙崇尚的直观体现。

## 二、南昌汉墓中的升仙元素

南昌汉代墓葬中反映神仙思想、升仙观念的装饰元素，主要见于随葬器物（熏炉、铜镜、瓷器等）上的铭文、装饰和图案等。在考古学分期研究方面，学者既往大多根据墓室结构或典型器物，将南昌汉代墓葬分为五到七期。但是根据发现升仙元素的墓葬形制、出土器物的特征，可以将其分为三期。第一期，以南昌海昏侯墓出土器物为显著特

① （汉）司马迁：《史记》，岳麓书社，2001年，第41~58页。
② （汉）司马迁：《史记》，岳麓书社，2001年，第166~167页。
③ 参见（汉）司马迁：《史记》，岳麓书社，2001年，第101页。
④ 葛兆光：《中国思想史》导论，复旦大学出版社，2000年，第13页。
⑤ （晋）葛洪著、顾久译注：《抱朴子内篇全译》，贵州人民出版社，1995年，第43页。
⑥ 王煜：《昆仑之上：汉代升仙信仰体系的图像考古》，文物出版社，2023年，第6页。

征，出土的博山炉、孔子镜屏、漆奁、漆笥、车马器、玉器等，大多装饰仙山、西王母、羽人、仙鹤、异兽、流云等图案。典型器主要以神山造型的青铜博山炉为主，据出土器物的整体特征以及海昏侯刘贺的生平判断，本期大约在西汉晚期。第二期，出土有装饰仙山、仙人、飞鸟组合纹饰的器物，代表性器物为南昌京家山汉墓青铜樽，并出土有大量新莽货币，其墓葬结构为土坑竖穴墓，本期年代即新莽至东汉初期。第三期，代表性器物为"上有仙人不知老"铭文铜镜，见于砖室墓，与其共出有绿釉陶明器，本期约为东汉中晚期。

这些升仙题材的装饰涉及对仙人生活、居所的想象以及御龙升仙等内容，杂糅了蓬莱仙话、昆仑仙话中的主题和内容，与汉代主流文化和信仰具有高度一致性，正是汉代精神信仰跨地域、跨阶层特质的高度体现。

## （一）神山仙境：上似蓬莱，吐气委蛇

在汉代，人们对仙境的想象丰富而独特，各种神山被视为神仙居所。《史记·封禅书》记述，战国时期的齐燕国君与秦始皇都曾派人入海寻求神山，认为"蓬莱、方丈、瀛洲，此三神山者……诸仙人及不死药皆在焉"[1]。方士公孙卿说仙人是可以被招来的，而且"仙人好楼居"，汉武帝于是在太液池中置神山、龟鱼以及建筑物等，恰似天上宫阙[2]，希望通过建造神山楼台，向神仙们表达敬意并祈愿，吸引掌管着不死仙药的神仙前来。由神山升仙的信仰倾向，也存在于昆仑仙话，《淮南子·墬形训》说："昆仑之丘，或上倍之，是谓凉风之山，登之而不死。或上倍之，是谓悬圃，登之乃灵，能使风雨。或上倍之，乃维上天，登之乃神，是谓太帝之居。"[3]又有《论衡·道虚》说："如天之门在西北，升天之人，宜从昆仑上。"[4]在这样的文化背景影响下，汉代墓葬中的随葬器物，最为常见的就是神山母题的装饰。

神山的造型见于汉墓出土的一些铜樽、陶樽上，如1986年考古发现的江西南昌京家山汉墓M2出土铜樽，器盖塑成山峦模样，顶部立一飞鸟；器身亦以山峦纹饰为底衬，上层饰人物、行龙、雀鸟，下层饰各类异兽，可辨认的有东王公、西王母、羽人、朱雀、展翅怪兽、狼、獏、鹿等[5]，与成都大湾汉墓、湖南永州鹞子岭M2出土铜樽，以及内蒙古上窝吐壕汉墓M1陶樽等器形相似[6]。部分漆木器、车马器上也绘有神山图案，如江西南昌海昏侯墓K1：326车衡装饰仙山、神鹿等，M1：727漆笥装饰了仙山、流云、羽人、仙鹤等[7]。

汉代以神山为造型最为典型的是铜熏炉（后人称之博山炉），炉盖之上塑造神山，云气缭绕其间，异兽与人物错落有致地分布。较为典型的铜熏炉有陕西兴平茂陵丛葬坑出土鎏金银铜竹节博山炉，河北满城中山靖王墓M1、M2博山炉，湖北罗州陈家汉墓博山炉，湖南永州鹞子岭M2博山炉等。部分画像石中也有博山炉的形象，博山炉上或立神鸟，如陕西榆林绥德杨孟元墓墓门立柱

---

① （汉）司马迁：《史记》，岳麓书社，2001年，第16页。

② （汉）司马迁：《史记》，岳麓书社，2001年，第174页。

③ （汉）刘安《淮南子》，上海古籍出版社，1986年，第1221页。

④ （汉）王充：《论衡》，上海人民出版社，1974年，第107页。

⑤ 江西省文物工作队、南昌市博物馆：《南昌市京家山汉墓》，《考古》1989年第8期。

⑥ 魏坚：《内蒙古中南部汉代墓葬》，中国大百科全书出版社，1998年，第300页。

⑦ 江西省文物考古研究所、南昌市博物馆、南昌市新建区博物馆：《南昌市西汉海昏侯墓》，《考古》2016年第7期。

两侧的画像石底部均刻有博山炉，其上是戴胜的西王母、鹿、狐、拥彗人物等①。江西发现神山造型熏炉的墓葬集中在南昌，这可能与汉代行政区划密切相关。1958年南昌汉墓（图一）、1973年南昌东郊西汉墓M1、1983年南昌老福山汉墓以及南昌海昏侯墓均出土了此类熏炉。

南昌海昏侯墓出土一件鎏金铜博山炉（图二），炉盖塑造出神山、云气，山峦之间点缀人物、异兽，炉身同样布满夔龙等纹饰，炉柄则巧妙地设计成缠绕的枝茎形状，仿佛自然生长而出，不仅体现了神山仙境，也糅合了神树根茎"通天茎台……招来仙神人之属"②的意蕴。穆克宏点校版《玉台新咏笺注》记载汉乐府《四坐且莫喧》描绘此类熏炉："请说铜炉器，崔嵬象南山。上枝似松柏，下根据铜盘。雕文各异类，离娄自相联。谁能为此器，公输与鲁班。朱火燃其中，青烟扬其间。"又笺注后汉李尤："上似蓬莱，吐气委

图二　南昌海昏侯墓出土铜熏炉
（引自南昌汉代海昏侯国遗址博物馆官网）

蛇。"③使用熏炉时，燃起的烟气袅袅上升，与炉盖上的神山意境相得益彰，仿佛将人们带入了一个神秘而宁静的仙境之中，这或许是将熏炉设计为神山造型的一个重要原因。此类香炉的设计，营造出与仙界息息相通的氛围，足见古人将精神信仰、生活需求与艺术创造精妙结合的智慧。

### （二）御龙成仙：游乎四海之外

在描绘人物与龙相结合的艺术图像中，最为典型的莫过于"人物乘龙"。《山海经》中就多处描绘了各种人物乘龙的形象。《庄子·逍遥游》说神人："乘云气，御飞龙，而游乎四海之外。"④《史记·封禅书》也记载汉武帝听取方士讲述黄帝乘龙升仙的故事，推崇太一，希望能成仙升天⑤。又曹植《平陵乐》说："阊阖开，天衢通，被我羽衣

图一　南昌汉墓出土铜熏炉

① 王煜：《昆仑之上：汉代升仙信仰体系的图像考古》，文物出版社，2023年，第116页。
② （汉）司马迁：《史记》，岳麓书社，2001年，第173页。
③ （南朝）徐陵编、（清）吴兆宜注、程琰删补、穆克宏点校：《玉台新咏笺注》，中华书局，1985年，第4页。
④ 郭庆潘辑、王孝鱼整理：《庄子集释》，中华书局，1961年，第28页。
⑤ （汉）司马迁：《史记》，岳麓书社，2001年，第170～171页。

乘飞龙。"[1] 可见乘龙升天成仙也是汉晋仙话常见的故事内容。出土实物资料对此也有较多的揭示，1973年湖南长沙子弹库楚墓M1出土"人物御龙"帛画[2]、河南南阳麒麟岗画像石墓天象图中均发现了乘龙车升仙的图像，可知御龙成仙的观念在战国时期就已经出现，且盛行至秦汉时期。

汉代墓葬画像石、画像砖中也多见各种形态的龙，在有关"仙界"的母题中，常与神山、云气组合，亦常见人物乘龙形象，如河南洛阳卜千秋西汉墓顶天象壁画中的人物御龙图像[3]、陕西靖边杨桥畔杨一村东汉壁画墓仙人接引系列的龙车升仙图[4]。在江西南昌的汉墓中，京家山汉墓M2出土铜樽器身所铸的人物，根据拓片图案观察细节，可以发现其中一人物似乎位于龙上，有人物乘龙的意蕴，呈现出独特的和谐美。南昌海昏侯墓M1出土数十件当卢，以相交的双龙巧妙地分割整体画面，将复杂的图案划分为几组独立而又相互联系的内容。其中K1：286当卢第二组亦是在相交的双龙之间，刻画了一个具有明显禽类特征的人物，两臂舒展，各执一龙首，巧妙构成了羽人御双龙的画面（图三）[5]，正与《山海经·海外东经》中"东方句芒，鸟身人面，乘两龙"[6]的描述相似。

张衡《七辩》说："驾应龙，戴行云。枅弱水，越炎氛。览八极，度天垠。"[7] 乘龙飞行，或有引导升仙的含义，象征着穿梭于天地之间，遨游于四海之广，直至抵达令人心驰神往的仙境。在升仙这一过程中有途经"天门"一说，天门之说也

图三　南昌海昏侯墓出土铜当卢
（引自南昌汉代海昏侯国遗址博物馆官网）

常见于巴蜀文化和楚文化的仙话体系中，天门是"群神之阙"[8]，即仙境的门户，考古出土资料主要集中在岷山之域和长江中上游地区，南昌墓葬中与天门相关的材料鲜少，甚或延伸至两晋，故而此处不再赘述。

### （三）铜镜铭文：上有仙人不知老

铜镜作为古人日常生活中不可或缺的照容用具，其性质已经不仅仅局限于实用，镜背面常塑有各类铭文与装饰，蕴含了深厚的艺术价值和文化意蕴，深刻映射了古人的精神世界与审美追求。其中，汉晋铜镜中装饰有"上有仙人不知老"铭

① （三国）曹植著、赵幼文校注：《曹植集校注》，人民文学出版社，1984年，第400页。
② 中国大百科全书总编辑委员会、《考古学》编辑委员会：《中国大百科全书·考古学》，中国大百科全书出版社，1986年，彩版32。
③ 洛阳博物馆：《洛阳西汉卜千秋墓发掘简报》，《文物》1977年第6期。
④ 陕西省考古研究院：《壁上丹青：陕西出土壁画集》，科学出版社，2009年，第47页。
⑤ 江西省文物考古研究所、南昌市博物馆、南昌市新建区博物馆：《南昌市西汉海昏侯墓》，《考古》2016年第7期。
⑥ 袁珂校注：《山海经校注》（增补修订本），巴蜀书社，1993年，第314页。
⑦ （汉）张衡著、张震泽校注：《张衡诗文集校注》，上海古籍出版社，2009年，第300页。
⑧ （汉）刘安：《淮南子》，上海古籍出版社，1986年，第1216页。

文与升仙信仰直接相关。

以 1972 年江西南昌市区东汉墓出土羊方镜（图四）为例，镜背面装饰猿面羽人、独角兽、长尾鸟、白虎、玄武、青龙等图案，铭文"羊方作镜真太巧，上有山人不知老，渴饮玉泉饥食枣，多（长）富贵天下保"[①]。1960 年，南昌双港东汉墓出土铜镜铭文"尚方竟真大巧，上有山人不知老兮"（图五）。2003 年，南昌蛟桥东汉墓出土两件铭文铜镜[②]，M1：36 铜镜饰十二地支、四神、羽人等，铭文"尚方作竟真大巧，上有仙人不知老，渴饮玉泉，饥食枣，浮由（游）天下□兮"。M2：3 铜镜饰十二地支、四神、禽兽纹等，铭文"尚方作竟真大巧，上有山（仙）人不知老，渴饮玉泉，饥食枣兮□"。几件铜镜的内容与装饰大致相当，均是描述仙人不死以及仙境生活的场景。

这里需要注意其中的"羽人"装饰，《楚辞·远游》说："仍羽人于丹秋兮，留不死之旧乡。"注引《山海经》曰："有羽人之国，不死之民。"洪兴祖补注："羽人，飞仙也。"[③]又《论衡·无形篇》说："图仙人之形，体生毛，臂变为翼。行于云则年增

矣，千岁不死。"[④]羽人即仙人，其形象以耳部尖长、肩部生翼、腿生长毛为主要特点，常见于汉代各类仙话题材的故事及装饰中，前文提到的南昌京家山仙山铜樽、海昏侯墓铜当卢等器物均装饰了羽人图像，羽人也常与西王母伴随出现或者作为升仙的引导者，此处有引导升仙之意。简洁而富有哲理的铭文，配以羽人等仙境装饰，直接表达了汉代人们对仙界生活的羡慕与崇拜，寄托了他们对超脱尘世、飞升成仙的深切渴望。

汉代墓葬艺术中与仙话传说紧密相联的装饰元素蔚为大观，除却神山、人物御龙、天门、白鹿、羽人，还有西王母与东王公、天象、三界、四神、神仙出行、风雨雷电乃至佛教题材等各种仙境元素。这些不同的装饰母题，分别属于不同的仙话体系、鬼神传说甚至是宗教体系，它们往往交织出现，不仅出现在高规格的墓葬中，也广布于中小型墓葬，其年代贯穿西汉晚期到东汉中晚期。南昌汉墓因早期盗掘及发掘可行性不足，除却海昏侯墓这一高规格墓葬外，能查找到的与

图四　南昌市区汉墓出土铜镜

图五　南昌双港汉墓出土铜镜

① 程应林：《江西南昌市区汉墓发掘简报》，江西省博物馆编：《江西考古资料汇编·封建社会部分》（上），1977 年。
② 江西省文物考古研究所：《江西南昌蛟桥东汉墓发掘简报》，《文物》2011 年第 4 期。
③ （宋）洪兴祖撰、白化文等点校：《楚辞补注》，中华书局，1983 年，第 167 页。
④ （汉）王充：《论衡》，岳麓书社，1991 年，第 23 页。

升仙相关的器物并不十分丰富，但是这些装饰母题都对飞升成仙充满无限向往，以及对生命永恒不朽充满深切渴望，展现了汉代人对彼岸世界的憧憬与哲思。

## 三、结语

死后进入仙境或天国，是古人憧憬和幻想的永恒归宿，此观念主要通过墓葬装饰和随葬器物来承载。在汉代大一统的文化背景下，南昌地区考古发掘材料呈现出普遍性、一般性、地域性，蕴含升仙汉代墓葬的装饰和随葬器物也融汇了中原汉文化、荆楚文化等因素，故而蓬莱仙话、昆仑仙话等仙话系统的装饰元素均有发现，但依然呈现出数量较少、年代较晚等明显地域特征，且主要集中在南昌及周边地区，映射出汉代行政区划的深刻影响。根据截至 2023 年底的考古发掘材料，南昌地区汉代墓葬中的升仙崇尚主要体现在对仙人生活的向往、引导升仙等内容，图案包括神山仙境、羽人、西王母与东王公、四神、交尾等内容。诸多器物上融合了多重元素，既有象征神山仙境的博山炉，又有御龙升仙、仙人不老的神奇构想。将所于仙境、升仙、来世的想象都汇聚其中，它们也因此成为连接现实与仙境、物质与精神世界的桥梁，传达了古人超越生死、追求永恒的精神追求和美好祈愿。

# 调查与发掘

# 北京密云区高各庄村汉代墓葬考古发掘简报

北京市考古研究院　北京市密云区文化和旅游局　南京大学

**摘　要:** 2022 年 4 月,北京市考古研究院受当地文物主管部门委托,对北京市密云区东邵渠镇高各庄村的古代墓葬进行了抢救性考古发掘。此次共发掘汉代墓葬 4 座,均为单室砖室墓。根据墓葬形制及出土器物推断,这批墓葬属东汉中晚期墓葬。高各庄汉代遗址位于汉代博陆故城与犀奚县以及渔阳郡郡治等地的交通要道上,有特殊的军事价值。可能因此形成了村落或有屯兵。本次的发掘为研究密云地区汉代墓葬的分布、形制及当时的丧葬习俗提供了新的资料。为研究汉代城址及交通关系提供了新的线索。

**关键词:** 北京　密云　汉代墓葬　发掘简报

2022 年 4 月,北京市密云区东邵渠镇高各庄村在农田水利建设施工中发现古代墓葬,即上报给当地文物主管部门,北京市考古研究院受当地文物主管部门委托,对该地所发现的古代墓葬进行了抢救性考古发掘工作。

发掘区位于北京市密云区东邵渠镇高各庄村村北部,西邻高各庄路,东邻密三路,南邻河东路,整体地形平坦、地势偏高(图一)。1976 年,曾在距地表 0.5 米下发现文化层堆积,发现灶、墙基、水井、砖室墓等遗迹,出土汉代绳纹砖、灰

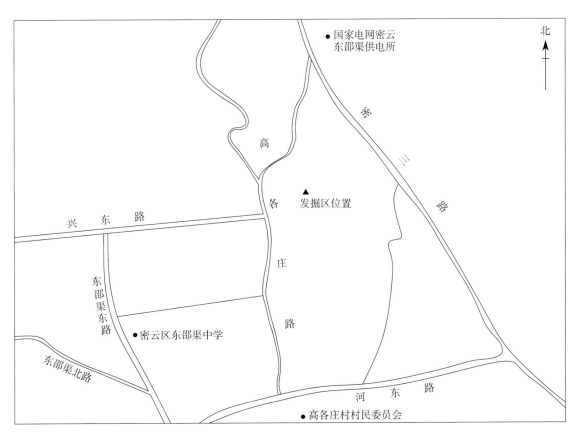

图一　发掘区位置示意图

陶罐、盘、五铢钱等器物①。2016年，密云区高各庄古村落及墓葬公布为北京市第五批地下文物埋藏区。

本次发掘的地层堆积情况归纳介绍如下：第①层，耕土层，厚0.4～0.6米，土质较疏松，内含植物根茎。①层下发现古代墓葬，向下打破生土。

此次共发掘清理汉代墓葬4座，均为单室砖室墓（图二、三）。现将发掘情况简报如下。

# 一、M1

## （一）墓葬形制

M1位于发掘区南部，东邻M2。为单室砖室墓，平面呈"刀"字形，由墓道、墓门、墓室三部分组成，方向175°。南北长7.66米，东西宽0.9～2.16米，墓口距地表深0.4米。墓口距墓底残深0.5～1.3米（图四、五）。墓葬用砖为青砖，有绳纹、素面两种，规格为30厘米×15厘米×5厘米（图六）。

墓道 位于墓门的南端，为长方形斜坡墓道，墓壁整齐，底为斜坡状。长3.7米，宽0.9米，深0～1.3米，坡长3.9米，坡度30°。内填黄褐色花土，土质疏松，土内夹杂有碎砖块等。

墓门 位于墓道的北端与墓室相连。平面呈长方形。墓门长0.3米，东西宽0.76米，残高0.7米。墓门用绳纹和素面残砖平铺叠压垒砌封堵。

图二 墓葬分布照

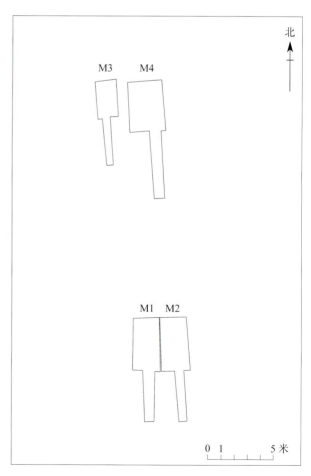

图三 墓葬分布图

---

① 国家文物局：《中国文物地图集·北京分册》，科学出版社，2008年，第386页。

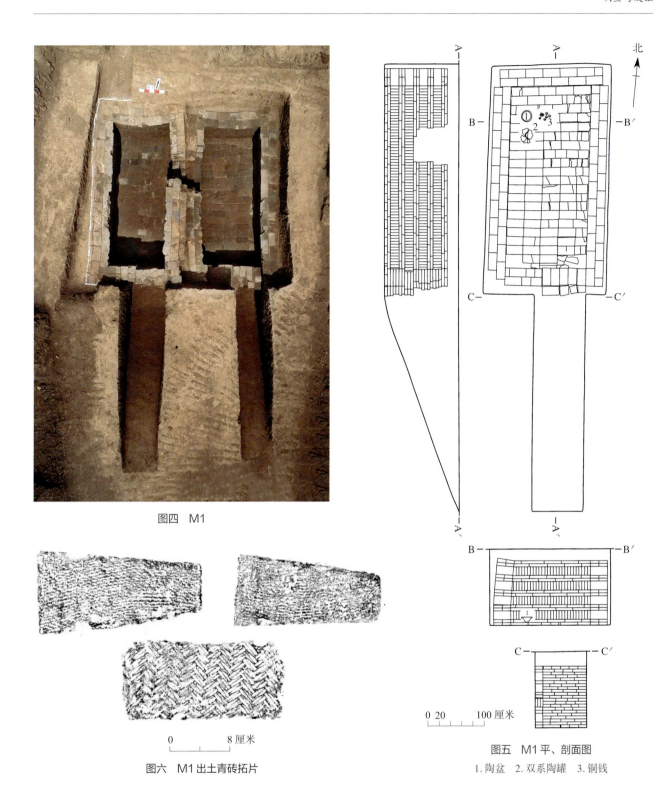

图四　M1

图六　M1出土青砖拓片

0　　　　　　　8厘米

图五　M1平、剖面图
1.陶盆　2.双系陶罐　3.铜钱

0　20　　　　　100厘米

墓室　位于墓门的北部，平面呈长方形，顶部已被破坏，券制不详，四壁用绳纹和素面青砖以二顺一丁砌筑。墓室底部用素面青砖平铺顺砌而成。墓室南北长3.12米，东西宽1.42米，残高0.5～1.15米。

（二）出土器物

出土随葬器物3件，另有铜钱10枚（五铢钱）。

陶盆　1件。M1:1，泥质红陶，轮制。敛口，尖圆唇，折沿，弧腹，平底。下腹部外壁有明显轮制痕迹。口径10.6厘米、底径5.6厘米、

图七　陶盆（M1 : 1） 　　　　　　　　　图八　双系陶罐（M1 : 2）

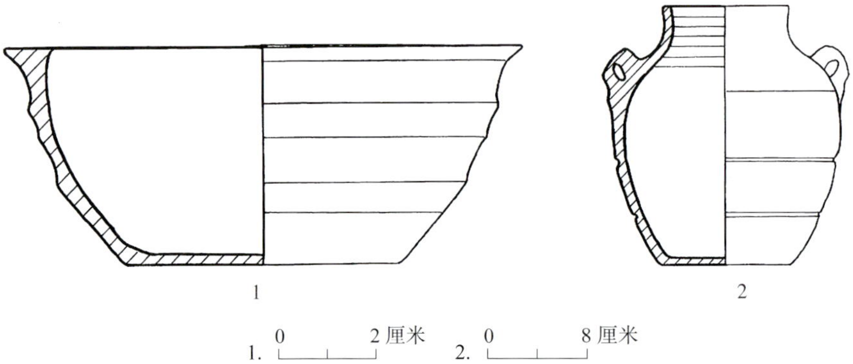

图九　M1 出土器物
1. 陶盆（M1 : 1）　　2. 双系陶罐（M1 : 2）

高 8.6 厘米（图七、九：1）。

双系陶罐　1 件。M1 : 2，泥质灰陶，轮制。敞口、方圆唇，溜肩，肩部附双系，弧腹，平底。肩部饰一周凹弦纹，下腹部饰两周凹弦纹。口径 10 厘米、底径 11 厘米、高 20.6 厘米（图八、九：2）。

铜钱　10 枚。均为五铢钱。皆圆形、方穿，光背，正面仅有外郭，背面有内、外郭，正面书"五铢"，篆书，对读。M1 : 3-1，"五"字交叉，两笔缓曲，"金"头呈三角形，四竖点，"朱"字上笔方折，下笔圆折，"金"与"朱"等齐。钱径 2.45 厘米、穿径 0.95 厘米、郭宽 0.05 厘米、郭厚 0.1 厘米，重 2.22 克（图一〇：1）。M1 : 3-2，"五"字交叉，两笔缓曲，"金"头呈三角形，四竖点，"朱"字上笔方折，下笔圆折，"金"与"朱"等齐。钱径 2.45 厘米、穿径 1 厘米、郭宽

0.1 厘米、郭厚 0.1 厘米，重 2.18 克（图一〇：2）。M1 : 3-3，"五"字交叉，两笔缓曲，"金"头呈三角形，四竖点，"朱"字上、下笔圆折，"金"较"朱"为低。钱径 2.6 厘米、穿径 0.95 厘米、郭宽 0.1 厘米、郭厚 0.1 厘米，重 2.61 克（图一〇：3）。M1 : 3-4，"五"字交叉，两笔缓曲，"金"头呈三角形，四竖点，"朱"字上笔方折，下笔圆折，"金"与"朱"等齐。钱径 2.45 厘米、穿径 0.95 厘米、郭宽 0.1 厘米、郭厚 0.1 厘米，重 2.36 克（图一〇：4）。M1 : 3-5，"五"字交叉，两笔缓曲，"金"头呈三角形，四竖点，"朱"字上笔方折，下笔圆折，"金"较"朱"为低。钱径 2.55 厘米、穿径 0.95 厘米、郭宽 0.1 厘米、郭厚 0.1 厘米，重 2.34 克（图一〇：5）。M1 : 3-6，"五"字交叉，两笔缓曲，"金"头呈

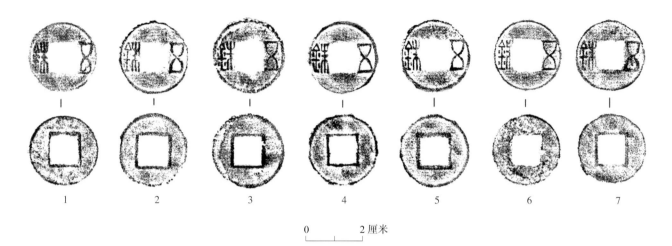

图一〇　M1出土铜钱拓片
1. M1：3-1　2. M1：3-2　3. M1：3-3　4. M1：3-4　5. M1：3-5　6. M1：3 6　7. M1：3-7

三角形，四竖点，"朱"字上笔方折，下笔圆折，"金"与"朱"等齐。钱径 2.45 厘米、穿径 1 厘米、郭宽 0.1 厘米、郭厚 0.1 厘米，重 2.21 克（图一〇：6）。M1：3-7，"五"字交叉，两笔缓曲，"金"头呈三角形，四竖点，"朱"字上笔方折，下笔圆折，"金"与"朱"等齐。钱径 2.4 厘米、穿径 0.9 厘米、郭宽 0.1 厘米、郭厚 0.1 厘米，重 2.32 克（图一〇：7）。

# 二、M2

## （一）墓葬形制

M2位于发掘区南部，西邻M1。为单室砖室墓，平面呈"刀"字形，由墓道、墓门、墓室三部分组成，方向172°。南北长 7.64 米，东西宽 0.7～2.2 米，墓口距地表深 0.4 米。墓口距墓底残深 1.28 米。墓葬用砖为青砖，规格为 30 厘米 × 15 厘米 × 5 厘米（图一一）。

墓道　位于墓门的南端，为长方形斜坡墓道，墓壁整齐，底为斜坡状。长 3.77 米，宽 0.7 米，深 0～1.28 米，坡长 3.98 米，坡度 19°。内填黄褐色花土，土质疏松，土内夹杂有碎砖块等。

墓门　位于墓道的北端与墓室相连。平面呈

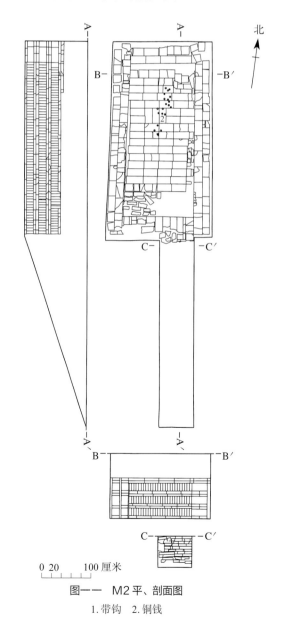

图一一　M2平、剖面图
1. 带钩　2. 铜钱

长方形。顶部破坏，仅残存底半部，墓门长 0.3 米，东西宽 0.7 米，残高 0.62 米。墓门用素面残青砖平铺叠压垒砌封堵。

墓室　位于墓门的北部，平面呈长方形。顶部已被破坏，券制不详。四壁用素面整、残青砖以二顺一丁叠压砌制。墓室底部用素面青砖平铺顺砌而成。墓室南北长 3.8 米，东西宽 2.08 米，残高 0.74～0.8 米。

### （二）出土器物

出土随葬器物 1 件，另有铜钱 4 枚（五铢）。

铜带钩　1 枚。M2：1，琵琶形，钩头，曲背，背前部有帽形纽，器表饰有兽面纹。通体长 3.28 厘米、宽 1.37 厘米、高 1.8 厘米（图一二、一三）。

铜钱　4 枚。均为五铢钱。皆圆形、方穿、光背，正、背面皆有内、外郭，正面书"五铢"，篆书，对读。M2：2-1，"五"字交叉，两笔缓曲，"金"头呈三角形，四竖点，"朱"字上笔方折，下笔圆折，"金"与"朱"等齐。钱径 2.5 厘米、穿径 0.95 厘米、郭宽 0.1 厘米、郭厚 0.11 厘米，重 2.89 克（图一四：1）。M2：2-2，"五"字交叉，两笔缓曲，"金"头呈三角形，四竖点，"朱"字上笔方折，下笔圆折，"金"与"朱"等齐。钱径 2.4 厘米、穿径 1 厘米、郭宽 0.05 厘米、郭厚 0.15 厘米，重 2.47 克（图一四：2）。M2：2-3，"五"字交叉，两笔缓曲，"金"头呈三角形，四竖点，"朱"字上、下笔圆折，"金"与"朱"等齐。钱径 2.6 厘米、穿径 1 厘米、郭宽 0.2 厘米、郭厚 0.1 厘米，重 2.91 克（图一四：3）。M2：2-4，"五"字交叉，两笔缓曲，"金"头呈三角形，四竖点，"朱"字上笔方折，下笔圆折，"金"较"朱"为低。钱径 2.5 厘米、穿径 1 厘米、郭宽 0.1 厘米、郭厚 0.15 厘米，重 3.23 克（图一四：4）。

图一二　铜带钩（M2：1）

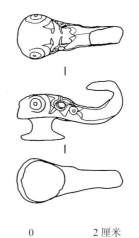

0　　　　　2 厘米

图一三　M2 出土铜带钩（M2：1）

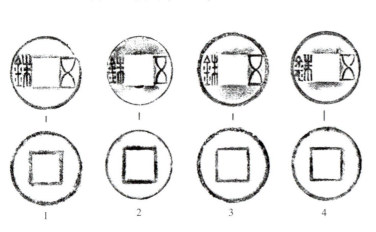

0　　　　　2 厘米

图一四　M2 出土铜钱拓片

1. M2：2-1　2. M2：2-2　3. M2：2-3　4. M2：2-4

# 三、M3

## （一）墓葬形制

M3位于发掘区北部，东邻M4。为单室砖室墓，平面呈"刀"字形，由墓道、墓门、墓室三部分组成，方向161°。南北长6.48米，东西宽0.59～1.55米，墓口距地表深0.4米。墓口距墓底残深0.9米（图一五、一六）。墓葬用砖为青砖，规格为30厘米×15厘米×5厘米（图一七）。

墓道　位于墓门的南端，为长方形斜坡墓道，墓壁整齐，底为斜坡状。长3.74米，宽0.59米，深0～0.9米，坡长3.84米，坡度15°。内填黄褐色花土，土质疏松，土内夹杂有碎砖块等。

墓门　位于墓道的北端与墓室相连。平面呈长方形。顶部已被破坏，仅残存底半部，墓门长

图一五　M3

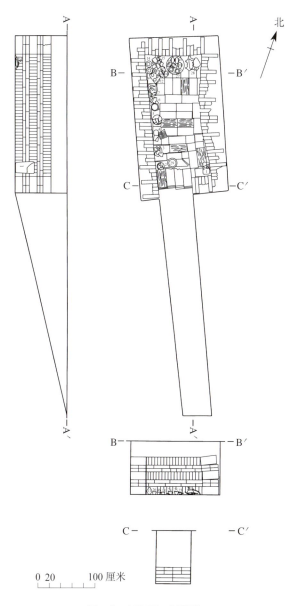

0 20　　100厘米

图一六　M3平、剖面图

1.陶仓　2.陶井　3.陶灯　4.陶厕　5.陶奁　6、13～15、28.陶罐　7.陶圈　8.陶猪　9.陶狗　10、11.陶鸭　12.陶灶　16～23.陶耳杯　24～26.陶杯　27.陶案　29.陶盘

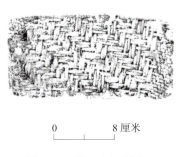

0　　　　8厘米

图一七　M3出土青砖拓片

0.3 米，东西宽 0.59 米，残高 0.28 米。墓门用单面绳纹和素面青、红砖平铺叠压垒砌封堵。

墓室 位于墓门的北部，平面呈长方形。顶部已被破坏，券制不详。四壁用单面绳纹和素面青、红砖以二顺一丁叠压砌制。墓室底部用单面绳纹和素面青、红砖平铺顺砌而成。墓室南北长 2.62～2.74 米，东西宽 1.55 米，残高 0.62 米。

## （二）出土器物

出土随葬器物 29 件。

陶仓 1 座。M3：1，泥质灰陶。由仓顶和仓身两部分组成，通高 36.5 厘米。仓顶为悬山顶顶棚，正脊一条，两面垂背两条，间饰棱纹。仓顶长 27.4 厘米、宽 13.5 厘米、高 5.5 厘米。仓身上部为直口，方唇，肩部较宽，下腹较直，平底。陶仓上部刻划菱格纹与圆形涡纹形成三角状，下部刻划菱格纹与圆形涡纹呈条带状。仓身上口长 23.4 厘米、宽 11.2 厘米、高 31.2 厘米，底径长 20.5 厘米、底宽 13.8 厘米（图一八、二四：1）。

陶灯 1 盏。M3：3，残，泥质灰陶，轮制。上部灯碗残。斜腹，下为喇叭状，高圈足。器身有对称的圆形镂孔。底径 17.8 厘米、残高 20 厘米（图一九、二四：2）。

陶奁 1 件。M3：5，泥质灰陶，轮制。直口，方圆唇，深直腹，平底，下附三个兽蹄足，呈"品"字形分布。器身饰三道凹弦纹。口径 17.8 厘米、通高 12.8 厘米（图二〇、二四：3）。

陶灶 1 套。M3：12，泥质灰陶。灶台平面呈圆角梯形，灶上设三个灶口，呈"品"字形排列，每个灶口上置陶釜 1 件。灶前壁顶端设有灶沿前凸，下部设有一长方形通底式灶门，后壁上端有一长方形通风口，灶体中空。陶釜均为轮制，泥质灰陶，敛口，圆唇，折腹斜收，平底。沿灶面边缘饰有一周圆形涡纹，间夹杂一周凹弦纹。灶前壁饰有圆圈乳钉纹和菱格纹，其余三壁皆饰

有凹弦纹。灶台长 19.2 厘米、宽 7.8～19.2 厘米、通高 11.6 厘米。陶釜尺寸分别口径 6.1 厘米、底径 3.6 厘米、高 2.4 厘米、厚 0.4 厘米，口径 6.2 厘米、底径 3.8 厘米、高 2.6 厘米、厚 0.6 厘米，口径 6.2 厘米、底径 3.2 厘米、高 3 厘米、厚 0.6 厘米（图二一、二四：4）。

陶案 1 件。M3：27，泥质灰陶，轮制。圆形，敞口，圆唇，浅腹斜收，平底。盘内底饰二周圆环纹以及三周波浪纹，内圈波浪纹未压印完整。口径 32 厘米、底径 29.6 厘米、高 2 厘米（图二二、二四：5）。

陶井 1 座。M3：2，泥质灰陶。敛口，方唇，折肩，深腹，平底。肩腹相连处饰一圈乳钉纹，下腹部饰有多道凹弦纹。口径 11 厘米、腹径 14.2 厘米、底径 13.6 厘米、高 13 厘米（图二三、二四：6）。

陶厕 1 座。M3：4，泥质灰陶，手制。卷棚顶，棚顶饰棱纹。墙身已残，正墙偏右有一长方形门，房内偏左侧有一不规则长方形坑位。内壁有数道凹弦纹。长 16 厘米、宽 11.8 厘米、高 15 厘米（图二五、三〇：1）。

陶圈 1 件。M3：7，泥质灰陶，手轮兼制。直口，方唇，直腹，平底，正面有捏制的斜道，器内有略低于器身的圆柱以及陶猪、陶狗、陶鸭各一件。长 20.8 厘米、宽 19.3 厘米、高 8.8 厘米（图二六、三〇：2）。

陶猪 1 件。M3：8，泥质灰陶，手制。挺首站立，唇部微上翘前伸，竖耳，脊部上凸，四肢粗壮，短尾下垂。通长 10 厘米、宽 4.24 厘米、通高 4.6 厘米（图二七、三〇：3）。

陶狗 1 件。M3：9，泥质灰陶，手制。挺首站立，唇部微上翘前伸，竖耳，短尾，体形肥硕，四肢粗壮。通长 8.5 厘米、宽 3.73 厘米、通高 3.96 厘米（图二八、三〇：4）。

陶鸭 2 件。泥质灰陶，手制。卧状，合

图一八　陶仓（M3∶1）

图一九　陶灯（M3∶3）

图二〇　陶奁（M3∶5）

图二一　陶灶（M3∶12）

图二二　陶案（M3∶27）

图二三　陶井（M3∶2）

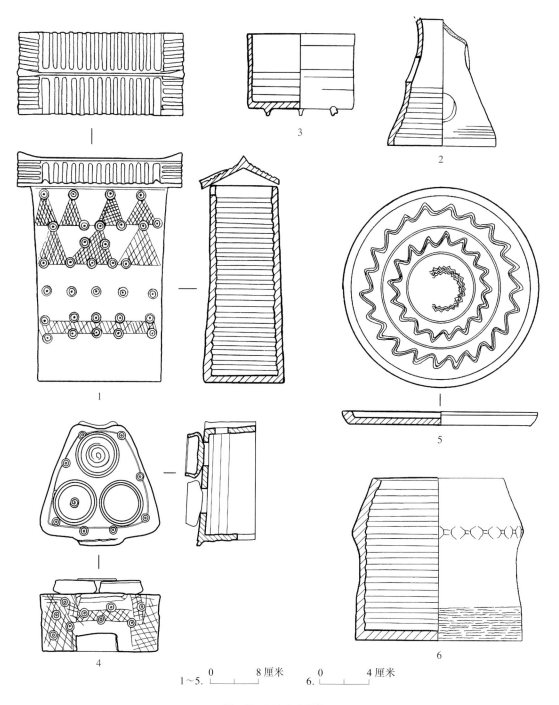

图二四　M3 出土器物

1.陶仓（M3：1）　2.陶灯（M3：3）　3.陶奁（M3：5）　4.陶灶（M3：12）　5.陶案（M3：27）　6 陶井（M3：2）

嘴。M3：10，颈部昂起，尾部竖起。通长 4.7 厘米、宽 1.95 厘米、通高 3 厘米（图二九、三〇：5）。M3：11，颈部微曲靠近尾部，尾部竖起。通长 5.1 厘米、宽 2.16 厘米、通高 3.47 厘米（图三〇：6）。

陶罐　5 件。M3：6，泥质灰陶，轮制。口微侈，尖唇，圆肩，鼓腹，平底。器身有明显的轮制痕迹和刮削痕迹。口径 10.6 厘米、腹径 15.6 厘米、底径 10.4 厘米、高 14.5 厘米（图三四：1）。M3：13，泥质灰陶，轮制。口微侈，尖圆唇，溜

图二五　陶厕（M3：4）

图二七　陶猪（M3：8）

图二八　陶狗（M3：9）

图二六　陶圈（M3：7）

图二九　陶鸭（M3：10）

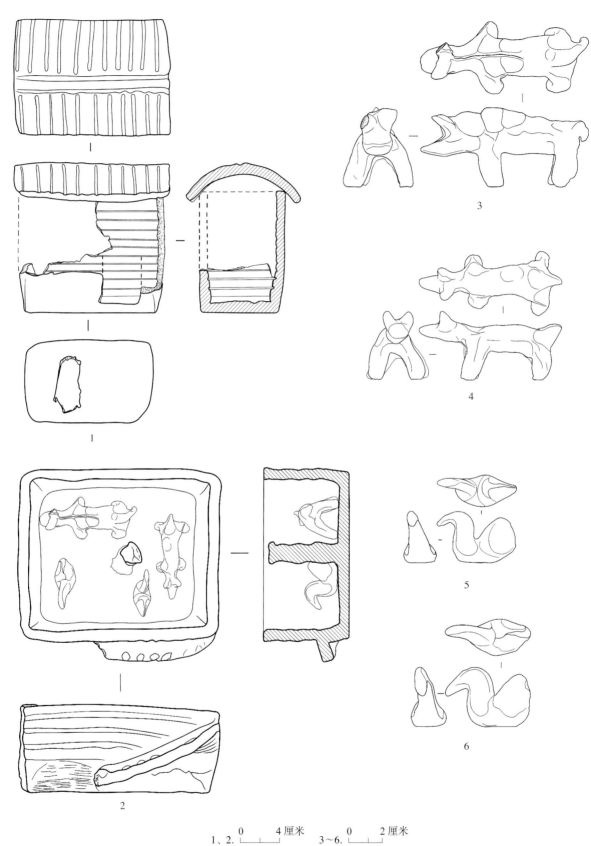

1、2. 0———4厘米    3～6. 0———2厘米

图三〇 M3 出土器物

1.陶厕（M3：4）    2.陶圈（M3：7）    3.陶猪（M3：8）    4.陶狗（M3：9）    5、6.陶鸭（M3：10、M3：11）

肩，弧腹，平底。器身下部有明显刮削痕迹。口径9.6厘米、腹径14.6厘米、底径10厘米、高15厘米（图三一、三四：2）。M3：14，泥质灰陶，轮制。口微侈，尖唇，溜肩，弧腹，平底。器身下部有明显刮削痕迹。口径9.4厘米、腹径14.4厘米、底径10.6厘米、高13.6厘米（图三四：3）。M3：15，泥质灰陶，轮制。口微侈，尖唇，溜肩，弧腹下收，平底。器身下部有明显刮削痕迹。口径9.8厘米、腹径15厘米、底径10.1厘米、高14.4厘米（图三四：4）。M3：28，泥质红陶，轮制。直口，圆唇，溜肩，鼓腹斜收，平底。器身饰有凹

弦纹。口径14厘米、腹径30.6厘米、底径11厘米、高23.6厘米（图三二、三四：5）。

陶耳杯　8盏。大小相似，形制相同，皆泥质灰陶。敞口，平沿，圆唇，浅弧腹，平底。杯身椭圆，两侧有耳与口沿相平。M3：16，口长径10.2厘米、短径8厘米，底长径5.3厘米、短径3厘米，高3厘米（图三五：1）。M3：17，口长径10厘米、短径8厘米，底长径5.7厘米、短径3.1厘米，高3厘米（图三五：2）。M3：18，口长径10.2厘米、短径8厘米，底长径5.4厘米、短径3厘米，高3厘米（图三五：3）。M3：19，口长径10.2厘米、短径8.2厘米，底长径5厘米、短径3.1厘米，高3厘米（图三三、三五：4）。M3：20，口长径10.2厘米、短径7.8厘米，底长径4.9厘米、短径3.2厘米，高3厘米（图三五：5）。M3：21，口长径10.2厘米、短径8厘米，底长径5.2厘米、短径3.2厘米，高2厘米（图三五：6）。M3：22，口长径10.2厘米、短径8厘米，底长径5.1厘米、短径3厘米，高3厘米（图三五：7）。M3：23，口长径10.2厘米、短径8厘米，底长径5.2厘米、短径2.8厘米，高3厘米（图三五：8）。

陶杯　2件。泥质灰陶，轮制。敞口，弧腹

图三一　陶罐（M3：13）

图三二　陶罐（M3：28）

图三三　陶耳杯（M3：19）

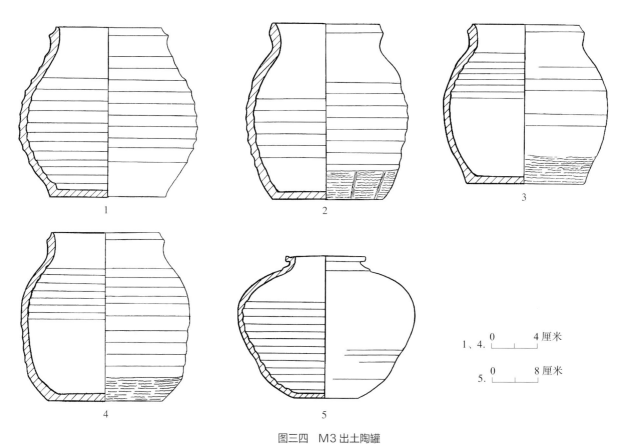

图三四　M3 出土陶罐

1. M3：6　2. M3：13　3. M3：14　4. M3：15　5. M3：28

1、4. 0 ———— 4 厘米

5. 0 ———— 8 厘米

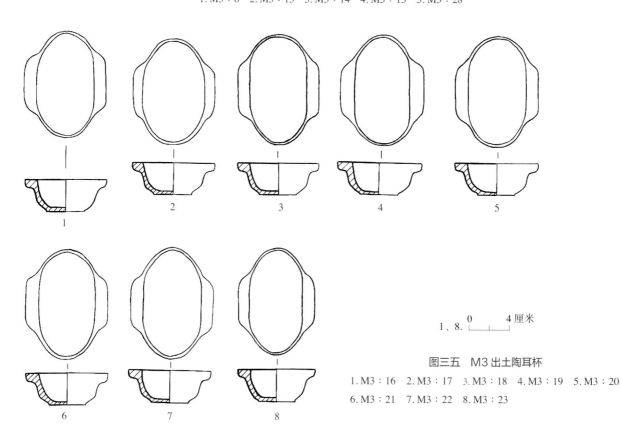

1、8. 0 ———— 4 厘米

图三五　M3 出土陶耳杯

1. M3：16　2. M3：17　3. M3：18　4. M3：19　5. M3：20

6. M3：21　7. M3：22　8. M3：23

下收，平底。杯身饰有弦纹，杯身底部有明显刮削痕迹。M3：24，尖唇，口径 9.6 厘米、底径 4.4 厘米、高 5 厘米（图三六、三九：1）。M3：26，尖圆唇，杯底内部上凸。口径 9.6 厘米、底径 4.4 厘米、高 5 厘米（图三九：2）。

陶甑 1 件。M3：25，泥质灰陶，轮制。敞口，尖圆唇，弧腹下收，平底，底有五个箅孔。口径 9 厘米、底径 3.8 厘米、高 4.6 厘米（图三七、三九：3）。

陶盘 1 件。M3：29，泥质灰陶，轮制。敞口，尖圆唇，弧腹下收，平底。器身下部有明显刮削痕迹。口径 21 厘米、底径 14.4 厘米、高 4.6 厘米（图三八、三九：4）。

图三六 陶杯（M3：24）

图三七 陶甑（M3：25）

图三八 陶盘（M3：29）

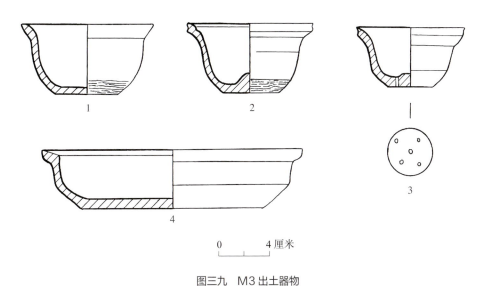

0    4 厘米

图三九 M3 出土器物

1、2.陶杯（M3：24、M3：26） 3.陶甑（M3：25） 4.陶盘（M3：29）

# 四、M4

## （一）墓葬形制

M4 位于发掘区北部，西临M3。为单室砖室墓，平面呈"刀"字形，由墓道、墓门、墓室三部分组成，方向161°。南北长8.76米，东西宽0.96～2.7米，墓口距地表深0.4米。墓口距墓底残深1.8米（图四〇、四一）。墓葬用砖为青砖，规格为30厘米×15厘米×5厘米（图四二）。

墓道 位于墓门的南端，为长方形斜坡墓道，墓壁整齐，底为斜坡状。长5.1米，宽0.96米，深0～1.8米，坡长5.4米，坡度19°。内填黄褐色花土，土质疏松，土内夹杂有碎砖块等。

墓门 位于墓道的北端，与墓室相连。平面

图四〇 M4

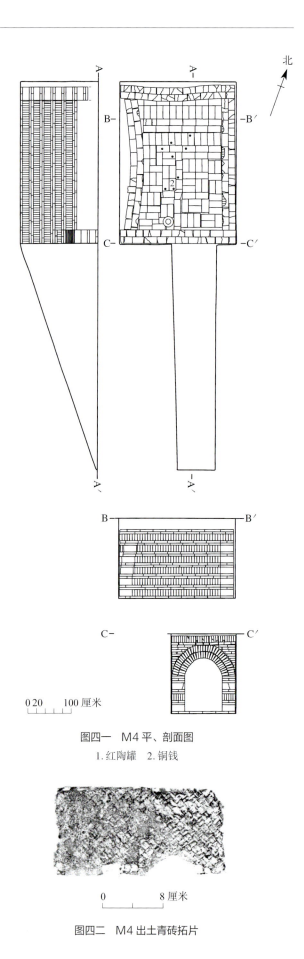

图四一 M4 平、剖面图

1.红陶罐 2.铜钱

图四二 M4 出土青砖拓片

呈长方形。墓门东西宽 0.86 米，拱形顶双券，墓门内高 1.2 米。券顶厚 0.3 米。券上用青砖错缝平砌，墓门两壁用青砖两平一丁错缝砌成。0.8 米高度开始起券。用砖素面残青砖平铺叠压垒砌。

墓室　位于墓门的北部，平面呈长方形。顶部已被破坏，券制不详。四壁用素面残青砖以二顺一丁叠压砌制，墓室南北长 3.65 米，东西宽 2.7 米，残高 1.3～1.8 米。墓室底部用素面青砖平铺顺砌而成。

### （二）出土器物

出土随葬器物 1 件，另有铜钱 6 枚（五铢、货泉）。

红陶罐　1 件。M4：1，泥质红陶，轮制。敛口，外折沿，溜肩，鼓腹，平底。器身有明显轮制痕迹。口径 11.8 厘米、腹径 25.6 厘米、底径 7.6 厘米、高 19.4 厘米（图四三、四四）。

铜钱　6 枚。其中货泉 1 枚，五铢钱 5 枚。

货泉　1 枚。M4：2-1，圆形、方穿，正、背面皆有内、外郭，正、背面书"货泉"，篆书，对读。钱径 2.2 厘米、穿径 0.65 厘米、郭宽 0.15 厘米、郭厚 0.2 厘米，重 3.33 克（图四五：1）。

五铢钱　6 枚。M4：2-2，圆形、方穿，光背、剪轮，正、背面皆有内郭，正面书"五铢"，篆书，对读。"五"字交叉，两笔缓曲，"金"头呈三角形，四竖点，"朱"字上笔方折，下笔圆折。钱径 2.4 厘米、穿径 1 厘米、郭宽 0.15 厘米、郭厚 0.1 厘米，重 1.93 克（图四五：2）。M4：2-3，圆形、方穿、光背、剪轮，正、背面皆有内郭，正面书"五铢"，篆书，对读。"五"字交叉，两笔缓曲，"金"头呈三角形，四竖点，"朱"字上笔方折，下笔圆折。钱径 2.4 厘米、穿径 0.9 厘米、郭宽 0.15 厘米、郭厚 0.1 厘米，重 2.08 克（图四五：3）。M4：2-4，圆形、方穿、光背，正、背面皆有内、外郭，正面书"五铢"，篆书，对读。"五"字交叉，两笔缓曲，"金"头呈矢镞形，四竖点，"朱"字上、下笔圆折，"金"较"朱"为低。钱径 2.6 厘米、穿径 0.95 厘米、郭宽 0.15 厘米、郭厚 0.1 厘米，重 2.58 克（图四五：4）。M4：2-5，圆形、方穿、光背、剪轮，正、背面皆有内郭，正面书"五铢"，篆书，对读。"五"字交叉，两笔缓曲，"金"头呈三角形，四竖点，"朱"字上笔方折，下笔圆折。钱径 2.5 厘米、穿径 0.9 厘米、郭宽 0.15 厘米、郭厚 0.1 厘米，重 2.08 克（图四五：5）。M4：2-6，圆形、方穿、光背、剪轮，正、背面皆有内郭，正面书"五铢"，篆书，对读。"五"字交叉，两笔缓曲，"金"头呈矢镞形，四竖点，"朱"字上笔方折，下笔圆折。钱径 2.5 厘米、穿径 0.95 厘米、郭宽 0.15 厘米、郭厚 0.1 厘米，重 2.26 克（图四五：6）。

图四三　红陶罐（M4：1）

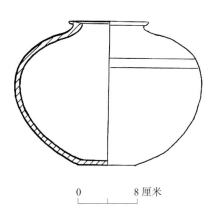

0　　　　8 厘米

图四四　M4 出土红陶罐（M4：1）

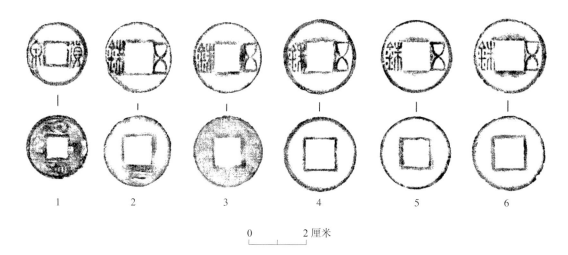

0      2厘米

图四五　M4出土铜钱拓片

1. 货泉（M4：2-1）　2～6. 五铢（M4：2-2、M4：2-3、M4：2-4、M4：2-5、M4：2-6）

# 五、结语

此次密云区东邵渠镇高各庄村项目共发掘古代墓葬4座。墓葬形制相似，均为"刀把型"带斜坡墓道单室砖券墓。这一形制在北京南苑、平谷、亦庄、密云城后街等地的东汉墓葬中均有发现。

此次出土的4座墓葬可分为两组，M1、M2为一组，M3、M4为一组，两组墓葬形制、规模、墓向一致，年代较为接近，且墓葬间距较近，可以推测所葬墓主之间关系密切。这种现象在北京地区以往发现的东汉墓葬中广泛出现[1]。

M1出土双系陶罐M1：2与顺义大营村西晋墓出土M8：7形制相似[2]，陶罐肩部有双耳，便于穿绳携带，可能受到游牧民族习俗影响[3]。M2出土铜带钩M2：1与洛阳烧沟汉墓第Ⅲ型带钩一致[4]。M3出土器物较为丰富。出土陶耳杯M3：16～32与平谷兴谷河道出土M3：13～18[5]、M21：37～42相似[6]，与平谷杜辛庄M5出土陶案、耳杯摆放形式一致[7]。陶灶M3：12与平谷兴谷河道M6：20形制相同[8]，与平谷西杏园M2：12、M7：11形制相同[9]，与北京怀柔城北两汉墓葬Ⅰ式灶相似[10]。东汉中晚期随葬陶器中陶壶、陶罐等日用陶器较少，模型明器增多。M3出土随葬器物复杂，陶仓、井、灶、圈、厕、鸡、狗、猪、杯、盘、案、奁等，均为东汉中晚期墓葬中典型器形。

M1出土五铢钱"五"字中间两笔弯曲，"金"字头如三角形，"朱"字之头圆折，"朱"字之头高于"金"字，但重量较轻，在2.5克上下，与洛阳烧沟汉墓第四型五铢钱一致。M2出土五铢钱与

① 宋大川：《北京考古史·汉代卷》，上海古籍出版社，2012年，第105页。
② 黄秀纯、朱志刚：《北京市顺义县大营村西晋墓葬发掘简报》，《文物》1983年第10期。
③ 张利芳、张中华：《浅谈北京地区东汉魏晋墓葬考古中需要注意的几个问题》，《北京文博文丛》2021年第4期。
④ 洛阳区考古发掘队：《洛阳烧沟汉墓》，科学出版社，1959年，第178页。
⑤ 北京市文物研究所：《平谷汉墓》，科学出版社，2011年，第20页。
⑥ 北京市文物研究所：《平谷汉墓》，科学出版社，2011年，第74～75页。
⑦ 北京市文物研究所：《平谷杜辛庄遗址》，科学出版社，2009年。
⑧ 北京市文物研究所：《平谷汉墓》，科学出版社，2011年，第33～35页。
⑨ 北京市文物研究所：《平谷汉墓》，科学出版社，2011年，第164页。
⑩ 郭仁：《北京怀柔城北东周两汉墓葬》，《考古》1962年第5期。

M1相似，但重量稍重，应属第三型五铢钱。M4出土五铢钱中的2枚金字头呈矢镞状，与第二型相符①。其余M4出土的剪边五铢和货泉符合东汉中晚期货币风格。综上，本次出土的铜钱年代在西汉中晚期至东汉时期。

此次未出土明确纪年器物。根据墓葬形制及出土器物推断，这批墓葬属东汉中晚期墓葬。

本次发掘的遗址点位于密云区东邵渠镇高各庄村北。东邵渠镇处于群山环绕中的东西向峡谷平地中，以东依山间谷地形成公路，今密三路，连接密云和平谷，以南为洳河（古洳水）。北魏郦道元《水经注》载："（洳）水出北山，山在傂奚县故城东南。东南流迳博陆故城北，又屈迳其城东，世谓之平陆城，非也。汉武帝玺书封大司马霍光为侯国。……洳水又东南流迳平谷县故城西，而东南流注于泃河。"经考证，今洳河流向与《水经注》所记吻合，高各庄村即处于洳河上源出山口位置。与高各庄村遗址相关的是傂奚县和博陆故城。

《汉书·地理志》记载："渔阳郡，秦置，属幽州。县十二：渔阳、狐奴、路、雍奴、泉州、平谷、安乐、傂奚、犷平、要阳、白檀、滑盐。"渔阳郡郡治位于今密云与怀柔交界处，渔阳故城推测位于密云区十里堡镇统军庄村南。傂奚县即为傂奚县，傂（傂）音为tí，汉代傂奚之名可能由奚族而来，奚族是东胡的一支，自商至战国活动于燕山南北和军都山左右，至汉代仍相当活跃。傂是石名，或与山有关②。

依上述"水出北山，山在傂奚县故城东南"，洳水发源于傂奚县东南山谷中。现洳河河源附近的山被称作人人山，人人山西北恰有提辖庄遗址。提辖庄遗址位于密云区河南寨镇提辖庄村北50米，村后黄土台面上，面积有4000多平方米。1983年发现距地表约1米以下的文化层堆积厚1米以上，有水墙基、灰坑等遗迹及灰陶罐、盆、盘绳纹砖等残片③。

《水经注》中记载有两个傂奚故城，经考，应有南、北两个傂奚城，田庄遗址推测为北傂奚城，位置近古北口，提辖庄遗址推测为南傂奚城。"提辖"与"傂奚"发音相近，应为后世讹误。

博陆故城位于今平谷区大兴庄镇北城子村，为区级文物保护单位。1980年调查城址残存部分高2～3米，南北长180米，东西宽250米，文化层厚2米，城墙基为夯筑，城址地层断面可见石铺道路、水道。发现有残瓦和陶片，当地仍有"坡道、马道"等旧称。博陆故城为西汉大司马霍光封地④。

对于"博陆"二字的解释，《水经注》中记载："文颖曰：博大陆平，取其嘉名而无其县，食邑北海、河东。薛瓒曰，按渔阳有博陆城，谓此也。今城在且居山之阳，处平陆之上，匝带川流，面据四水，文氏所谓无县目嘉美名也。"《东汉会要》中也解释道："汉世封侯皆以县邑，其后或以乡亭，皆视其所食之邑而名之，至于功名显著，则有特加美名者，西都信武、冠军、富民、博陆之类是也，东汉因之，时有美号。"

《汉书·霍光传》中记载了霍光封博陆侯一事，"先是，后元元年，侍中仆射莽何罗与弟重合侯通谋为逆时，光与金日磾、上官桀等共诛之，功未录。武帝病，封玺书曰：'帝崩发书以从事。'遗诏封金日磾为秅侯，上官桀为安阳侯，光为博陆侯，皆以前捕反者功封。"

① 洛阳区考古发掘队：《洛阳烧沟汉墓》，科学出版社，1959年，第224页。
② 周正义：《北京地区汉代城址调查与研究》，北京燕山出版社，2009年，第162～173页。
③ 国家文物局：《中国文物地图集·北京分册》，科学出版社，2008年，第386页。
④ 国家文物局：《中国文物地图集·北京分册》，科学出版社，2008年，第379页。

汉武帝晚年封霍光为博陆侯一事应与当时朝局相关。太子刘据死后，李姬之子刘旦居长，但武帝独爱幼子刘弗陵，刘旦封于燕国，并有觊觎皇位的野心。武帝有意将刘弗陵托孤给霍光，并令霍光等人防范燕王刘旦。刘旦的燕国其北为渔阳郡，南为涿郡，而霍光的食邑在北海、河间、东郡，又得渔阳郡的博陆城，他的食邑点形成了对燕王刘旦的南北包围态势。此后，刘旦的两次叛乱都因告发而失败，或与此相关①。

博陆故城与犀奚县以及渔阳郡郡治等地的交通，可以绕行群山，经山麓平原地带连通；也可以穿越群山，通过泃河和山间谷地（今密三路的路线）相连。高各庄汉墓和古村落遗址的位置正处于这一捷径上，连通了现今密云城区与平谷泃河平原，有特殊的军事价值，而且地处山间谷地，水源丰富，土地肥沃，可能形成了村落或有屯兵。

本次的发掘，为研究密云地区汉代墓葬的分布、形制及当时的丧葬习俗提供了新的资料，为研究汉代城址及交通关系提供了线索。

领队：孙　勐
发掘：孙　勐、张玉妍
执笔：张玉妍、李潏洋、田　野、阳　光、
　　　霍嘉西、邵　壮、金利文
绘图：罗　娇
摄影：杨　茜

---

① 周正义：《北京地区汉代城址调查与研究》，北京燕山出版社，2009 年，第 176～184 页。

# 合肥汉墓考古发掘综述（1954～2024）

许 桐 杨文文

合肥市文物保护中心

**摘 要：** 合肥市(含四县一市)自1954年以来累计发掘清理汉代墓葬千余座，为探讨合肥汉墓形制演变过程、深入认识合肥地区汉代文化面貌提供了大量实物资料。本文通过系统梳理考古发掘资料，对合肥地区汉墓分布特点、形制演变历程、典型随葬品进行一些讨论。

**关键词：** 合肥 汉墓 土坑竖穴墓 滑石器

合肥自秦汉时始置县，距今已有2200多年历史。据《史记·货殖列传》记载："郢之后徙寿春，亦一都会也。而合肥受南北潮，皮革、鲍、木输会也。"作为"输会"的合肥，在西汉时期迎来了发展高峰。至东汉早中期，合肥保持着商贸繁盛的局面，由"输会"发展为"都会"。东汉末年，曹魏、孙吴为争夺合肥，频繁发动战争。

合肥作为安徽考古工作起步最早的地区之一，自1954年以来累计发掘汉代墓葬千余座，占合肥历代墓葬的大多数，为研究合肥汉代历史文化、确认汉代合肥城市功能及地位提供了充分的实物资料。

## 一、合肥地区汉墓考古发展概况

1954年，合肥水西门外东汉砖室墓和乌龟墩东汉墓的清理与发掘可以说是合肥市历史上第一次由省内专业考古机构独立进行的考古发掘活动，拉开了合肥市考古工作的序幕。进入21世纪之后，受经济快速发展、城市基础设施和交通建设、城市界面更新等因素的影响，合肥地区汉墓抢救性发掘工作达到高峰。以合肥桃花店汉墓群、肥东县龙城墓群、肥西县乱墩孜墓群、长丰县陈岗汉墓群、巢湖市东炮营东汉墓群、庐江县董院和

松棵汉墓群为代表的一批重要汉墓群均是这一时期发掘清理的。合肥市历年汉墓发掘清理情况见附表一。

根据已有发掘情况来看，合肥地区汉墓以小型平民墓为主，多以墓群（含家族墓群）形式出现，大型贵族墓葬相对较少。肥西县舒王墩汉墓（图一）、巢湖市北山头1号汉墓（图二）是合肥地区目前为止出土等级、规模最高的代表性汉墓。整体呈现出发展序列完整、墓葬规格偏低、地域特色不突出的合肥汉墓特点。

推测合肥地区汉墓整体规格偏低、地域特色不明显的主要原因有三：一是郡治城市对合肥地区的辐射影响力稍显不足。合肥地区在汉代存续的400多年间，大多数时间属于三级行政区，也就是县

图一 肥西县舒王墩汉墓"T"形形制

（引自百度百科）

113

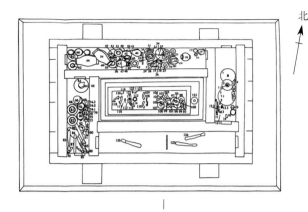

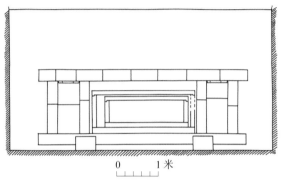

图二　巢湖市北山头1号汉墓平剖面图

（引自安徽省文物考古研究所、巢湖市文物管理所：《巢湖汉墓》，文物出版社，2007年，插页）

级[①]。二是居民经济能力直接影响墓葬规格。合肥县与临近的浚遒县（今肥东县）虽属人口聚集区域，但人口层级不高，多为商贾或平民，墓葬规格偏低与居民经济能力相吻合。三是东汉战乱频仍致使薄葬迹象出现。东汉时期合肥所在江淮地区因战乱人口锐减，百姓丧葬理念受官府引导发生改变，厚葬之风较西汉明显收敛，葬俗有所简化。

## 二、合肥汉墓的分布与形制分析

### （一）墓葬分布特点

考古发掘材料显示，不同时期的汉代墓葬分布于合肥全境，以西汉时期墓葬居多。

西汉时期的贵族墓在巢湖市城区和庐江县庐城镇分布较多，以吕柯墓、临湖尉墓两座明确带有墓主印的墓葬较为典型。东汉时期的贵族墓则零星分布在市内庐阳区、肥东县及长丰县境内。汉墓群多集中于市内庐阳区、肥东县及庐江县境内，以桃花店汉墓群及其分布地带为突出代表。小型单座平民墓偶有发现，年代多为东汉时期。

分析合肥汉代墓葬的地理位置，可以看出其特点为以人口聚集地为中心发散性分布、多点成组出现。西汉至东汉时期，合肥县与浚遒县、橐皋县、成德县同属九江郡，舒县、居巢县同属庐江郡。从地理位置看，合肥县汉代古城在今南淝河北岸、四里河东岸，桃花店汉墓群及其分布地带距离合肥县故城址不远。浚遒县县治在今肥东县石塘镇龙城一带，龙城墓群、小黄村汉墓群、解集乡大邵村汉墓群、肥东县胡小郢汉墓群分布在浚遒县故城址附近，尤其是龙城墓群，距离故城址仅有400米。居巢县位于今巢湖市区东北，东炮营东汉墓群在此境内。

选择埋葬之地是古代贵族和普通民众重点关注的问题，除考虑墓葬与居住地之间的距离外，地势与风水关系也是影响选择的重要因素。汉代堪舆以天地之道指导人事，其内容不仅包含嫁娶、耕种、读书等日常活动，也包括修建住宅、墓葬选址等重要事项[②]。

对比合肥汉代墓葬分布情况与合肥地势水文图发现，巢湖市北山头汉墓、放王岗汉墓分布在银屏山东北侧；庐江县临湖尉汉墓、黄庄村汉墓分布在冶父山西北侧；合肥金小汉墓群、庐江县董院汉墓群等均分布在岗垄上，墓葬选址契合"高岗冠其南，平原承其北"的风水理念。合肥桃花店汉墓群及其分布地带位于四里河东北侧；肥东县店埠镇城南公园汉墓群、胡小郢汉墓群分布在店埠河附近，墓葬选址契合"有山有水则为吉地"的风水理念。

① 顾大治：《合肥城市发展及其形态变迁研究》，东南大学博士学位论文，2018年。
② 杨柳：《风水思想与古代山水城市营建研究》，重庆大学博士学位论文，2005年。

## （二）墓葬形制演变历程

从形制来看，合肥汉墓符合西汉竖穴土坑木椁墓向东汉砖室墓转变的汉代基本墓葬制度。部分西汉早中期贵族墓受楚地葬俗影响较大。

考古发掘材料显示，西汉早中期，合肥地区流行土坑墓，包含长方形、"甲"字形、"刀"字形等多种形状，多留有熟土二层台。长方形竖穴土坑墓最为常见，以单人葬的木椁或木棺墓为主。

西汉中晚期到东汉早期，合肥地区汉墓形制开始由竖穴土坑墓逐渐向砖室墓转变，仍以单室墓为主。肥东县陈集镇后头朱村汉墓群画像空心砖椁墓、胡小郢汉墓群M14砖木混合结构墓证实了这一转变过程。朱村汉墓群画像空心砖椁墓"置于竖穴土坑内，画像图案有门阙、铺首衔环等"[①]。胡小郢汉墓群M14为东汉时期的土坑竖穴砖椁墓，墓室平面呈长方形，长约4.3米，宽约2.15米。墓壁采用长方形砖错缝叠砌，墓砖长约0.29米，宽约0.13米，高约0.3米。木椁保留有底板，木棺及人骨已无存[②]。

东汉中晚期，由条石砌筑的砖室墓在合肥愈发流行，带甬道的多室墓逐渐占据主导地位，土坑墓偶有。砖室墓形状多长方形、"凸"字形、"中"字形、刀形，墓室结构多前室后室、前中后室附耳室（侧室），同心半圆纹和几何纹的花纹砖更具时代特征。油墩汉墓群是合肥地区发掘出土体量最大的东汉晚期砖室墓群，其M1墓室结构极具特点，由墓道、甬道、前室、中室、后室组成，前室、中室为横券顶，后室为纵券顶，"券顶使用单层楔形砖，墓壁为三顺一丁的砌法砌成。墓室地面除甬道用平头砖纵向铺垫地外，其余均用楔形砖纵向铺地"[③]。

合肥地区西汉早中期墓葬在遵循中原地区主流葬俗的同时受到"楚国遗风"影响，贵族墓中出现了使用楠质棺椁和微缩门窗的楚墓典型特征[④]。庐江县黄庄村汉墓墓室上部由8块约20厘米厚的楠木覆盖，且楠木上雕有图案和文字；庐江县临湖尉汉墓椁室及盖板用双层楠木建成，墓室由棺室、前室及东、西、北三个双层边厢组成，室与边厢之间的隔板有门、窗、画像等木作雕刻。东汉时期砖室墓流行后，合肥地区葬俗中的楚文化元素已完全消失。

## 三、合肥汉墓随葬品分析

合肥汉墓出土文物在年代、精品集中度方面与合肥县、浚遒县等县治发展脉络基本吻合。

受"事死如事生"的丧葬观念影响，合肥地区汉墓随葬品持续着"宅第化"特征。随葬品作为死者在墓室这一"居所"的生活必需品，"人们或直接搬用死者生前使用的物品，或仿制现实生活用品，或创造性地制造或描绘出仅存在人们信仰中的物象，将无形的概念转化为视觉的、具体的形象，将它们埋入地下"[⑤]。

合肥地区汉墓随葬器物包含陶器、铜器、钱币、漆木器、金银器等类别。平民墓多出土陶质日用器、铜镜、五铢钱；贵族墓则多出土成套泥质陶礼器、玉器、铜铁器、金银器、漆木器等，偶有出土研石及研板、木俑等，其随葬品类别、数量、精美程度远远高于平民墓。

西汉早中期，泥质陶礼器以鼎、盒、壶、钫、罐的组合较为常见，合肥西郊刘郢胡大墩汉墓、

① 安徽省文物考古研究所：《肥东县陈集镇后头朱村汉代墓地》，《安徽2019文物考古年报》，2019年，第42~43页。
② 安徽省文物考古研究所：《肥东县胡小郢墓地》，《安徽2021文物考古年报》，2021年，第43~44页。
③ 合肥市文物管理处：《合肥油墩东汉砖室墓群发掘简报》，《文物研究》第十四辑，黄山书社，2005年，第267~281页。
④ 王磊：《不可见的通达：战国至西汉木椁墓的缩微门窗》，《中国美术研究》2022年第1期。
⑤ 李虹：《死与重生：汉代的墓葬及其信仰》，四川人民出版社，2020年。

桃花店汉墓群、城建医院复建点汉墓群、肥东众兴乡许庙汉墓群、长丰县杨庙枣林铺汉墓群中均有发现。西汉晚期至东汉时期，陶钫渐趋消失，泥质陶器数量及种类开始减少，多不成套。此外，以陶灶、陶井、陶猪圈为代表器形的模拟明器也在合肥地区西汉中晚期多座墓葬中发现，是"在土地私有制度条件下家庭财产私有化的一种直接反映"[①]。至东汉中晚期，随着陶瓷烧制技术的逐渐成熟，青瓷罐开始作为随葬品出现在墓葬中。

合肥汉墓出土铜器主要是铜镜和铜钱。两汉时期铜镜产量增加，其使用权已不再局限于贵族，在民间广泛流行。合肥汉墓出土铜镜以庐江县董院汉墓群、松棵汉墓群最具代表性，其间出土了西汉早期至东汉早期的典型镜型。如西汉早中期流行的蟠螭纹镜（图三）；西汉中期流行的星云纹镜（图四）；西汉中期至东汉早中期使用的四乳四虺镜（图五）；西汉中期至新莽时期使用，西汉晚期最为流行的"日光镜""昭明镜"（图六）；新莽至东汉早期流行的博局镜（图七）。

石器方面，因良玉匮乏且滑石产量丰富，"以石代玉"现象在汉代屡见不鲜。合肥北二环、合肥金小汉墓群、肥东县龙城墓群、肥西县乱墩孜墓群均有滑石璧出土。滑石器又因其质地、易雕刻等特性，多仿陶器、铜器、漆木器制成仿饮食器。在巢湖市放王岗一号汉墓、肥东县解集乡大邵村汉墓群中出土了鼎、盘、碗、耳杯等器形。另有多座汉墓出土研石及研板，以青阳北路东汉墓群出土的螭虎纹研石附研板（图八）最具审美价值。

**图三　松棵汉墓群 M3 出土蟠螭纹镜**
（引自安徽省文物考古研究所：《庐江汉墓》，科学出版社，2013 年，第 322 页）

**图四　董院汉墓群 M17 出土星云纹镜**
（引自安徽省文物考古研究所：《庐江汉墓》，科学出版社，2013 年，第 53 页）

**图五　董院汉墓群 M127 出土四乳四虺镜**
（引自安徽省文物考古研究所：《庐江汉墓》，科学出版社，2013 年，第 312 页）

**图六　董院汉墓群 M68 出土"日光镜""昭明镜"**
（引自安徽省文物考古研究所：《庐江汉墓》，科学出版社，2013 年，第 180 页）

**图七　董院汉墓群 M75 出土博局镜**
（引自安徽省文物考古研究所：《庐江汉墓》，科学出版社，2013 年，第 196 页）

---

① 胡亚毅.：《汉代模型明器研究》，北京大学硕士学位论文，2005 年。

图八　青阳北路汉墓群出土螭虎纹研石附研板

图九　朱雀衔环踏虎玉卮
（巢湖市博物馆供图）

漆木器、玉器、金银器仅在贵族墓中多有出土。其中，西汉墓出土漆器较多，仅一座东汉墓出土漆盒。巢湖市北山头汉墓出土的金箍嵌玉漆罐，外髹黑漆内施朱漆，器身、铜扣和如意形玉片上均出现凤鸟纹饰，推测与楚文化传统的鸟图腾崇拜密切相关。金银器方面，合肥地区东汉墓葬出土金器展现了极高的制作水平，如合肥乌龟墩东汉晚期墓"宜子孙"钟形金饰等。玉器方面，贵族墓多出土卮、璧、佩、环、璜、印、粉盒等器形，早期承续了楚玉风格，中后期转变为简约、写实的风格。巢湖市北山头1号汉墓出土朱雀衔环踏虎玉卮代表了合肥地区汉代玉器工艺的最高水平（图九）。除上述器形外，不少汉墓还出土了采用"汉八刀"技法的玉蝉，"整体雕刻粗犷有力、简洁凝练"[1]。

合肥地区出土各类随葬品在遵循汉代随葬品基本流行趋势的同时，受楚文化影响较深。其中，仿铜陶礼器、铜镜、铜钱等均是汉代主流随葬品。出土西汉早中期漆器、玉器中，楚文化元素较多。此外，滑石器多出土于湖南、湖北等南方地区，北方地区少见。合肥地区出土滑石器数量较多，且常见滑石璧，不仅与毗邻南方滑石产地有关，也与楚文化吸收中原玉文化后多"丧葬用璧"的习俗有关。

## 四、结语

历年发掘成果显示的合肥地区墓葬层级及社会生活图景逐渐清晰。合肥地区汉代墓葬以人口聚集地为中心发散性分布，并且与传统风水观念相呼应，其基本形制符合竖穴土坑墓向砖室墓转变的发展规律，整体呈现规格偏低，地域特色不明显的特点。墓葬形制中楠木质棺椁、边厢隔板及纹饰，出土随葬品中滑石璧、漆器纹饰共同佐证了西汉早中期合肥地区葬俗受"楚文化"影响较深。

---

[1]　钱玉春：《合肥古代文明》，安徽美术出版社，2022年。

附表一　合肥市历年汉墓发掘清理情况表①

| 发掘时间（年） | 墓葬规格 | 发掘单位 | 墓葬名称或位置 | 墓葬年代 | 墓葬形制、数量 | 随葬品 | 备注 |
|---|---|---|---|---|---|---|---|
| 1954 | 家族墓 | 安徽省博物馆筹备处清理小组 | 合肥西郊乌龟墩 | 东汉晚期 | 砖室墓 2 座 | 1 号墓出土女用：粉、奁、尺、环柄刀、金饰等；男用：剑、刀、弩机等 | 1 号墓为夫妻合葬墓 |
| 1954 | | 安徽省文管会 | 合肥水西门外 | 东汉晚期或魏晋时期 | 砖室墓 2 座 | | |
| 1956~1957 | | 安徽省博物馆筹备处清理小组 | 合肥建华窑厂汉墓群 | | 土坑墓 62 座 | 生活用具：鼎、豆、壶、罐、灶等 | |
| 1957 | 贵族墓 | | 肥东县草庙乡大孤堆 | 东汉 | 砖室墓 2 座 | 鎏金兽形铜座砚、镇墓铜碎邪、玉佩等 | |
| 1982 | | | 长丰县杨庙乡枣林铺汉墓群 | 西汉早期至东汉 | 5 座（竖穴土坑墓 4 座） | 陶器：鼎、壶、罐、盒、纺、勺等；铜器：剑、齐、玉器、玉璜，陶金版数十块，陶金饼 8 块 | |
| 1984 | | 安徽省博物馆、市文物处 | 合肥环城北路与六安路交会处 | 东汉晚期 | 砖室墓 1 座（前室、后室、侧室） | 铁刀、铁剑、铜带钩 | |
| 1984 | | | 肥西县金牛乡 | | 竖穴土坑墓 4 座 | 陶器：鼎、壶、罐等，五铢钱 | |
| 1986 | 家族墓 | 省所② | 合肥西郊刘郢胡大墩 | 西汉 | 竖穴土坑墓 2 座 | 陶器：鼎、盒、壶、纺、铜镜，五铢钱；铜器：罐、熏器 | 1 号墓为同茔异穴合葬墓； |
| 1996 | 官吏墓 | 省所、巢湖市文管所 | 巢湖市放王岗一号汉墓 | 西汉中期或稍晚的昭、宣时期 | 大型竖穴土坑木椁墓 1 座 | 漆木器、铜铁器、玉器、角质器 700 余件；白玉印"吕柯之印" | 有学者推测墓主为汉宣帝时期的扬州刺史 |
| 1998 | 贵族墓 | 省所 | 巢湖市北山头汉墓 | 西汉早期 | 大型竖穴土坑木椁墓 2 座 | 玉器、银器、铜器、漆木器、陶器 140 余件；"曲阳君瘤"玉印 | 有学者推测 1 号墓墓主为淮南王刘安的母亲 |
| 1998 | | 省所、庐江县文管所 | 庐江县金牛镇叶屯汉墓 | 西汉晚期 | 竖穴土坑墓 1 座 | 陶器 16 件：软陶罐、软陶壶、硬陶盆、釉陶瓿和釉陶罐；硬陶鼎 8 件：铜器、铜镜 | |
| 2000 | 贵族墓 | 省所 | 肥西县四合乡舒王墩汉墓 | 西汉早期 | 甲型竖穴土坑墓 1 座 | 玛瑙珠、铜器、陶器、漆器、骨角器等 | 袭谢侯刘信墓葬；早年被盗 |
| 2002、2006、2021~2023（共 3 次） | | 省所、市文物处 | 桃花店汉墓群 | 西汉早期至东汉晚期 | 2002 年竖穴土坑墓 56 座；2006 年 56 座，砖墓 5 座，竖穴土坑墓 51 座，2021~2023 年 3 座 | 陶器：鼎、盒、壶、罐、纺、敦等，铜镜、铜钱、五铢钱 | 市区内现存唯一的汉墓集中分布区 |

① 表格内汉墓资料来源于发掘简报、安徽省文物考古研究所文物考古年报、新闻报道等；表格内容非合肥地区全部汉墓发掘情况，无记载材料及形制缺失的未列入

② 安徽省文物考古研究所简称"省所"，合肥市文物管理处简称"市文物处"（2022 年更名为合肥市文物保护中心），各县（市）文物管理所简称"××县（市）文管所"

| 发掘时间（年） | 墓葬规格 | 发掘单位 | 墓葬名称或位置 | 墓葬年代 | 墓葬形制、数量 | 随葬品 | 备注 |
|---|---|---|---|---|---|---|---|
| 2003 | 贵族墓 | 市文物处 | 青阳北路汉墓群 | 东汉早期 | 竖穴土坑墓 6 座 | 白玉蝉、玉带钩、螭虎纹砑石及石板砚 | |
| 2004 | 家族墓 | 省所、市文物处 | 油墩汉墓群 | 东汉晚期 | 砖室墓 4 座（M1 前室、中室、后室；M2、M4 前室、后室） | 56 件套；铜羊灯 | |
| 2005 | | 省所 | 长丰县岗集镇陈岗汉墓群 | 西汉中期 | 土坑墓 20 座 | 陶器基本组合为鼎、钫、罐；另有灶等模型明器 | M11 为同穴合葬墓 |
| 2005 | | 省所 | 巢湖市东炮营东汉墓群 | 东汉 | 15 座 | 人面像古砖、陶灶、漆案、耳杯、铜带钩、货泉钱币等 | 8 号墓为唯一东西向墓葬 |
| 2005 | 家族墓 | 省所 | 肥东县众兴乡许庙汉墓群 | 西汉中晚期 | 土坑木椁墓 18 座 | 陶器基本组合为鼎、壶、钫，有灶等模型明器 | |
| 2006 | | 省所 | 肥东县解集乡大郢村汉墓群 | 西汉中晚期 | 28 座：竖穴土坑墓 26 座、砖室墓 2 座 | 滑石器是这一墓地常见之物 | |
| 2006 | | 省所、长丰县管所 | 长丰县杨家汉墓群 | 西汉中晚期 | 长方形砖室墓 1 座 | 陶器 7 件、铜器 4 件、蚌器 2 件、铁器 1 件 | |
| 2006 | 官吏墓 | 省所 | 庐江县方店社区黄庄村 "临湖尉"印 | 西汉中期 | 甲字形竖穴土坑木椁墓 1 座 | 陶器 16 件、青铜器 10 件、玉器 2 件、漆木器 140 余件，铅锌印章 "临湖尉" | 墓主为庐江郡临湖县的行政长官 |
| 2006 | 贵族墓 | 省所 | 庐江县方店社区黄庄村 | 西汉 | 木椁墓 1 座 | 铜鼎、陶器、木俑及祭祀用的木制品 80 余件；另有陶房 2 间 | |
| 2007 | | 省所 | 肥东县石塘镇老城墓群 | 西汉中晚期 | 竖穴土坑墓 34 座 | 基本组合：鼎、豆、盒、壶、外加钫、罐、灶等 | |
| 2007 | | 省所 | 庐江县董院汉墓群、松棵汉墓群 | 西汉早期至东汉早期 | 董院汉墓群 124 座 松棵汉墓群 11 座 | 陶器 | |
| 2007~2008 | 贵族墓、平民墓 | 省所、市文物处 | 庐江县庐城镇庐江工业园 | 西汉中晚期至东汉早期 | 2007 年竖穴土坑木椁墓近 60 座；2008 年西汉竖穴土坑木椁墓、东汉砖室墓 | 2007 年以釉陶器为主，另有模型明器；2008 年西汉墓多泥质陶、釉陶，铜、铜器 | 存在一个墓分两次下葬现象 |
| 2009、2011（共 2 次） | | 省所、市文物处、肥西县文管所 | 肥西县乱墩孜墓群 | 西汉 | 2009 年 130 座；2011 年第一阶段 24 座；第二阶段 51 座，多为长方形竖穴土坑墓和 "甲" 字形竖穴土坑墓 | 陶器组合：钫、壶、杯、灶等模型明器 | |
| 2010 | 贵族墓 | 省所 | 长丰县双墩镇滨湖村王大包汉墓 | 东汉中晚期 | "中" 字形砖室墓 1 座 | 陶器、瓷器（青瓷罐）、铁器、铜镜等 | 前、中、后三室；两对称分布 |
| 2010 | 贵族墓 | 省所 | 合肥金小汉墓群 | 西汉 | 长方形竖穴土坑墓 12 座 | 主要为陶器、部分墓葬出土铜剑、玉剑庵、滑石器等 | |
| 2011 | | 省所、肥东县文管所 | 肥东县黄岗汉墓群 | 西汉晚期至东汉时期 | 7 座：砖室墓 3 座、长方形竖穴土坑墓 4 座 | 三虎镜 | |

| 发掘时间（年） | 墓葬规格 | 发掘单位 | 墓葬名称或位置 | 墓葬年代 | 墓葬形制、数量 | 随葬品 | 备注 |
|---|---|---|---|---|---|---|---|
| 2012 | | 市文物处 | 合肥北二环 | 西汉 | 3座（刀型土坑墓1座、竖穴土坑墓1座） | 刀型土坑墓：铜镜2面，陶器10余件 竖穴土坑墓：彩陶器多件 | |
| 2012 | | 省所 | 肥东县小尹汉墓群 | 西汉中晚期 | 12座竖穴土坑墓 | 陶器：鼎、壶和鼎、盒、钫的组合 | |
| 2013 | | 省所 | 合肥方兴大道附近 | 西汉中晚期至东汉初年 | 160座墓葬中多数为竖穴土坑墓，部分为砖墓 | | |
| 2014 | 家族墓 | 省所 | 肥东县小黄村汉墓群 | 西汉晚期至东汉 | 13座墓葬中多数为长方形，"甲"字形竖穴为"中"字形砖室墓；砖瓦合筑墓1座 | 青白色玉蝉，黛板及研石 | |
| 2015 | 平民墓 | 省所 | 肥东县程份葛墓汉墓 | 西汉中期 | 长方形竖穴土坑墓3座、长方形砖室墓1座 | 以陶器为主 | |
| 2016 | | 省所 | 肥东县三家村汉墓群 | 东汉 | "凸"字形带墓道砖室墓2座、长方形砖室墓3座 | | |
| 2016 | | 省所 | 肥东县店埠镇城南公园汉墓群 | | 竖穴土坑墓9座 | 以陶器为主，陶罐类型丰富 | |
| 2016 | | 省所 | 长丰县中韩古墓群 | | 砖室墓、土坑墓 | | |
| 2017 | 平民墓 | 省所 | 肥东县杨店乡俞小庄 | 东汉晚期 | 刀形砖室墓1座 | 青瓷罐、铜镜 | |
| 2019 | | 省所 | 肥东县陈集镇后米村汉墓群 | 西汉早期至东汉早期 | "凸"字形竖穴土坑墓37座、长方形竖穴土坑墓39座、"刀"字形竖穴土坑墓3座、砖室墓4座、画像空心砖墓1座 | | |
| 2019 | 家族墓 | 省所 | 长丰县双墩镇梁庄社区 | | 长方形竖穴土坑墓1座、"凸"字形竖穴土坑墓1座 | | "凸"字形竖穴土坑墓为双人葬 |
| 2020 | | 省所、市文物处、安徽大学历史学院师生 | 合肥市清源路汉墓群 | | 10座（"甲"字形竖穴土坑墓2座、长方形竖穴土坑墓3座） | 陶器居多 | 该墓群位于桃花店汉墓群分布地带 |
| 2021 | | 省所、市文物处、安徽大学历史学院师生 | 合肥城建医院复建点汉墓群 | | 19座（长方形竖穴土坑墓、甲字形竖穴土坑墓、砖室墓三类） | 多为成套礼制陶器组合：鼎、盒、壶为基本组合 | 该墓群位于桃花店汉墓群分布地带 |
| 2021 | | | 肥东县明小郢汉墓群 | 西汉中晚期至东汉早期 | 11座（分为土坑木椁墓、砖室墓三类） | 石、玉、铜、铁、漆、陶质文物300余件/套 | |

文保与科技

# 北京大葆台汉墓墓道车马遗存病害分析

宋伯涵　赵迎龙　尉　威

北京考古遗址博物馆

**摘　要**：土遗址的原址保护是一项长期且复杂的工作，它要求在对文物本体进行保护的同时，又必须关注文物载体的稳定性，即遗址所处地块的水文地质条件。这就需要借鉴地质、岩土等工程技术领域的相关理论与方法。大葆台汉墓墓道车马遗存作为一处在考古遗址博物馆内保护展示的土遗址，随着时间推移，文物状况逐渐恶化，其文物本体保护的主要难点在于遗址内部多种材质的文物共存。本文尝试对车马坑遗址的病害成因进行分析，评估病害种类及其危害性。大葆台一号墓墓道出土的车马遗存，可分为土遗址、骨质、金属等，除金属文物保存相对完整外，其余遗存均存在酥碱粉化、破碎残缺、局部表面脱落、沉积物等病害状况。

**关键词**：土遗址　原址保护　病害成因　大葆台汉墓墓道车马遗存

北京大葆台汉墓发掘于 1974 年，位于北京市丰台区黄土岗乡大葆台村东南，是一座西汉中晚期的诸侯王陵[①]。为了对大葆台一号汉墓遗址进行原址保护展示，1979 年 11 月开始筹建遗址博物馆，1983 年建成开放。大葆台汉墓墓道车马遗存属于整体墓葬的组成部分，与墓室黄肠题凑相得益彰。该墓道内出土陪葬的实用双轮独辀车 3 辆、马骨遗骸 13 具，这些不同材质构成的遗存具有十分重要的考古学术研究价值和文化展示利用价值。

墓道的车辆和马骨遗存出土时总体保存情况较差，原本的木质髹漆车体历经 2000 余年早已腐坏。出土遗存是采用古车剔除法，在原有木结构痕迹及残存髹漆的基础上，除去多余泥土，浮现出来的车体形貌。发掘完成之后也只是根据不同的材质状况简单处理，期间还曾遭受过霉菌等生物病害侵袭。2000 年，北京市古代建筑研究所文物保护科技专家针对该车马遗存出现的诸多病害问题，编制了保护方案，并且实施了隔水防潮处理，对车马遗存进行了加固，使之能够在此后较长时期内正常展出[②]。大葆台汉墓发掘期间，地下水位很高，为了阻隔地下水以保护遗址，采用了托换暗挖的做法。但是随着本地区地下水位变化，支撑结构变形，遗址出现不均匀沉降及开裂。本研究以多年来遗址监测及病害调查的资料为基础，分析大葆台汉墓墓道车马遗存病害及其成因。

## 一、主要病害

马车遗存的土体和马骨遗骸等均属于考古出土的脆弱遗迹遗物，又经过了近 40 年的展览陈列，由于多方面因素的局限性，车马遗存的多数区域再次出现了病害现象，如局部残损断裂、骨质糟朽、土体盐析、酥碱粉化、表面附着物覆盖、褪色等。目前可将其病害状况分为以下类型。

### （一）裂隙

车马坑遗址内的裂缝共计 369 段，累计长度

---

① 大葆台汉墓发掘组、中国社会科学院考古研究所：《北京大葆台汉墓》，文物出版社，1989 年，第 12 页。
② 胡一红：《大葆台西汉墓博物馆车马坑地基的防水保护和加固》，《中国博物馆》2002 年第 3 期。

70.7 米。裂缝开裂宽度以 2 毫米以下的为主。缝宽小于 1 毫米的占裂缝总数的 50%，小于 2 毫米的占裂缝总数的 80%，小于 5 毫米的占裂缝总数的 90%。加权平均裂缝宽度为 2.2 毫米，最大裂缝宽度为 30 毫米。裂缝走向以平行于建筑物纵横轴线方向为主分布。裂缝平面分布上较有规律，南、中、北区各有一处裂缝较集中的区域，南区及中区裂缝位于 1、2 号车的南北两侧，北区裂缝主要位于 3 号车上。三个区域的裂缝中心和东西向的中轴均在相邻车体东西向的中心轴线附近。

### （二）有机质文物糟朽

此种病害常见于不同时期出土的有机质文物，由于马骨遗骸埋藏 2000 多年，骨质已经失去原有的韧性，骨胶原成分流失殆尽，变得非常脆弱。仅仅依靠周围土体的支撑维持形态，局部出现分层，或分离，或断裂，或脱落，形成鳞片状起甲的病害现象。

### （三）漆膜剥落

埋藏环境下的泥土被剥离后，由于木胎体已不复存在，漆膜与原有木胎体的结合力完全丧失，导致漆膜极易脱落。基本处于自然环境条件下，受所处区域温度、湿度、酸碱气体等因素的影响，其表面原有的加固保护层与内部土体之间原有部分互为附着粘接的效能大大降低，表面保护层与内侧支撑体出现脱落现象，导致了土体和漆膜脱落病害。

### （四）残损断裂

经过 2000 多年的埋藏时期，部分遗存本体固有强度日趋降低，极易破碎，出土时其原始保存状况已经发生较大变化。另外，在发掘清理、收集整理、存放环境及收藏过程中出现局部残损在所难免。上述原因导致部分土体呈不同程度的残损断裂状态。

### （五）沉积物附着

各种遗存在若干年的埋葬过程中，受到区域地理环境、埋藏泥土、降水等诸多影响，相当数量遗物表面附着有影响外观的泥土、胶质沉积物，该物质成分结构复杂，在一定程度上对遗物的外观表层形成破坏作用，并且严重影响遗存的观感。

### （六）酥碱粉化

任何遗存在埋藏时期与发掘出土之后，普遍存在着一个共同现象，就是本体强度日趋降低。其表层表现得更为突出，多数遗存表面形成酥碱粉化，甚至触碰即成粉末状，形成酥粉病害，多见于土遗址。

### （七）盐析

长时期的埋葬过程中，受到区域水文地质条件影响，潮湿土体中可溶盐成分反复析出，致使文物表面出现泛白盐化痕迹，大葆台一号墓墓道区域的土遗存多处区域均有此类现象存在。尤其集中在车厢遗存的底部，但是水的毛细作用有限，对于车厢上部的影响较小。

### （八）生物病害

由于遗址展厅环境密封条件一般，遗址内发现有昆虫及壁虎遗骸，在多处土体上发现散布有虫洞。霉菌等各种微生物也会对原址展示暴露在空气中的马骨等有机质文物造成损害。

### （九）褪色

不同材质遗存经过了一定时间存放，其内部结构和表层组织受到温差变化、气体污染等外界自然因素的影响，可能致使土体（髹漆）和骨质等脆弱质遗存表面颜色淡化甚至消失，与发掘出土情况形成较大区别。

## 二、病害成因分析

### （一）墓道车马遗存不均匀沉降导致的裂隙

1975～1977 年，为了阻隔地下水以保护遗址，采用了托换暗挖的做法，墓道车马坑下以钢筋混凝土预制板作为顶板，使用黏土砖干码成柱支撑顶板，砖柱与地面之间使用了一层铺底砖和防水卷材隔开。预制板与铺底砖之间被砖柱支顶起的空间，后又被使用灰土回填（1979 年），回填部分与预制板接触不均，该空隙内存在大量凝胶体，应为化学灌浆加固材料。砖柱受外力挤压已经发生偏斜，实测水平最大偏斜量 117 毫米。

大葆台汉墓在 1974～1975 年发掘期间，地下水位很高，水位绝对高程达 42.6 米，相对高程约 -5.12 米，接近车马坑遗址地面。后由于地下水的开采等原因，地下水位呈现波动下降的趋势。地下水位累计下降 5.43 米，年均下降约 0.29 米。虽然有所下降，但速度相对缓慢。到 1995 年 7 月，地下水位绝对高程约为 26 米，相对高程约 -21.72 米。1996 年 1 月，由于永定河放水回灌，到 1997 年 1 月，地下水位回升至绝对高程 35.2 米，相对高程约 -12.52 米。随着永定河放水回灌的结束，地下水位又开始回落，至 2000 年 7 月，地下水位绝对高程为 27.7 米，相对高程约 -20.02 米。至 2015 年，由于连年干旱和经济社会的迅速发展，用水量急剧增加，导致地下水超采。地下水位进入快速下降期，地下水位累计下降 13.87 米，年均下降高达 0.82 米。2016～2020 年，随着南水北调江水进京、地下水压采工作的强化以及生态补水等超采区治理措施的落实，地下水位开始持续回升。期间地下水水位累计回升 3.72 米，年均回升 0.74 米。2021 年，北京平原地区地下水平均埋深达到 16.39 米，成为近 20 年来地下水位最高的年

份。北京市地下水位经历了从缓慢下降到快速下降，再到逐步回升的变化过程。这一变化与降水量、经济社会发展、水资源管理政策以及生态保护措施等多种因素密切相关。大葆台汉墓的历史最高水位绝对高程应高于 42.6 米，近五年最高水位绝对高程约为 33.5 米。

在 1983 年博物馆建馆初期，墓道车马坑遗址内已有裂缝显现。2003 年，发现裂缝有增多及加宽的趋势，并且遗址内局部地面返潮、洇水、有盐析结晶出现。此后委托中国电建集团北京勘测设计研究院有限公司，于 2003 年 4 月～2019 年 11 月，进行了总历时约 16 年的观测，其中沉降观测 24 测次，裂缝观测 25 测次。遗址内的土体为含水量很低的砂质粉土，因此可以假设遗址内土体为被裂缝切割的刚性块体。在这种假设条件下，可得裂缝变化与沉降的数值关系。根据实测的遗址沉降分布情况，对各裂缝测点的缝宽变化进行了计算，并将计算得到的缝宽变化量与实测量进行对照。当初始裂缝宽度较大时，裂缝深度较大，遗址土体被裂缝完全切割时，基本符合上述刚体位移原理，计算结果与实测值一致；当裂缝宽度较小，裂缝开裂深度较小时，遗址土体未被裂缝完全切割，不完全符合上述刚体位移原理，按上述方法计算时，误差较大，但缝宽变化的方向基本正确。通过对观测成果的综合分析，可以得出如下结论：开裂最严重的裂缝中区在观测期内沉降有明显的增加，遗址内土体的裂缝变化与沉降变化直接相关，土体的不均匀沉降是裂缝宽度变化的直接原因。遗址内裂缝宽度变化与沉降变化未见有趋于稳定的迹象。

### （二）墓道车马遗存环境的温、湿度与文物病害

大葆台汉墓遗址所在的丰台区地处华北大平原北部（北纬 40°），位于北京城西南，东临朝阳

区，南连大兴区，西与房山区、门头沟区接壤，北与东城、西城、海淀、石景山区相邻，总面积305平方公里。丰台区地势西北高、东南低，呈阶梯下降，西部为山区；东部为平原，海拔从60米向东南降到35米，平均坡降1%。冬季受高纬度内陆季风影响，寒冷干燥；夏季受海洋季风影响，高温多雨，是典型的暖温带半湿润季风性气候。

以2019年8月15日为例，当日车马坑中部374点位的温度最大值26.8℃，日差值2.3℃；湿度最大值71.2%，日差值10.5%，说明遗址内温度较

高，但是日差较小（图一）；而相对湿度较高，日差也较大（图二）。

分析2019年8月间典型的夏季温、湿度情况可以发现，遗址区域内温度始终处于较高的状态，最低值亦超出适宜的温度区间（图三）；而相对湿度的数据也表明，每一天湿度的最大值都超出了70%的警戒线范围（图四）。

以2018年8~12月遗址湿度变化为例，夏季相对湿度可以达到60%~80%，在干燥的冬季相对湿度则下降至35%~55%（图五）。

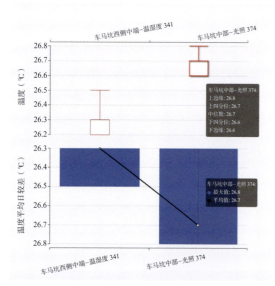

图一　2019年8月15日温度区域数据分布

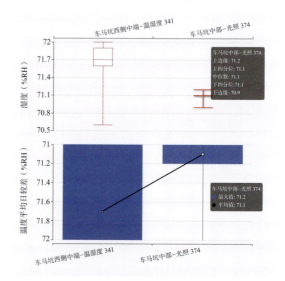

图二　2019年8月15日湿度区域数据分布

图三　2019年8月遗址区域温度变化

图四　2019年8月遗址区域湿度变化

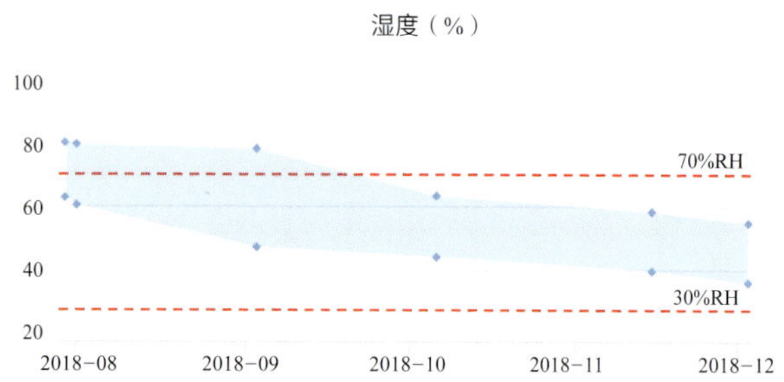

图五　2018年8~12月遗址湿度变化

在墓道车马坑布设温、湿度监测设备，通过对几处监测点位的数据对比，可以得到墓道车马坑遗存所处的遗址展厅环境特点。冬季环境温度低，夏季高温高湿，遗址保存环境的温、湿度随季节波动较大，遗址展厅通风条件较弱。华北地区季节性湿度差异和地下水毛细作用所导致的遗址湿度问题是车马遗存产生病害的主要诱因之一。

## 三、结论及保护建议

原有博物馆建筑已超设计使用寿命，不但存在安全隐患，而且不能再为遗址保存提供良好的环境条件。为了确保文物的安全和游客的参观体验，需要对博物馆进行升级改造。大葆台汉墓墓道车马遗存已经对外陈列展示近40年，为了更好地展示车马遗存的文物价值，需要通过实施具有针对性的保护，消除其主要病害并阻断诱因，遏制病害的继续发展，保持和展示车马遗存的良好形态，确保文物的长期保存，同时有利于展陈形式的提升调整。

车马遗存保护环境的温度为10℃～24℃，相对湿度为30%～45%，同时要防止紫外线、有害气体、灰尘等的侵蚀影响。车马遗存保护与存放区域，需要使用不含紫外线的光源，或在普通光源上涂一层紫外线吸收剂滤去紫外光，最好使用光导纤维照明。光线不宜直射、灯光照度应小于50Lux，以能够观察清楚文物为标准。车马遗存保护区域增加空调、除湿机等环境调控设备，同时应该设有空气过滤新风，在出入口设置风淋，减少空气中的有害气体及灰尘，并且需要定期进行清扫，维护其清洁程度。此外，还需智能监测遗址展厅的室内环境状况。

# 北京大葆台汉墓遗址本体支护保护研究

赵迎龙　宋伯涵

北京考古遗址博物馆

**摘　要：** 围绕北京大葆台汉墓遗址馆区新馆建设的实践，经由搭建保护棚、施行局部隔离防护等技术工艺手段，做到了新馆建设期间大葆台遗址、遗存的安稳过渡，切实保障了墓葬遗址与黄肠题凑当下的展示状态及安全性。同时对墓葬外围施行了密封式框架结构的覆盖操作，并采用不同材料开展了稳妥的支护设计。着重剖析在建馆期间运用软性隔离、物理支撑等防护举措，降低了建筑施工对遗址的扰动，进而取得科学且行之有效的防护成效，亦为同类型考古遗址保护工作提供了可资借鉴的范例。

**关键词：** 文物保护　本体支护　考古遗址博物馆　大葆台汉墓

## 引言

我国遗址类博物馆是非物质文化遗产的重要组成部分，属于不可移动文物保护范围。遗址类文物保护项目具有一定的特殊要求，在博物馆重建过程中，应遵循最小干预、环境控制监测、低扰动、低荷载、零污染的原则。此次针对大葆台一号墓遗址所面临的实际问题，既要考虑在原址实现对墓室复原展示外观的妥善保护，也要对其整体结构进行支护加固。根据文物保护原则和对重点部位的规范设计及有效实施，为确保遗址安全过渡，选取适宜的抗震措施，拟定符合文保要求的支护方案。对于遗址关键部位，主要采用软性材料分步实施隔离保护。同时，鉴于需防范博物馆建筑过程中所产生的振动影响，在为墓室提供物理支撑时，必须保证地面平稳坚固。如何针对遗址各重点部位做好密封防护与搭设支护，乃是本次项目亟待解决的关键问题。

## 一、工程概况

大葆台汉墓遗址位于北京市丰台区郭公庄南

隅。1974年开始发掘，一号墓墓室结构保存较为完整，是我国首次发现的黄肠题凑墓，通过墓葬形制、随葬器物组合和文献记载的研究，判断墓主人为西汉广阳顷王刘建[1]。该遗址以其丰富的汉代文化内涵，揭示了西汉时期王侯贵族的丧葬制度和文化风貌。1983年对外开放以来，大葆台汉墓遗址向公众展示了40余年。随着时间的推移，遗址的建筑结构也逐渐出现了老化现象，亟待进行修缮和保护，故在原址上进行重新建馆。本次文保工程拟对一号墓遗址实施有效防护措施，确保遗址整体的结构安全。一号墓遗址具有重要的历史学术研究和文物保护价值，通过本次文保工程的实施，对整体墓葬外围加盖保护棚与内侧适宜的稳定支护，分析墓葬遗存现状结构，为搭建外部金属框架提供准确数据，研究黄肠题凑两侧的支护方案，并提出墓葬区域在拆建工程中环境保护的建议。

## 二、一号墓遗址的支撑防护措施与防护棚的搭设

### （一）重点保护支护范围

根据前期勘察以及对遗址保护的需求和分析，

---

[1]　北京市大葆台西汉墓博物馆：《大葆台汉墓文物》，文物出版社，2015年，第5页。

遗址整体结构较为稳定，其表面明显存在降尘污染，局部有霉变现象，对文物本体造成了一定的影响。另外，博物馆重建过程中的震动速度和环境控制均需要实时监测，确保各项数据在安全阈值内方可实施。结合勘察结果，针对大葆台汉墓遗址一号墓整体情况制定保护方案，本次保护工程重点对棺椁、漆榻、黄肠题凑墙体、内、外回廊墙体等关键展陈遗物实施临时且有效的保护措施。在保护过程中，严格遵循"最小干预"原则，旨在通过科学的方法，减少人为干预对遗址造成的潜在损害。针对沉降污染问题，对遗址表面进行细致清洁，有效降低对文物的病害侵蚀。同时，为阻止自然环境中的湿度变化等因素对文物造成的损害，采用了填充物防护、软性隔离等手段，为遗址本体建立了相对稳定的环境。针对霉变现象，不仅影响文物的外观，更能对文物内部结构造成不可逆转的损害。为此，利用专业的防霉剂，对霉变区域进行了彻底的治理，并加强日常监测，确保遗址在良好的环境中得到妥善保存。为确保遗址在拆建过程中不受损害，采用加固措施对遗址的关键部位进行加固处理。不仅加强了整体的稳定性，也为后续保护工作提供了有力保障。

### 1.棺椁空间的填充与保护

棺椁共分为五层，即"三棺两椁"。首先对棺椁整体进行灰尘清理，确保文物本体无灰尘及其他附着物。为防止微生物滋生可能导致的霉变等病害，喷洒专业的防霉剂进行防护，不仅能有效防止霉菌的生长，也防止对文物本体造成损害，确保文物在长时间保存中的安全性。为了对棺椁进行更为全面的保护，选择用宣纸对其进行包裹，保持文物的透气性，防止潮湿。随后，使用无纺布进行覆盖，这种材料质地柔软，不会对文物表面造成摩擦，同时能隔绝外界环境对文物

的影响。再利用塑料膜进行包裹，形成一个密封的保护层，确保在拆建过程中不受外界环境的侵害。棺椁之间存在着距离不等的空间，具有一定的安全隐患。为避免在拆建过程中产生的剧烈震动导致棺椁之间的相互移动甚至坍塌，使用EPE珍珠棉板（聚乙烯发泡棉）进行填充，这种材料具有良好的防震、抗压性能，能够有效固定并保护棺椁。

### 2.漆榻的支撑防护

漆榻位于前室正中，其位置恰好与棺椁相对，长约3.3米，宽约2.7米。2011年，我馆对该件文物进行了专项保护修复工作，清理了漆榻表面污垢，并采取更为严密的防护措施，单独制作了有机玻璃罩，将其安装在漆榻的上方，以隔绝外界的沉降污染对文物的侵蚀。本次防护出于安全性考虑，在玻璃罩之上铺盖一层珍珠棉板加以缓冲性能，能够有效防止重物坠落对文物造成的损害。并在支撑距离地面60厘米处加设一层钢架结构，以增加整体稳定性。在钢架结构之上，等距离搭设一层实木板条，再铺设一层木工板作为缓冲，利用木材的韧性防止重物坠落毁坏文物，进一步增强了防护结构的稳定性。

### 3.黄肠题凑的墙体支撑防护

黄肠题凑位于外回廊内侧，平面呈长方形。用长条方木，头向内，层层垒起，形如木墙[1]。由宽厚约0.1米的方形柏木堆砌成墙体，高度2.7～3米（应为残高），方形柏木之间的连接结构较为松散，两侧整齐状态下码放于一体。因此，比较容易松动。对于黄肠题凑的防护问题，还需考虑木质文物的防腐和堆积体的脆弱性，实施工艺采用防腐剂对木材堆积体进行防腐雾化喷淋（碧林-FS-711木材防腐防霉剂），并利用喷涂防腐剂的宣纸加以覆盖，随后包裹一层无纺布进行隔离，

---

[1] 大葆台汉墓发掘组、中国社会科学院考古研究所：《北京大葆台汉墓》，文物出版社，1989年，第12页。

并铺设塑料薄膜和珍珠棉板。考虑在拆建过程中产生的剧烈震动，为防止黄肠题凑晃动所导致的本体坍塌，采用木工板进行加固，木工板外再配装实木条为支顶垫设所用。在内侧和外侧搭设的钢架棚上，加装直角扣件和钢管支顶在垫设好的实木条上，支顶个数为每平方米4根，确保黄肠题凑整体的稳定性。

**4.内、外回廊的支撑防护**

内、外回廊由地板、墙体等部分组成。经过防腐、防霉的处理，其地板之上铺设珍珠棉板和木工板进行双重防护。珍珠棉板具备一定的抗震性和抗压性，能够有效吸收冲击和振动，为地板提供额外的保护。木工板作为承重层，加强了回廊的稳固性。为确保墙体安全，采用了多种材料进行隔离和加固。首先，墙体包裹一层无纺布，不仅具有防雨、防晒的功能，还能有效预防多种气体污染及降尘因素的侵蚀危害。此外，再铺设珍珠棉板进一步隔离并加强防护。在墙体加固方面，垫设2.5厘米厚的木工板，能有效防护稳固墙体。为进一步增强墙体的稳固性，直角扣件和钢管架连接进行支顶，抵抗外部的冲击和振动所产生的影响，确保回廊的安全性。

**（二）防护棚的搭设**

一号墓墓室原始方案计划使用保护性回填方式对遗址进行保护，重点分为隔离层、缓冲层、回填层及防水层。此类方案在全国范围内应用较为广泛，且缓冲层一般选用沙袋进行填充，同时也能满足遗址保护的整体要求，但针对大葆台汉墓一号墓遗址并非适用。其原因为大葆台汉墓遗址是在原址上重新建设博物馆，更多应考虑建设过程中的大型机械设备、人为施工等因素产生的

剧烈震动，对遗址造成的墙体松动、变形或坍塌。为遗址建设保护棚的措施对遗址本体的直接干预程度低、可逆性强，能在很大程度上隔绝环境因素带来的病害，缓解其对遗址本体产生的负面影响[①]。由此，在补强加固措施方面选择钢形盘式脚手架进行搭设，利用直角扣件紧固，竖向和横向钢架支撑的方式对其实施保护更为稳固。考虑到钢架结构搭建是由各支点组成，还需要做好压力负荷的相关保护措施。

**1.墓室地面防护及搭设**

一号墓墓室平面搭建面积约852.6平方米。坑底至地面平台处高约3.5米，至黄肠题凑木顶部高约3米，搭建棚架时，高度至少要高于大部分区域平均高度0.5米。为确保棚架能够完全覆盖并保护墓室地面和顶部，搭设防护棚的总高度应为4米，确保搭建棚架总体高度能完全覆盖墓室地面、顶部予以保护。墓室地面需铺设一层无纺布，为其提供一层基础保护。再铺垫一层厚为3.5厘米的珍珠棉板，确保在后续搭建过程中，地面不会因承受过大压力而受损，为墓室地面提供了坚实的抗压层。最后，平铺一层厚为2.5厘米的松木板材作为缓压层。采用三角木垫平使其稳固，有效缓解支撑架对地面的压力，确保松木板材的平整稳固。

**2.防护棚塔柱结构架的搭建**

钢材结构架选用了承插型盘扣式支架，其采用高强度钢材设计制造的连接扣件，结构稳固且受力稳定，确保了支架的安全可靠性。立杆采用高质量的低碳合金钢材质，大幅提升了承载力，使得支架在承受重载时仍能保持稳定不变形[②]。盘扣式支架应用较为广泛，其优势主要体现在搭拆简易、耐锈蚀、承重效果稳定等方面。此次支架结构

---

① 崔光海、徐知兰、李俨：《保护棚作为遗址预防性保护手段的初步探索——周口店遗址第一地点保护设施工程》，《建筑遗产》2020年第2期。

② 王雷兵：《承插型盘扣式钢管支架在高大支模架体系中应用的施工技术研究》，《陶瓷》2024年第5期。

搭建总面积为 852.6 平方米，按照 30 厘米×30 厘米间隔准确放置可调底座，调节螺母使其在同一水平面，将起步杆套入底座，用横杆头与圆盘空隙位置对准并抵住主架圆管，使插销贯穿孔内敲紧销实，完成第一层支架的安装。在首层架体搭设的同时，需利用水准仪、水平尺进行精平，确保整体保持平稳受力状态，从而避免后续施工过程中出现安全隐患。随着首层架体搭建完成，逐步将立杆插入起步杆的套管中进行锁定，并依次安装第二层横杆和斜杆，斜杆按顺时针方向进行组搭。第三层的搭建同样按照以上步骤和顺序进行。在整个搭建过程中，充分利用遗址坑内的支撑面空间，通过南北纵向联排支撑塔柱墙的方式，最大限度地提高了支架系统的承载能力和稳定性。

**3.墓室顶部防护层结构搭建**

墓室顶层支撑塔柱搭建完成，利用盘扣组件在其顶部搭建密集盘扣管架平台。经过精密计算和严格测试，确保其具备足够的承载能力和稳定性。平台顶部的材料选用了具有防腐性能的波浪镀锌钢板，波浪形状能够增强平台的整体强度，钢板被精准地扣置在钢架之上，通过剪裁预留出垂直钢管贯穿的孔洞，使得整个平台稳固且灵活。钢板的安装过程同样严谨细致，在钢板的两端，预留出连接孔，并使用高强度的钢丝进行扎紧固定。使其钢板平台不仅能够起到硬性防护的作用，也能有效防止施工过程中的杂物坠落，还能确保平台本身的稳固性。这种设计便于施工人员在顶部查看墓室的结构状态，为施工提供便利。为了确保施工过程中的绝对安全，在钢板的上层支护范围内再挂设一层安全网，使其具有良好的抗拉性和耐磨性，能够有效提供拆建过程中的二次防护。

# 三、实时监测

## （一）震动监测

为确保墓室和防护棚的结构安全，在拆建过程中利用多种监测手段进行实时监测。主要包括震动监测和环境监测等。通过数据监测，能及时发现潜在的安全隐患。在墓室周围内部的震动监测数据中，通过物联网云平台实时监测施工过程中的振动情况。据观测，施工期间的速度值相比日常情况有所上升，但始终保持在安全阈值之内。通过数据分析及现场勘察，并未发现其对墓室结构造成实质性的损害。

## （二）环境监测

实时监测墓室内的温、湿度等数据参数。通过放置光照温湿度传感器，时刻了解遗址内的环境变化。通过观测日常情况，遗址内部温度始终保持在 20℃（±4℃），相对湿度为 52%～60%之间，基本符合博物馆建筑设计标准对于藏品保存环境的要求（表一）。由于遗址整体顶部有钢板做支护且四周进行了围挡，光照度始终为 0Lux，不涉及光照强度影响。

表一　藏品保存环境的温度、相对湿度标准[①]

| 材质 | 藏品 | 温度（℃） | 相对湿度（%） |
|---|---|---|---|
| 竹木制品类 | 漆器、木器、木雕、竹器、藤器、家具、版画 | 20 | 50～60 |

---

① 中华人民共和国住房和城乡建设部：《博物馆建筑设计规范》（JGJ66-2015），中国建筑工业出版社，2016年，第28页。

## 四、结语

本次遗址保护工程，在新馆建设的施工条件下，通过对大葆台一号墓遗址进行保护棚搭建及墓坑支护的防护设计，并采用软性隔离和物理支撑的防护措施，利用震动和环境监测设备对遗址整体进行云数据的采集，实时观测是否在安全阈值之内，有效降低了建筑施工中带来的荷载、扰动、污染等影响程度。总体来说，通过理论与实践的对比，支撑防护措施与防护棚搭设整体实施方案较为稳固且安全性高，对空间要求低、工期短、环境影响小，确保了遗址遗存在新馆建设期间的安全平稳过渡，为北京考古遗址博物馆大葆台遗址馆区展示开放奠定了坚实的基础。未来，大葆台遗址的开放展示，不仅能提升公众对文化遗产的保护意识，更能激发公众对考古学和历史文化的兴趣，有助于推动公众考古教育和北京地区汉代历史文化研究。

展览与社教

# 国家考古遗址公园建设中大型土遗址的
# 保护展示研究
## ——以汉阳陵帝陵园阙门建筑遗址为例

李 库 孔 琳

汉景帝阳陵博物院

**摘 要：** 经考古证实，西汉帝陵的陵园四面垣墙中央建有最高规格的"三出阙门"，这种建筑形式将阙和门的功能合二为一，是皇权至高无上的象征，绝对不可僭越。1997、2000 年汉阳陵帝陵园南阙门遗址的考古发掘，以及 2011～2012 年东阙门遗址的考古发掘，均确证了"三出阙"的建筑布局，以及四向阙门建设的"四神"方位理念。近 20 余年以来，出于保护和展示的需要，汉阳陵国家考古遗址公园在建设过程中，针对帝陵园阙门遗址采取了不同的保护展示形式，彰显了西汉帝陵文化。特别是南阙门遗址的保护性建筑，业已成为汉阳陵遗址公园的标志性建筑。

**关键词：** 西汉帝陵园 三出阙 帝陵建设制度 遗址公园展示

在帝王陵园和古代都城的考古发掘中，出土有数量较多、面积较大和规模宏伟的大型土遗址，西汉景帝阳陵帝陵的阙门建筑遗址、唐大明宫丹凤门遗址等就较为典型。本文拟从汉阳陵帝陵园四向阙门遗址的考古发掘、保护研究、标识与展示等方面做一论述研究，以期对同类遗址的保护展示及考古遗址公园的建设提供些许借鉴和参考。

## 引言

西汉帝陵建设中，将陵园门外、神道两侧的阙退后，与门连接建在一起，学界称之为"门阙"或者"阙门"，大致可分为两种形制，即两出阙和三出阙。1997 年以来，汉阳陵帝陵园南阙门和东阙门建筑遗址先后经过全面发掘，研究者甚众。

目前研究成果表明，阳陵初建时，阙门为两出，后因武帝年间火灾，重建时扩建为三出[①]。

汉阳陵帝陵园南阙门的保护性建筑筹建于 2000 年，分三层，主体为钢结构，外墙以石膏板封护，青瓦屋顶，整个遗址处于建筑之下。一层四周围墙处于遗址以外，在遗址周围形成一"回"字形通道，可以通观整个遗址；二层仅有一小平台，站在台上可以看到夯土台；三层空间面积较大，南北两面各有两个门，门外有可供远眺的平台，人字形屋顶。2003 年 5 月正式对外开放[②]。

## 一、景帝刘启与汉阳陵

景帝刘启，西汉第四位皇帝，前 157～前 141 年在位，"文景之治"的开创者和缔造者之一。刘

① 陕西省考古研究院：《汉阳陵帝陵陵园南门遗址发掘简报》，《考古与文物》2011 年第 5 期；焦南峰：《西汉帝陵门阙与"门阙制度"》，《汉阳陵与汉文化研究》第二辑，三秦出版社，2012 年，第 174～181 页；杨武站：《关于汉阳陵帝陵陵园南门遗址的几点认识》，《考古与文物》2011 年第 5 期；陕西省考古研究院、汉景帝阳陵博物院：《西汉景帝阳陵帝陵陵园东阙门遗址发掘简报》，《考古与文物》2024 年第 8 期。

② 李库：《汉阳陵的大遗址保护》，《文物保护与科技考古》，三秦出版社，2006 年，第 405～407 页。

启在位十七年间，继续推崇其祖父高祖刘邦和父亲文帝刘恒倡导的"黄老之术"，坚持"无为而治"，大兴"休养生息"之道，对外"和亲怀柔"，稳固边防，对内"削藩抑乱"，加强中央集权，一时间出现了"海内安宁，家给人足，后世鲜能及之"的安定与繁荣景象，史称"文景之治"。这奠定了汉代国富民强的物质基础，揭开了中国历史上汉武盛世的序幕。

汉景帝前元四年（前 153 年），景帝刘启选定了位于汉长安城以北的渭北高原作为自己百年之后的埋葬之地。该处隶属当时的弋阳县，故而取名"阳陵"。陵园西紧邻其祖父高祖刘邦的长陵，第二年开始建设。前 141 年，汉景帝刘启驾崩，埋葬于此。

1990 年，考古工作者对汉阳陵开展大规模的考古勘探和发掘，历经 30 余年的辛苦工作和研究，基本厘清陵区文化遗存，包括帝后陵园、南北区外藏坑、宗庙和寝殿建筑等。1999 年，汉阳陵博物馆（今汉景帝阳陵博物院）建成，业已对外开放展示。

## 二、帝陵园阙门遗址的考古发掘和研究

### （一）帝陵园及阙门的保存现状

西汉帝陵的陵园均由夯土垣墙圈合组成，有一重或两重之分，外陵园外或有围沟环绕。汉阳陵陵区有两重陵园[①]，作为陵区的主体，帝陵园处于陵区核心位置，中部偏西，王皇后陵园位于帝陵园东部偏北。帝陵园平面为正方形，边长约 418 米，四周有夯土垣墙，陵园中部为覆斗形封土，封土边长约 170 米，高 32 米。围墙东、南、西、北四边正中各有"三出阙门"一座，其中东、南、

西三面阙门遗址保存较好，北阙门破坏较为严重，地面阙台被夷为平地。

### （二）阙门的考古发掘

#### 1. 南门遗址的发掘

1997 年 3～7 月、2000 年 10～12 月，陕西省考古研究所先后对南阙门进行了全面的考古发掘，发掘总面积 4200 平方米。暴露建筑遗址一组，遗址东西全长 134 米，南北宽 10.4～27.2 米，总面积 2380 平方米。整个遗址中部为门道，门道两侧东西对称有高大的夯土台基，台基四周有廊道，遗址与陵园南垣墙连接。门道部分是遗址南北最宽的地方，南北进深 27.2 米，东西面阔 5 米。由门道处向东西两边延伸、宽度减小，形成三个大小不等的长方形，人们称这种建筑形式为"三出"[②]。

#### 2. 东门遗址的发掘

帝陵东阙门遗址位于帝陵陵园垣墙东部中部，西距帝陵封土东边沿约 120 米。钻探资料表明，帝陵坐西面东，东门为其正门，遗址南北长 135 米，东西宽 10.5～27.5 米，总面积约 2400 平方米。发掘之前，遗址地面现存南北相对的"土丘"状夯土台两座，保存状况较好。2011～2012 年，汉阳陵博物馆联合陕西省考古研究院成立阳陵考古队，申报对该遗址开展部分发掘，旨在了解该遗址结构、布局，并与南阙门进行对比研究，考证西汉帝陵的营建制度（图一）。本次发掘主要在南边阙台西半边开展，清理出的遗迹有南侧内门塾、夯土主阙台及其大面积的草拌泥墙皮、柱槽等。南阙台东半边采用发掘探沟的形式，着重了解遗址构造和平面布局。根据发掘情况和勘探资料，东阙门的形制结构、建筑形制与南阙门相同，均为夯土高台建筑，平面为"三出"，中部为

---

① 焦南峰：《西汉帝陵形制要素的分析与推定》，《考古与文物》2013 年第 5 期。

② 陕西省考古研究院：《汉阳陵帝陵陵园南门遗址发掘简报》，《考古与文物》2011 年第 5 期。

图一 2011~2012年，帝陵园东阙门遗址考古现场

门道，建筑南北两侧与陵园东垣墙连接。

东阙门南阙台西半边发掘现场显示，夯土、土坯、砖瓦、木材等均有火烧迹象，堆积厚度0.5~1米。种种迹象表明东阙门曾经历过火灾。主阙台西壁大面积的草拌泥墙皮长度27.3米，残存高度0.7~2.6米，厚度0.1米。墙皮由两层构成，每层厚度约5厘米。由此推测东门址在使用过程中经过一次大规模的维修或重建[1]。

通过南阙门、东阙门两处遗址的考古发掘遗迹，结合文献记载，汉阳陵阙门建筑营建于前152~前141年，后因火灾而维修和扩建。《汉书·武帝纪》记载：元鼎三年（前114年）"正月戊子，阳陵园火"，火灾过后，陵园肯定经过再次维修和建设，并由最初的两出阙扩建为三出阙。

## （三）阙门的营建制度

### 1. 阙及阙门的起源和发展

根据研究，汉阳陵帝陵园建设中，将阙与门合二为一，营建了四向的高大建筑，称作"阙门"。《说文解字》曰："阙，观也，在门两旁，中央阙然为道也。"是为阙名的由来。可知阙在门的两旁，中间"阙然为道"。1997年以来，通过汉景帝阳陵南阙门遗址的发掘，证明了这条史料[2]。帝陵园出四门，分别为四条"神道"，阙退后，与陵园大门合建成为"阙门"。

阙门不是凭空产生的，它是由"观"这个实用性建筑物演变而来的。《释名·释宫室》曰："观，观也，周置两观，以表宫门，其上可居，登之可以远观，故谓之观。"这条文献既说明了阙的前身是观，也说明了周代观的形制。观是树立在宫门两边的建筑，既可居住，又可望远。在周代，观演变成了礼制性建筑——阙。两汉时期，阙门作为礼制性建筑，得到了空前的发展，不仅其形制逐渐形成并得到完善，还有关于阙门的制度出现。阙门的形制除周代原有的宫阙、城阙外，又出现了宅第阙、陵阙、墓阙和庙阙（图二）。汉代建阙之风极盛，宫殿、都城、宅第、陵墓、祠庙以及有一定社会地位的官墓、民

图二 四川成都羊子山东汉墓凤阙画像砖
（引自韩钊、李库、张雷、贾强：《古代阙门及相关问题》，《考古与文物》2004年第5期）

---

① 阳陵考古队：《汉阳陵帝陵陵园东门遗址2011-2012年考古工作收获》，《汉阳陵与汉文化研究》第二辑，三秦出版社，2012年，第202~208页；陕西省考古研究院、汉景帝阳陵博物院：《西汉景帝阳陵帝陵陵园东阙门遗址发掘简报》，《考古与文物》2024年第8期。

② 韩钊、李库、张雷、贾强：《古代阙门及相关问题》，《考古与文物》2004年第5期。

墓都建阙。而且，完整的用阙制度在西汉时期形成，制度规定：一般官僚可用一对单阙；诸侯、两千石以上用一对二出阙，由一主阙、一子阙构成；皇帝则用三出阙，由一主阙与二子阙构成。东汉时期，各地用石材修建了大量的墓阙和祠庙阙，这些石阙既保留着土木建筑的形制结构，又易保存，经过近 2000 年的风雨冲刷，至今依然矗立①。

魏晋南北朝以后至明清，阙门作为一种礼制性建筑仍然存在着，但又有所发展和变化，阙门的种类明显减少，虽然有些新的阙门形制短暂出现，但不是阙门的主流形制。隋唐时期，主要的阙门形制为宫阙和陵阙。如大明宫含元殿的栖凤阁、翔鸾阁，就是典型的宫殿三出阙建筑。而且从隋唐时期开始，宫阙仅置于南向的正门，改变了汉阙在建筑物四面放置的习惯。其形制表现为左右双阙突出，用于宫城正门，呈"凹"形平面布局。这种阙门形制，由隋至清，历代因袭大致未变②。

**2.西汉帝陵的阙门**

现有考古资料及研究表明，西汉帝陵的"阙"均与四门连接为一体，故称之为"门阙"或"阙门"，分两出和三出两种形制。自西汉武帝元鼎三年（前 114 年）"正月戊子，阳陵园火"之前，西汉帝陵未见三出阙，均为两出阙。在阳陵园重修之后，加上汉武帝茂陵、汉昭帝平陵、汉元帝渭陵、汉成帝延陵、汉哀帝义陵，这六座帝陵园均为三出阙。汉宣帝杜陵、汉平帝康陵则继续为两出阙。从而证实，从汉武帝开始，帝陵园多建三

出阙，这是皇帝陵园的规制，其他皇亲国戚、高官显贵不得修建③。

**3.阙门建设中融入的"四神"方位思想**

五行思想在汉代非常流行，特别在高等级的建筑、墓葬中常见。诸如汉阳陵宗庙建筑遗址、西汉武帝茂陵等均出土有成套的"四神"空心砖，西安交通大学西汉壁画墓的墓室顶部中间用黑、白、青莲三种颜色绘成两个大圆圈，圆圈之间的空间内绘有星辰和四神。东方青龙作飞奔状，西边有白虎，南方绘朱雀，北方为玄武，这是用四神定位，即"前朱雀、后玄武、左青龙、右白虎"。四神周围，绘有星辰，今残存 80 余颗④。

南阙门遗址发掘中，F6、F8 夯土台土质密实，土色与 F4 夯土台区别明显，为红褐色，夯层厚 6～12 厘米。夯窝圆平，直径约 7 厘米。夯土台外壁涂抹有 2～3 厘米厚的草拌泥墙皮，外有红色朱砂壁面，F6 与 F4 连接处的壁面上也有红色草拌泥墙皮⑤。东阙门遗址考古工作中，发现夯土台西壁抹有平整的草拌泥墙皮，墙皮表面多处残留有青灰色彩绘痕迹⑥（图三）。

南阙门夯土阙台外墙草拌泥墙皮上有朱红色彩绘遗迹，东阙门阙台外墙草拌泥墙皮为青灰色，这符合南"朱雀"、东"青龙"的设置，相信随着将来考古工作的开展，西"白虎"和北"玄武"也将得到证实，阙门建设中融入了"四神"方位的传统观念，在宗庙建筑遗址（早年俗称"罗经石"遗址）发掘中，"四色"土和"四神"空心砖的出土已经验证了这一建设理念（图四）。

① 韩钊、李库、张雷、贾强：《古代阙门及相关问题》，《考古与文物》2004 年第 5 期。
② 韩钊、李库、张雷、贾强：《古代阙门及相关问题》，《考古与文物》2004 年第 5 期。
③ 焦南峰：《西汉帝陵门阙与"门阙制度"》，《汉阳陵与汉文化研究》第二辑，三秦出版社，2012 年，第 174～181 页。
④ 陕西省考古研究所、西安交通大学：《西安交通大学西汉壁画墓》，西安交通大学出版社，1991 年，第 7 页。
⑤ 陕西省考古研究院：《汉阳陵帝陵陵园南门遗址发掘简报》，《考古与文物》2011 年第 5 期。
⑥ 阳陵考古队：《汉阳陵帝陵陵园东门遗址 2011-2012 年考古工作收获》，《汉阳陵与汉文化研究》第二辑，三秦出版社，2012 年，第 202～208 页；陕西省考古研究院、汉景帝阳陵博物院：《西汉景帝阳陵帝陵陵园东阙门遗址发掘简报》，《考古与文物》2024 年第 8 期。

图三　东阙门主阙台西壁草拌泥墙皮上遗留的青灰色彩绘遗迹

图四　龙纹空心砖

## 三、阙门遗址的标识、保护与展示

1997～2003 年，率先开展南阙门遗址考古发掘和保护与展示；2011～2013 年，开展了东阙门遗址的考古试掘、回填及覆土保护等相关工作；2015 年，伴随着帝陵园标识展示工程的实施，完成了北阙门遗址的地面复原展示工程；西阙门遗址保留原有历史状态。

### （一）南阙门遗址保护性建筑的建设及遗址的保护与展示

2000 年，随着汉阳陵博物馆的建设，南阙门建筑遗址保护展示变得很有必要。于是，陕西省文物局投资约 1400 万元，在遗址上建成了保护性建筑，旨在原址保护遗址本体，展示阙门建筑和帝陵文化。建筑设计中，充分考虑了古代建筑复原和遗址本体保护两个方面。2003 年 4 月正式竣工，并对外开放（图五）。

整个建筑面积 5400 平方米，由子母阙及门塾对称五组建筑单体组合。东西长 143.5 米，南北宽 31.6 米，最高标高 19.63 米，坐北朝南。内外置两层参观走廊与平台。阙四周的露天观景平台墙高为 3.3 米，建筑面积约 1200 平方米。建筑基础采用混凝土灌注桩，结构为轻型钢架结构，建筑表面为砖木仿汉装饰风格，灰陶筒瓦屋面，子母阙高低错落有序，气势恢宏，是陕西省首次采用钢结构仿古建筑的遗址保护工程[①]。

今天，来自五湖四海的游人一进入汉阳陵陵园内，就会被这座高大雄伟、昂扬着浓郁汉风的复原建筑所吸引，它是汉阳陵最具代表性的地标建筑，也是沟通古今的桥梁。走进南阙门，千年的时光突然回转，使人犹如置身汉家宫阙一般。它建立在原遗址上，既再现了汉代皇帝专用三出阙高台建筑的宏伟高大，又展示了阙门遗址的完整全貌。同时，在近 3000 平方米的展厅内，以图文结合的形式系统地介绍了中国历代阙楼建筑发展演变的历史。时至今日，该建筑俨然已经成为汉景帝阳陵博物院遗址保护展示的典范，亦是汉阳陵国家考古遗址公园的标志性建筑。

### （二）东阙门遗址的考古发掘与公众考古

东阙门遗址位于帝陵外藏坑保护展示厅入口

---

① 李卫、贺林、冯涛：《汉阳陵南阙门遗址保护工程》，《文博》2005 年第 4 期。

图五　2003 年，建设完成的帝陵南阙门遗址保护展示厅全貌

处，观光者可以在现场观看考古发掘过程，咨询并了解考古工作和文化遗产的保护情况，考古发掘现场成为观光者非常感兴趣的一个看点。在此基础上，汉阳陵博物馆先后举办了"汉阳陵东阙门遗址考古发掘"启动仪式、"一把手铲梦回西汉"公众考古体验活动、"汉阳陵帝陵东阙门遗址考古现场媒体开放日"活动等。通过一系列活动的开展和实施，将普通人心目中神秘的考古发掘工作完全展现在观众面前，让观众在现场亲眼看见考古过程，并尽可能多地参与其中，从亲身体验中真正了解考古，了解文化遗产，树立保护文化遗产的责任心和使命感①。在发掘研究之后，针对东阙门遗址，已经完成了回填性保护工作，先保护遗址本体，再覆土覆盖遗址。

**（三）帝陵园遗址标识展示工程的实施与北阙门遗址的复原展示**

2012 年，汉阳陵博物馆开始在帝陵园实施遗址标识展示工程。该工程对帝陵园的墓道、外藏坑、陵墙、排水渠等在现有地面上以石材铺设的形式进行标识，仅核心遗存的封土未做标识，其余地方种植草坪。

北阙门遗址是帝陵园重要的组成部分，遗址在地面上没有迹象，经过考古勘探其位置、规模、布局和形制结构，确认其建筑形制与已经发掘的东、南阙门相同。2015 年完成该遗址的标识展示，采用了地面抬高复建的形式，在现有地面上平行上移，包括阙台、回廊、散水和柱洞等，全部重新来做，东西两边连接陵园垣墙。阙台夯筑完成

---

① 李库：《汉阳陵国家考古遗址公园公众参与考古》，《中国文化遗产》2013 年第 2 期；李库：《汉阳陵博物馆开展公众参与考古项目的社会意义》，《中国文物报》2013 年 3 月 15 日。

后，在夯土外侧砌上小"陶片"，这些陶片的宽度被用作标识，以指示"夯土层"的厚度。仿照已发掘的南阙门遗址复原，回廊铺设灰色方砖，散水为鱼脊状，以河卵石铺设，方形柱槽，形体较大的河卵石作为柱础石，整个遗址显得方正规整，一丝不苟。

### （四）西阙门遗址的原貌展示

西阙门遗址地面保留南北 2 个夯土高台，历经 2000 余年的风吹雨淋，夯土外露，夯层清晰，阙台上草木丛生，历史的沧桑感和自然感不言而喻。

## 四、遗址的保护展示研究

汉阳陵国家考古遗址公园中，帝陵园四组阙门遗址因现存状态的差异和建设的需要，采取了不同形式的保护展示模式，加上贯通的陵城垣墙和高大的封土以及外藏坑遗存，为观众诠释着西汉帝陵的形制结构和宏伟规模，以及帝陵的营建制度、埋葬和陪葬文化。

### （一）前期考古勘探和发掘成果的必要性

早年的考古成就奠定了国家考古遗址公园的建设，当今持续不断的考古工作依然推动着遗址公园的建设和发展，发挥着巨大的作用。遗址公园的发展规划、遗址的保护标识与环境整治以及社会教育功能的发挥等均离不开考古工作的支持和协作。

1997、2000 年，汉阳陵帝陵园南阙门遗址经过全面考古勘探和发掘，发现东部保存较好、西部破坏严重。依据发掘状况，按照东西对称的格局，对西部进行修补，包括散水、主副阙台和陵园垣墙，复原出平面布局呈现一种从中间门道向东西两侧逐渐变窄减小的"三出"阙形制。以散水为南北边界，中间依次是门塾、主阙台和副阙

台，最边则是陵墙。遗址夯层清晰，柱槽和柱洞规整有序，地面的散水、局部铺地砖和残留的踏步直观地展现出一座典型的夯土高台建筑形制。北阙门遗址的地面标识是依据勘探资料和南阙门遗址考古现场实际情况，在现有地面上"重建"，使陵城得以完整呈现。

考古遗址类博物馆依据考古资料复原遗址，在村落、都城、宫殿、陵园等大型遗址展示中都得到了广泛应用。

### （二）保护性建筑的建设形态

汉代土木结构的建筑如今已经荡然无存，仅残余部分基础遗迹，为了全面保护和展示该遗址，决定建设保护性建筑，其设计原则首先是保护遗址本貌，其次是建筑形态要体现古代门阙的建筑特征。

要保护遗址，该保护性建筑的体量肯定要比原"阙门"宽大，南北进深最大 31.6 米，比原遗址进深 27.2 米大出 4.4 米，最高标高 19.63 米，也肯定高于当时的阙。"阙"与"门"结合之后，门的位置在中间，向左右两侧依次是门塾、主阙和副阙，门道和门塾部分应该是最低的，其外侧的主阙部分肯定是最高的，最外侧的副阙低于主阙而略高于门塾。整体建筑从远处看，依然中间低，两侧高，这与阙建于门外，"中央阙然为道"的建筑形制相同。阙与陵园垣墙相连，将陵园建成一个封闭的区域，便于管理，这与西汉帝陵陵城的建设制度相契合。

保护性建筑的建设，是不可移动文物预防性保护的重要手段，为遗址的保存创造了一个较为良好的环境，延缓了遗址的病变，有助于其长久保存，并更大限度地发挥展示的社会作用。

### （三）保护性建筑的合理应用

在复原、保护展示遗址本身的同时，由于

图六 遗址与保护性建筑

"阙"和"阙门"并不为常人所熟知，阙门的营建理念及其历史变革、等级制度、文化内涵等，仍需要文博工作者介绍给观众。

2003年，经查阅现有的相关考古资料、石刻画及现存的石阙资料，我院在南阙门保护性建筑内以图版、文字的形式，简要介绍了阙这种建筑的发展传承和文化内涵。保护性建筑既发挥着遗址保护展示的作用，也是相关文化展示的场所，这是遗址类博物馆的特性。

### （四）保护性建筑的设计理念

保护性建筑的设计理念是尊重遗址，参考历史原貌，展示遗址本身，建设遗址公园标志性建筑。东阙门遗址的考古、覆土保护，南阙门遗址的全面考古、复原和展示，西阙门遗址的历史原貌展示，北阙门遗址的整体地面复建，四组阙门融合在帝陵陵城复原展示之中，为观众全面了解西汉帝陵的结构布局提供了可视性的依据（图

六），南阙门保护性建筑更是成为汉阳陵国家考古遗址公园的唯一的地标性建筑。

## 五、结语

门、阙门在古代高等级建筑中发挥着实用的作用，彰显着皇家的威仪，是皇权至高无上的象征，经历了历史的洗礼、战火的毁灭，它们逐渐淹没在历史的尘埃之中。几千年之后的今天，通过考古工作者的手铲和毛刷，它们的建筑基址展露在世人面前。通过这些文化遗存，当年规模宏大、气势辉煌的古代皇家建筑似乎重现在我们面前。为了全面保护这类遗址并展现给观众，文博人采用了在遗址上复建建筑的形式，一则保护遗址本体，二则复原建筑的历史"面貌"。

目前，汉阳陵帝陵南阙门遗址和唐大明宫丹凤门遗址是集复原展示和保护建筑遗址本体于一体的典型实例，值得同类遗址借鉴和参考。

# 考古遗址博物馆的光与影
## ——以雅典卫城博物馆展陈照明为例

杜若铭

北京考古遗址博物馆

**摘　要：** 考古遗址博物馆是现代博物馆种类的重要组成，其首要责任是保护考古学遗址。考古遗址类博物馆的展陈照明相较于其他类型博物馆有其特性。以雅典卫城博物馆（新卫城博物馆）为例，其在设计方面充满挑战性与创新性，尤其是展陈照明设计，在保障展品安全的基础上，充分尊重了希腊艺术的历史性和自然性，甚至尝试从新的角度来表达对政治议题的诉求。这种展陈照明因地制宜，不仅有实用性、艺术性，还非常有责任感，这是其他考古遗址博物馆展陈照明值得学习研究借鉴的。

**关键词：** 考古遗址博物馆　雅典卫城博物馆　展陈照明

一直以来，考古遗址的保护、研究和利用是国内外考古学界、历史学界、博物馆学界以及文化遗产研究者颇为关注的问题，建立考古遗址博物馆是不少国家和地区对考古遗址进行可持续保护、研究和利用工作时相对恰当的选择。考古遗址博物馆大多数建设在考古遗址上，其占地面积大，可能位于室外。因此，针对考古遗址和相关文物（包括非此遗址出土但有关联的文物）的展陈设计，与传统的博物馆室内陈列设计截然不同，需要利用博物馆内外的光与影建立起展陈文物与考古遗址之间的联系，要求格外注重展陈照明。

以雅典卫城博物馆（新卫城博物馆）为例，不仅因为希腊雅典卫城自身的魅力——古希腊最杰出的古建筑群，拥有世界上无与伦比的考古遗址，是世界著名文化遗产，还因为雅典卫城博物馆的建设和展陈设计充满了挑战性、创新性且效果斐然。通过博物馆的选址、建筑设计、展陈的光影设计，将距离场馆300米外的帕特农神庙、位于博物馆正下方的Makriyianni遗迹以及博物馆

内的精美艺术品（文物）结合在一起，使观众置身于历史、艺术、美学的盛宴中。其中，博物馆展陈中的光与影起到了不可忽视的作用。

## 一、考古遗址博物馆与雅典卫城博物馆

遗址博物馆是在古文化遗址上建立的，针对该遗址文化进行发掘、保护、研究、陈列的专门性博物馆[①]。而考古遗址博物馆特指建立在考古遗址上或附近的，以保护、收藏、研究、展示该遗址考古工作成果为主要目的的遗址博物馆。考古遗址博物馆将考古遗址与相关文物结合起来，最大限度地保留该考古遗址的历史文化信息的真实性与完整性，属于专题性博物馆。

在西方博物馆学概念里，"遗址博物馆（Archaeological Site Museum）"属于"原址博物馆（Site Museum）"。"原址博物馆"分为四类：生态的、民族学的、历史事件的、考古的，其中第四类就是考古遗址博物馆。国际博物馆协会将考古类的原址博物馆统称为"Archaeological Site Museum"，

---

① 吴永琪、李淑萍、张文立：《遗址博物馆学概论》，陕西人民出版社，1999年，第7页。

算是正式对考古遗址博物馆进行了定名<sup>①</sup>。

考古遗址博物馆是现代博物馆种类的重要组成，与其他现代博物馆相比，其首要责任是保护考古学遗址，其次是提供场所供相关学者进行研究，最终将考古学公众化。考古学遗址、相关文物研究成果与现场的遗址、文物在这个空间为观众营造出时空交错的场域，在这里，考古遗址、观众与博物馆人在科学、艺术、历史等方面达到相互的满足。有些博物馆将考古发掘现场、学术研究过程等与公众考古相结合，让观众直接面对实物、实景，置身于"历史场景"中。正在进行的考古发掘工作也揭掉了神秘面纱，生动鲜明地呈现出考古工作者对遗址的发掘和研究过程，使观众能了解到考古工作与历史研究的内在逻辑，也是给予观众不同层次的博物馆体验。考古遗址博物馆与其他现代博物馆相比亦有其他特性，因为此类博物馆必须选址在遗址区域或遗址附近，出于位置、场地的限制，对承托博物馆的建筑功能性亦有更高的要求，不局限于保护考古学遗址。此外，因为藏品需与遗址相关，藏品类别未免单一、专业性强，需要靠丰富的临时展览和多样的博物馆活动来弥补过于单一、严肃、专业的感觉，吸引更多的观众，更好地体现博物馆服务社会的职能。

雅典卫城博物馆在世界考古遗址类博物馆中是一个独特的案例。从 1975 年希腊提出建立民主制动议到博物馆建成，历经 30 多年，这体现了一个旨在展现不同历史时期文明且受政治因素影响的博物馆建立过程的复杂性。博物馆不仅要承接现代希腊民众生活中已不复存在且无比辉煌的"古希腊"遗迹，还要融入罗马帝国时期对其他欧洲文明的影响，同时还要汇入东方文明和伊斯兰世界的奥斯曼土耳其帝国文化。博物馆的历

史视角不仅是再现历史，而是用现代文明重新解构历史，以他者眼光看待逝去的辉煌文明。"埃尔金大理石（Elgin Marbles）"或者"帕特农大理石（Parthenon Marbles）"事件，是经典的"大英博物馆"问题，事情原委可参见丁宁的《"埃尔金大理石"事件——作为重要文化财产的艺术品的归属问题》。2023 年，希腊总统再提帕特农神庙石雕的归属问题，希望未来可以妥善解决。雅典卫城博物馆建立后，通过展陈设计体现出了这些复杂的历史因素和政治因素，博物馆的选址并未设在雅典卫城内，而是选择了一个可以远眺卫城的位置，突破了考古遗址类博物馆在区位选择上的常规制约。观众在参观博物馆的过程中，虽未置身于卫城神庙之中，却总能在不经意间望到神庙，或者感受到神庙的存在，这不失为一种伟大的设计。在博物馆的展陈设计中，照明设计和光影运用在展示过程中起到了至关重要的作用。

## 二、考古遗址博物馆展陈照明的相关讨论

考古遗址类博物馆与一般现代博物馆的职能是一样的，在履行职能的过程中，博物馆照明系统的设计至关重要，尤其体现在展陈方面。观众通过博物馆的照明系统可以感知到博物馆内一切，不仅包括主要展示的展品，还包括为了烘托展品的博物馆内外环境，这是博物馆照明设计所要追求的目标。

### （一）博物馆照明的基本要求

现代博物馆的光源分为两类，一是自然光源，二是人工光源。自然光源来自太阳，大自然的光进入室内，人的体感会很舒适，更易接受。人工光源一般是博物馆的主要光源，相较于自然光源，

---

① Kalliopi Papaggeli ,*The Archaeoiogicai Site and the Museum*, Olkos: Latsis Group,2002,p.17.

灯具种类多样，更具有稳定性、可控性，所以被大多数博物馆大量运用。有的博物馆为了达到一定的展陈效果，完全屏蔽自然光源。《博物馆建筑设计规范》第 3.3.6 条规定：除特殊要求采用全部人工照明外，普通陈列室应根据展品的特征和陈列设计要求确定天然采光与人工照明的合理分布与组合。

无论使用自然光源还是人工光源，或者二者结合，博物馆照明对于光源都有基本的要求，首先就是照明安全。由国家文物局颁布实施的《博物馆照明设计规范》《中华人民共和国行业标准（GB50034-2013）；建筑照明设计标准》《博物馆建筑设计规范》等是我国博物馆照明设计的重要依据。这些条例对自然光源和人工光源都有明确规定，对光源里的紫外线、红外线的UV都有要求控制和干预，以防紫外线的化学作用、红外线产生的热能等，将光辐射对展品的危害降到最低。博物馆内，无论是展厅还是工作区域，电源线路的安全亦是非常重要的，尽量杜绝电源安全事故。

在确保照明安全的前提下，光源使用的准确性是照明设计中需要考虑的第二大重要事项，这个准确性包括准确表现展品的真实性，以及准确实现博物馆设计艺术效果。对于看似不可控的自然光源，我们可调整采光口的形状、位置、大小等以及遮光设备，并结合当地的气候变化进行优化，以达到预期的准确照明效果。相比之下，人工光源因其可控性，在表达照明准确性方面更易操作。博物馆照明设计中，无论是人工光源还是自然光源的使用，都需建立在科学研究的基础上，以防止光污染的产生。

## （二）考古遗址博物馆展陈照明的特性

考古遗址类博物馆一般采用自然光源和人工光源相结合的方式，相较于其他类型的博物馆，考古遗址类博物馆会采用更多的自然光源来阐释遗址展品在特定地点和特定光源下的独特性。大量使用自然光源不意味着"偷懒"，反而更需要注意人工光源的配合度，可以通过玻璃、百叶、窗帘来控制光线的明暗，并加以适当的调节。在安全方面，需要根据遗址的展示需求，增加紫外线金属网等设施，这项陈列布光技术在西方国家已经比较成熟了，用来减少室内所受到的紫外线辐射，保障考古遗址展示的安全。

## （三）雅典卫城博物馆的照明设计

2001 年，建筑设计师伯纳德·屈米及其事务所在雅典卫城博物馆设计竞赛中脱颖而出，夺得桂冠。经过九年的建设，该博物馆于 2009 年竣工。这座博物馆洋溢着现代气息，占地面积达 21000 平方米，博物馆的目标是长期同时展出 4000 多件艺术收藏品，因此，展览区的面积达到了 8000 平方米，并设有当代展廊，而没有大型的藏品库房。在设计方面，充分尊重了希腊古典艺术明媚的自然感，而非拜占庭时期神秘的宗教感，这些展品仿佛与自然光影融合在一起，让观众有一种在户外参观雕塑展品的体验。

雅典卫城博物馆充分利用了自然光源。雅典位于巴尔干半岛南端，濒临地中海沿岸，属于地中海气候。希腊平均每年享有超过 250 天的日照时间，累计约 3000 个小时，这使该国成为世界上阳光最充足的国家之一，也是欧洲阳光最明媚的国家之一，被称为"欧洲的阳台"。充足且稳定的光照时长给博物馆提供了天然的采光条件。

博物馆没有建立在雅典卫城的原址之上，但位于卫城的视野之内，建筑设计要将雅典卫城原址、博物馆底下仍在持续进行考古发掘的历史遗迹以及周围的现代街道联接在一起，实现自然的呼应。由结果来看，博物馆的建筑设计和对自然采光的充分运用解决了这个难题。

博物馆的展示空间分为三层，可以看作是

对帕特农神殿经典结构形式的呼应，同时也是对其剖面形态的映射[①]。特别设计的Dionysios Areopagitou步行街将博物馆与卫城遗址和其他重要考古遗迹相连接，由图一可以直观地看到博物馆入口与雅典卫城的位置关系。从博物馆入口（图二）进入，观众的这一路都由自然光源引导，在一个自然状态下由街区进入。

博物馆底层是一个半开放的空间，还在持续不断地进行发掘工作。为了有效地支撑建筑结构并保护地下的遗迹，考古学家和结构工程师合作，决定采用三分立柱，跨立古城墙之上（图三、四）。这一层以自然光源为主，配合局部的人工光源，以更好地体现细节，使遗址的展示更加充分、自然。博物馆入口以及底层与第二层展示空间使用矩形玻璃楼板，保持了第二层展示空间与遗迹

图二　雅典卫城博物馆入口

图三　博物馆底层遗址

图四　博物馆底层遗址

之间的透光性以及视觉联系（图五）。即使这里的主照明是人工光源，仍能感受到入口处射入的自然光。第二层展示空间与遗迹之间建立了一种主题性的参观指引，使观众在入口处就能感受到雅典卫城博物馆作为考古遗址博物馆的特色，以及馆内展品的考古历史背景。

图一　雅典卫城博物馆入口

---

① 韩瑞茜：《博物馆建筑对历史遗迹的影响——以新卫城博物馆为例》，《建筑与文化》2017 年第 9 期。

图五　博物馆入口及部分第二层展示区

博物馆顶层和第二层是主要的藏品展示空间。顶层是360°全景玻璃设计，采光效果极佳，且顶层天花板中间设有方形天窗，为三层展厅提供了自然光，天井的光线能直射至底层遗址展区。光线透过方形天窗、东西立面的不锈钢镀层侧翼，以及整面多孔玻璃墙，为博物馆中心展厅提供了充足的自然光源。

顶层相对于建筑本体旋转了33°，与帕特农神庙平行，使顶层成为观赏帕特农神庙的绝佳位置（图六）。该展示区拥有和帕特农神庙相似的平面形式，展示的内容也与帕特农神庙息息相关，包括古希腊鼎盛时期的山墙上的雕塑、大理石石雕和三角楣饰，尽量还原了展品在帕特农神庙的原始朝向、位置关系以及其传达的意义（图七、八）。第二层展示区展示了希腊不同时代的几千件藏品。观众通过入口展厅的玻璃地面，观看希

腊史前早期遗址到古代时期，再到帕特农神庙所代表的古典时期，进而鸟瞰整个城市，最后延伸至后帕特农神庙和罗马时期。中心展区的雕塑布置在简单的大理石底座上，散布在巨大的混凝土柱子之间。雕像的背景材料采用了微喷砂混凝土，与坚硬大理石雕像不同，这种材料可以吸收周围的光线，避免与展品争辉[①]。

博物馆内自然光源的充分运用，在展示和保护间达到了相对成功的平衡。自然光源的照明不

图六　由博物馆顶层看到的帕特农神庙

图七　博物馆顶层展示区

① 文睿、李林、杨璠：《时间叙事内涵下的遗址博物馆设计策略探析——以新卫城博物馆为例》，《居舍》2023年第4期。

图八　博物馆顶层展示区

仅为了让观众看清展示的藏品，它还寓意着时间的变化、现代与历史的关系以及特殊的地理意义。随着一天中时间的变化，展厅与展品的光线也随之变化，能让观众领略到展品与自然变化的关系，这种变化在这个地方几乎是恒定的。地点的永恒、展品背后的历史与光线的变化，这种永恒与变化的寓意在这个现代博物馆内流淌，观众沉浸在时空变幻的河流中。博物馆设计者认为，自然光源是来自雅典卫城的完美光线，这种设计给观众提供了一个前所未有的空间和角度，去思考和理解雅典卫城的复杂内涵和全部成就。自然采光具有特殊的地理意义，希腊雅典的阳光与其他国家及地区的阳光不同，人们期待远在他乡的"帕特农大理石（Parthenon Marbles）"能早日回归，重新沐浴在雅典完美的阳光下。

## 三、结语

以雅典卫城博物馆为例，来讨论考古遗址类博物馆的展陈照明有其特殊性，该博物馆的建设项目是国际性的，且持续时间长，其投入之大也不是一般博物馆可以比拟的。尤其是在展陈照明的设计方面，博物馆在保障展品安全的基础上，充分尊重了希腊艺术的历史性和自然性，还尝试从新的角度来表达对政治议题的诉求。这种展陈照明因地制宜，不仅有实用性、艺术性，还体现了勇气和责任感，这些特点都是其他考古遗址博物馆在展陈照明方面值得学习、研究和借鉴的。

# 多媒体展项在史前遗址博物馆展览
# 叙事中的作用与反思

牟文星

四川大学

**摘 要**：史前遗址博物馆是中华文明探源成果的重要展示窗口之一。随着近年来数字技术的蓬勃发展，博物馆中新兴展示技术的广泛应用打破了传统的展览叙事思维，这无疑将为史前遗址博物馆展览叙事注入无限可能。多媒体展项作为史前遗址博物馆重要的展示媒介，其本身就具有较强的研究价值与现实意义。本文基于史前遗址博物馆多媒体展项的实地调查，试从展览叙事的角度，探讨多媒体展项在此类遗址博物馆中的作用，并就其应用现状进行反思。目前，将多媒体展项引入到史前遗址博物馆展览叙事中，可以从聚焦信息、塑造叙事情境、拓展叙事空间等方面来提升其展览叙事的能力，为观众了解史前文化提供一种新的可感知方式，让其在展览中走进史前文化，共享史前考古成果。

**关键词**：史前遗址博物馆 多媒体展项 展览叙事 博物馆观众 数字技术

## 引言

随着数字技术的发展，展览中的多媒体展项已然成为史前遗址博物馆向观众展示、阐释、传播考古成果和文化内涵的重要叙事媒介，是为观众呈现史前文化故事最直接与便捷的手段，也是最能吸引观众参与互动并主动获取知识的展项。然而，多媒体展项作为展览叙事的重要方式和结构之一，很少有学者从展览叙事的角度单独审视其作用。基于此，笔者通过对史前遗址博物馆常设展览中多媒体展项的实地调研，试从展览叙事的角度，探讨多媒体展项在史前遗址博物馆展览叙事中的作用，并就其当下的应用现状及其未来发展所需注意的一些问题进行反思。

## 一、史前遗址博物馆展览叙事的困境与契机

史前遗址博物馆的常设史前文化展属于文化信息定位的主题式展览，它是将遗址出土物按照主题揭示的逻辑关联进行置放，连结成一个具有叙事结构的整体，最终在其展览空间中向观众讲述故事[1]。在史前遗址博物馆展览中，展品依旧占据了重要的核心地位，但由于史前遗址本体的不可移动性及其出土物观赏性不足、单一等特性，仅仅靠这些不会说话的"物"很难构成一个有效的叙事[2]，通常展览内容还涉及"古、深、难"的考古学知识，导致这类展览往往超出了一般观众的理解能力，背离了观众参观的兴趣所在[3]。囿于上述原因，想要讲好一个独特的史前文化故事，

① 严建强：《关于史前文化展览的若干思考》，《史前研究（2002）》，三秦出版社，2004 年，第 442 页。

② 许捷：《空间形态下叙事展览的构建》，《博物院》2017 年第 3 期。

③ 马雨林：《史前遗址博物馆陈列形式多样化的探讨》，《博物馆理论与实践研讨会论文集》，三秦出版社，2007 年，第 140 页。

办好一个非同质化且具有吸引力的史前文化展，让观众理解史前文化价值与内涵，触及史前文化展览的主旨和内核，并从中感受考古学研究所重现的史前文化图景与人文精神，这并非一件易事。目前，叙事话语的创新表达似乎成为这类展览叙事中的普遍困境。

随着近年博物馆信息化、智慧化的不断建设，博物馆展览叙事的呈现越来越依赖于视觉艺术载体和数字技术手段的支持[1]，多媒体展项作为博物馆重要的展示媒介之一，能够为观众提供审美型阐释、解析型阐释、探索型阐释、交流型阐释[2]。多媒体展项的广泛应用，可以打破博物馆原有的传统展示线性叙述的规律，实现一个能以多种方式组合、排列展示元素，并供参观者随意定制、取舍和选择任意形态加以显现的系统[3]，为观众构建一个多元性的展览叙事结构与话语。因此，面对史前遗址博物馆展览内容的理解成本高、趣味性弱、传播效果差等问题，多媒体展项可以打破其展览叙事的空间藩篱，使展品信息连结成一个更富有逻辑关联性的叙事。

## 二、多媒体展项助力史前遗址博物馆展览叙事的方式

多媒体展项作为史前遗址博物馆展览叙事中话语表达的重要工具，在聚焦信息、塑造情境、拓展空间和实现以"人"为中心的叙事导向等四个方面发挥着积极作用，这与建构主义学习理论认为的学习环境的四大要素："情境""协作""对话"和"意义建构"[4]不谋而合，为观众共享史前考古成果创造了条件。

### （一）聚焦关键信息

史前遗址博物馆展示内容基本以考古学研究成果为基础，与考古学有着十分紧密的联系，但这部分内容大多理解门槛过高，观众在观展过程中通常会忽略或快速略过此类信息。此外，此类展览往往又将遗址地理区位、自然生态环境、遗址聚落规划与建筑、早期社会生产生活等诸多信息要素，碎片化地散落在展览的不同位置。通过笔者实地调查可见，多媒体展项在史前遗址博物馆展览中的应用，助益了展览叙事中重要信息的聚焦和史前遗址核心价值的传播。

如宝墩遗址展馆"天府之根——宝墩遗址与宝墩文化展"中"宝墩文化分期图"下方的互动类多媒体展项，其展示了宝墩时期，宝墩遗址与双河遗址、紫竹遗址、芒城遗址、鱼凫村遗址之间的关系。宝墩文化的分期属于大众难以理解的考古学专业内容，如果只是通过图文展板来为观众传播知识信息，会很容易地被观众忽视并快速跳过，而将多媒体展项运用于此处，恰好可以使文化分期这一关键知识信息在展览叙事中得到聚焦，并辅助观众理解宝墩文化分期的方法与依据。此外，位于"城墙修筑"图文展板旁的"城垣修建"视频动画类多媒体展项，通过多媒体全息场景的技术方式，以动画内容为观众立体地呈现了挖掘城壕、取土筑城、维土修筑、水平夯筑、斜面拍打等城垣修建的各个阶段。多媒体展项内容与其后方的宝墩先民人物模型、宝墩史前图景画和城垣模型复原等构成的宝墩先民修建宝墩城垣场景动静结合，不仅使城墙修筑的关键信息得到聚焦，还与周围的图文展板信息相互呼应，将城墙修筑方法与修筑过程鲜活地再现在观众面前。

---

① 王喆、蔡馥：《叙事作为设计方法：国际学界博物馆展览叙事研究的回顾与启示》，《中国博物馆》2023 年第 3 期。
② 陈红京：《博物馆学概论》，高等教育出版社，2019 年，第 149～150 页。
③ 陈刚：《博物馆数字展示基本特征分析》，《东南文化》2009 年第 3 期。
④ [英]蒂姆·科普兰著、黄洋译：《将考古学展示给公众——建构遗址现场的深入了解》，《南方文物》2013 年第 1 期。

如上所述，牛河梁遗址博物馆的"女神、女神庙概览"多媒体展项聚焦了牛河梁遗址红山先民原始精神信仰信息、良渚博物院的"良渚先民复原"多媒体展项聚焦了科技考古信息、昙石山遗址博物馆的AR多媒体展项聚焦了昙石山遗址重点出土文物的本体信息等等。所以，多媒体展项在史前遗址博物馆展览中发挥着聚焦关键信息的作用，不仅使重点信息能够从众多碎片化的展览信息中脱颖而出，提升了重点信息的传播效率，其在不同展品组的点位还使该展品组的信息逻辑关联性得以优化，能够吸引观众的注意力，并加强展品组展示信息对观众的思维引导。

### （二）塑造叙事情境

在展览叙事系统中，展览叙事语境是一个展览成功的基础或前提条件[①]，更切合展览内容的展览叙事语境，就如同更贴合电影内容的背景音乐一样，能够感染观众，帮助其更好地理解与体验展览传播的内容。在史前遗址博物馆展览中的多媒体展项就承担着如同电影叙事中的背景音乐和插曲一样的作用，经过巧妙构思、组合的多媒体展项，能够营造出富有画面感、真实感的展览叙事语境氛围，从而奠定整个展览叙事主题及内容的基调。

如在大河村遗址博物馆"星空下的村落"展览中就运用多媒体展项为展览叙事塑造出了一个良好的情境氛围，将叙事空间场景构建出了一种紧密连接史前环境的时空感。当观众进入到"星空下村落"陈列展厅的序厅，就能看到通过多媒体半景画技术打造的"奔腾的黄河"与"闪耀的星空"。观众站在序厅之中，就恍若置身浪漫星空

下、雄伟黄河边，不仅为整个展览叙事奠定了符合主题的氛围基调，还能引发观众对展览其他部分继续探索的好奇心。又如位于牛河梁遗址博物馆"祈福圣坛"展品组中央的"祭祀场景"多媒体展项，通过光影数字技术、音效数字技术与祭祀场景复原模型相结合，创造出了富有感官化和形象化的祭祀场景，这样的情景再现不仅为展品组的其他实物文物展品塑造出了一个生动鲜活的展览语境，还对观众进一步理解史前先民的原始信仰有所助益。

总而言之，通过多媒体展项塑造史前遗址博物馆展览的叙事语境，不仅强调了不同史前遗址所具有的特色，增加了展览展示信息的感染力与完整性，还可以让观众在史前遗址博物馆的展览展示空间中通过多感官来感受史前文化，有利于观众理解遗址的核心价值，让展览空间成为承载与传播史前文化的精神发生场域。

### （三）拓展叙事空间

博物馆空间可视为多重空间的叠加，依据主要应用数字技术的不同，可以将博物馆的空间划分为物理空间、虚拟空间以及二者交融后形成的混合空间[②]，博物馆展览叙事空间中的叙事地理空间、展览展示空间（线下空间）[③]都属于物理空间的范畴。将多媒体展项应用于史前遗址博物馆中，既能够拓展博物馆展览叙事空间，提升展览叙事的信息容量，还可以在拓展的虚拟空间中将展览展品组所蕴含的隐性信息为观众显化。

如在城子崖遗址博物馆常设展中的山东最早的村落复原模型、山东最早的定居农业复原场景、龙山时代陶窑复原模型、房屋复原模型、筑城场

① 曹宏：《博物馆展览叙事语境的构建》，《博物院》2021 年第 6 期。

② Farzan Baradaran Rahimi,Richard M Levy,Jeffrey E Boyd,Hybrid Space: An Emerging Opportunity That Alternative Reality Technologies Offer to the Museums, *Space and Culture*, 2021,p24.

③ 曹宏：《博物馆展览叙事语境的构建》，《博物院》2021 年第 6 期。

景等旁边都放置有触摸互动类多媒体展项，将与复原模型和场景相关的考古研究成果呈现在多媒体展项的内容之中，这是史前遗址博物馆采用的最直接和传统的扩充原有展览展示信息容量的方式。又如由于良渚文化的范围广、延续时间长、内涵丰富、类型复杂，想要在良渚博物院展厅有限的展示空间中，呈现良渚时期的物质成就、古城格局、社会文明和不断更新的良渚文化考古研究成果，对于策展人而言是一个不小的挑战，而良渚博物院的常设主题展中 11 项视频动画类多媒体展项的应用，实现了整个展览的展示空间拓展，将范围广、延续时间长、内涵丰富、类型复杂的良渚文化及其物质成就，全面、立体地呈现在了良渚博物院展厅有限的展示空间中。如位于第二展厅"文明圣地"球幕影院的"神王之城"多媒体展项，展示了包括良渚遗址地理与自然环境信息、聚落与城址信息、史前先民精神信仰信息、建筑信息等诸多信息，无疑极大程度地拓展了物理展示空间所能容纳的信息量。

另外，博物馆以物为载体的信息除了表层的显性信息外，还包含多层隐性信息，这些隐性信息通常难以不言自明和不证自明[1]，史前文化展中的展品基本都是史前考古文物，因此很难在实体的展览空间中为大众全面地阐释这些史前考古文物的信息。如良渚博物院常设展的"文明基石"部分，展示了考古出土的碳化水稻，其目的是向观众阐释，在良渚文化时期，正是农业这块文明的基石，奠定了良渚王国千年繁荣的物质基础，但是，碳化稻谷所蕴含的以上隐形信息很难被观众理解，而位于碳化稻谷旁的"稻作农业"

多媒体展项能够将显性与隐性的内容进行有机整合、共同显现，使得碳化稻谷成为完整的博物馆之物[2]。

综上所述，多媒体展项的应用使史前遗址博物馆展示空间摆脱了博物馆物理空间的局限性，实现了考古信息阐释空间的拓展、展览展示信息容量的提升和展示信息方式的多元化。同时，这种现实空间与虚拟空间的穿插，延展了文物信息之间在展览展示空间中的逻辑关联性，将展览中实物展品排列组合后所蕴含的隐性信息显化，为史前遗址博物馆深入阐释史前文化的价值与内涵提供了可能。

### （四）实现以"人"为中心的叙事导向

多媒体展项实现以"人"为中心的叙事导向，指博物馆的多媒体展项以观众为对象创造可感知的叙事。博物馆作为知识生产、消费的机构与场所，人的因素是博物馆发展的关键，新技术的进步带给博物馆多种新的可能，重新定义着博物馆与观众的关系[3]，如数字化让博物馆创造出一种全新的与公众对话的模式[4]，庙底沟博物馆和二里头遗址博物馆都通过数字技术手段为观众打造了一处数字展厅，把当下热门的虚拟空间、沉浸空间等多媒体展项组成的跨媒介展陈方式引入到展览叙事中，在数字空间中为观众创造出可感知的叙事，从而实现了史前遗址博物馆展览叙事以"人"为中心的叙事导向。

同样地，多媒体展项为史前遗址博物馆展览叙事培养观众视角提供了条件，即观众在展览中，通过主动使用多媒体展项对感兴趣的知识信息进

---

① 周婧景：《博物馆以"物"为载体的信息传播：局限、困境与对策》，《东南文化》2021 年第 2 期。

② 贺诚、黄建成：《观看、场域、体验：当代博物馆展示空间中的剧场性建构》，《东南文化》2023 年第 3 期。

③ 潘守永：《新博物馆学：理论与实践》，江苏凤凰文艺出版社，2023 年，第 34～40 页。

④ 安来顺：《数字化时代之超级连接的博物馆》，《中国博物馆》2018 年第 3 期。

行了解，积极创造个人的体验和意义，从而形成个人的世界建构[①]，为观众与展品、展览之间建立新的多元体验探索方式。如 2023 年初，牛河梁遗址博物馆综合馆在"文明曙光"主题展览结束处打造了红山文化VR体验区，观众可以通过戴上VR眼镜重返 5000 年前的红山古国牛河梁，感受红山先民的生产生活以及祭祀活动等。又如良渚博物院在第一展厅中通过设置游戏室的方式吸引少儿观众，该游戏室有"良良的世界"视频类多媒体展项、"模拟考古"AR沙盘互动类多媒体展项、四台可以联机的"良良考考你"触摸屏互动类多媒体展项。这三类多媒体展项共同构成了一个互动空间，提升了少儿观众在展览中的参与度，培养了少儿观众对良渚文化的思考与感知。

综上，多媒体展项有助于史前遗址博物馆展览叙事实现以"人"为中心的叙事导向，使观众在展览中的角色从展览叙事的受述者转换成了展览叙事的参与者，为观众了解史前文化提供一种新的可感知视角。

## 三、反思

我国考古事业方兴未艾，每年都有众多的史前遗址被考古发掘所揭露出来，除去部分重要的史前遗址会在原地或附近修建史前遗址博物馆展示并加以保护外，其余史前遗址出土的大多数文物都被保存至其他地方博物馆中。建设史前遗址博物馆的主要目的就是将这些史前遗迹与遗物所蕴含的史前文化信息进行整合与阐释，通过展览陈列的方式为公众呈现一部相对完整的史前社会

历史。然而，囿于我国考古遗址博物馆藏品资源分布不均、馆藏空心化严重等问题[②]，部分史前遗址博物馆很难通过有限的藏品来实现完整的博物馆展览叙事。多媒体展项作为史前遗址博物馆陈列展览中的重要展示媒介之一，不仅能在藏品有限的情况下增加展览叙事的逻辑与完整性，还可以为史前遗址博物馆主题展览突破空间的藩篱创造条件，是将遗址核心价值对公众进行充分阐释的重要手段，也是公众在博物馆场域中共享考古研究成果的重要途径。

史前遗址博物馆中的多媒体展项设计需注意哪些原则，多媒体展项如何在展览叙事中有效丰富观众的体验认知，如何高效利用海量数字资源进行辅助叙事，以及如何避免多媒体展项在展览叙事中功用失灵，仍是需深入思考的问题。

### （一）以真实性、科学性为基础原则，兼顾知识性与娱乐性

首先，史前遗址博物馆中展览叙事依旧是基于考古文物信息来进行建构的，多媒体展项在展览叙事中所呈现的话语内容，也是基于考古材料研究的技术想象。因此，多媒体展项作为在展览叙事空间中将史前考古材料研究成果转化和意义重构的容器，为观众阐释与呈现客观、准确的史前考古文物信息，既需要遵循当代考古学理解考古材料的基本思路，即依赖理性的分析和利用感性的共情[③]，也需要符合博物馆核心特征（科学性和真实性、知识性和教育性、趣味性和娱乐性）的基本要求[④]。面对数字化叙事形式并未深入到文化内核搭载适配性的信息服务，泛化的数字化叙

---

① ［英］蒂姆·科普兰著、黄洋译：《将考古学展示给公众——建构遗址现场的深入了解》，《南方文物》2013 年第 1 期。

② 张治强、刘冰夷：《我国考古遗址博物馆发展现状分析与建议》，《南方文物》2024 年第 4 期。

③ 陈胜前：《考古学如何重建过去的思考》，《南方文物》2020 年第 6 期。

④ 陆建松：《博物馆展示需要更新和突破的几个理念》，《东南文化》2014 年第 3 期。

事形式正消解博物馆叙事内核深度的问题[①]，在史前遗址博物馆展览叙事空间中，只有将实际证明的相关考古研究作为多媒体展项设计支撑，厘清史前考古研究中有待商榷的内容，才能使多媒体展项叙事功用与展览传播的文化内核适配，从而避免观众在观展过程中的认知体验发生偏差。

其次，多媒体展项的娱乐性是博物馆娱乐功能的表达形式之一，在展览中发挥吸引观众注意力、强化观众记忆、活跃博物馆学习等积极作用[②]。寓教于乐的学习形式也可以帮助公众在感官体验、知识获取、探索与发展三个层面取得成长[③]。作为考古成果展示的史前文化展览，其叙事文本本就涉及大量且富有深度的考古学专业知识，相较于其他类型的展览叙事，更需要多媒体展项发挥娱乐性功效来兼顾其叙事文本的趣味性，借此激发观众对展览叙事后续内容的探索、学习与反思。若其叙事中的多媒体展项只专注于考古文物所承载知识性信息的拓展，将信息灌输式地传播给观众，忽视知识性与娱乐性的平衡，那么多媒体展项依旧无法有效地助力史前遗址博物馆的展览叙事，也无法实现让公众共享史前考古成果的美好愿景。

### （二）注重渐进评估与及时调整

为实现多媒体展项在展览叙事中丰富观众的体验认知，馆方应更注重对多媒体展项内容与形式的渐进评估和及时调整，即在多媒体展项的运行过程中以实现展项的最终目标作为导向，根据持续评估的反馈信息和观众行为来提高观众的体验感[④]。由于观众的参观动机、博物馆行为、离场学习和记忆是决定观众体验高度相关的整体[⑤]，馆方可以将参观前、参观中和参观后这三个阶段所形成的基本问题为导向[⑥]，根据展览中的标准观众、典型观众、真实性观众[⑦]这三类观众调查结果存在的差异，将多媒体展项展示的内容与话语表达形式进行适当调整。主要方法可以采用跟踪观察和个人意义映射这两种西方博物馆学习研究者常用的调查方法，前者侧重记录观众的参观行为，后者记录观众在博物馆参观前后的智识变化[⑧]。对这两种方法调查的结果进行数据分析，可以了解观众在史前遗址博物馆展览中使用多媒体展项的参与度和认知体验。

就目前而言，史前遗址博物馆普遍还没有产生对多媒体展项内容与形式进行渐进评估的深刻意识，这必然会导致其在博物馆展览叙事中发挥的成效无法达到预期目标。如牛河梁遗址博物馆常设展览"文明曙光"的触摸互动类多媒体展项尽可能全面地将各类研究成果灌输于多媒体展项内容之中，但是由于其缺乏对观众体验认知需求的渐进评估，未能对内容进行及时调整。面对教科书般的海量信息，观众囿于自身的知识储备，无法从中对考古信息进行有效筛选并理解，继而导致了多媒体展项在博物馆展览叙事中的失语现象。

① 张允、张梦心：《数字时代博物馆叙事逻辑的重构：基于场景理论的视角》，《现代传播（中国传媒大学学报）》2020年第9期。
② 常丹婧：《"博物馆娱乐"的特性及误区谈》，《中国博物馆》2019年第1期。
③ 刘迪、徐欣云：《媒介视域下博物馆陈列的娱乐问题探析》，《东南文化》2016年第1期。
④ [美]妮娜·西蒙著、喻翔译：《参与式博物馆：迈入博物馆2.0时代》，浙江大学出版社，2018年，第309~324页。
⑤ [美]约翰·H·福克著，郑霞、林如诗译：《博物馆观众：身份与博物馆体验》，浙江大学出版社，2019年，第65页。
⑥ 赵星宇：《博物馆观众研究与观众评估体系探究》，山东大学博士学位论文，2022年，第49页。
⑦ 郎需颖：《博物馆观众研究刍议》，《中国博物馆》2017年第1期。
⑧ 赵星宇、席丽、付红旭、马馨、周柳君：《个人意义映射与跟踪观察法在博物馆学习研究中的应用》，《自然科学博物馆研究》2017年第4期。

## （三）加强技术创新与信息凝练

在知识生产多向度发展的背景下，数字技术在博物馆中的应用极大地推动了文物数据收集、存储、传输与展示的进步，同时，博物馆运用数字技术对"元知识"的转译与加工，本质上是一种具有揭示性、超越性和创新性的知识生产过程①。因此，大量考古文物信息在被多元解读后所形成的数字资源库内容十分庞大且丰富，但在大部分史前文化展览叙事中，还只是停留在将考古研究的学术成果简单地生搬至多媒体展项中来辅助叙事，这些作学术研究之用的学术成果的撰写逻辑与所用术语往往缜密且艰涩，并不适合公众理解②，必然会导致观众的无效参与，难以得到认知收获。在史前文化展览叙事中，多媒体展项如何高效利用多元化的数字资源进行辅助叙事，依旧是未来史前文化展览叙事需要关注的难题。

一方面，在制作互动类多媒体展项的技术上，可以借鉴采用通过数据准备、知识建模、知识获取、知识融合、知识储存、知识推理、可视化过程构建的关联数据平台（CBDB）③，利用知识图谱建构技术的三个层次：信息抽取、知识融合、知识加工④，来深度挖掘和整合文物考古数字资源信息，应用检索机制帮观众找到其感兴趣的关联信息，以促进数字资源在史前文化展览叙事中的高效利用。另一方面，从史前文化展览叙事本身出发，其考古文物所承载的自然环境信息、农业生产信息、聚落与城址信息、考古工作信息等多为隐性信息，因此多媒体展项需要精准地从海量数字资源中，筛选符合其信息类型的数字资源进行转译并为公众显现，才能实现数字资源在展览叙事中高效利用的目标。

## （四）推动多元合作，实现长远社会效益

从实地调查可见，多媒体展项在部分史前遗址博物馆展览叙事中功用失灵的现象主要体现在三个方面：第一，由于史前遗址博物馆大多位于公共交通难以抵达的偏远地区，并且部分博物馆的名气较小、看点不足，这些因素导致了史前遗址博物馆的日常观众较少，大部分博物馆为了节约运营成本，会在观众较少的情况下关闭多媒体展项，从而造成了多媒体展项在展览叙事中功用的直接失灵，影响观众的整体观展体验。第二，史前遗址博物馆往往缺少既有考古文博背景又懂数字技术的复合人才，在博物馆展览策划之初也很少将多媒体展项内容纳入到整体展陈内容策划中来考量，这导致了多媒体展项出现故障时不能及时维护、部分多媒体展项的叙事话语与史前博物馆展览叙事内核的适配度不高等问题。第三，在数字技术高速发展的当下，新兴展示技术的引入可以更好地丰富遗址信息阐释的表达路径，但考虑到新技术的日常升级与维护成本，一些史前遗址博物馆在展陈升级时仍使用原有的老旧多媒体设备来进行布展，因此造成了大部分多媒体展项无法在展览叙事中有效提升观众的多元体验。

针对上述现象，史前遗址博物馆应始终将其肩负的社会责任放在首位，积极推动与其他机构的多元合作，才能有效发挥出多媒体展项在博物馆展览叙事中的功用，实现博物馆更长远的社会效益。首先，部分地处偏远的史前遗址博物馆不能因为其展览参观人数过少就不运行展厅中的多媒体展项，如果只是为了节约展厅的运营成本而关闭展览中的多媒体展项，必然会破坏该博物馆

① 李倩倩：《知识生产视角下的中华文明探源、博物馆与数字技术》，《探索与争鸣》2023 年第 6 期。
② 赵娜、王文彬：《考古文物类展览信息阐释的公众转向》，《中国博物馆》2022 年第 2 期。
③ 陈涛、刘炜、单蓉蓉、朱庆华：《知识图谱在数字人文中的应用研究》，《中国图书学情报》2019 年第 6 期。
④ 刘峤、李杨、段宏、刘瑶、秦志光：《知识图谱构建技术综述》，《计算机研究与发展》2016 年第 3 期。

展览叙事的完整性，削弱展览应有的传播与教育效能。其次，博物馆方应积极推动与其他机构的多元合作交流，进行优势互补。如博物馆可以邀请数字技术专家来馆内定期召开培训班，提升馆内工作人员对多媒体展项的日常运维能力，作为交换，可以派遣博物馆工作人员前往技术支持方开展文化讲座，提升技术人员的文博知识。此外，需将多媒体展项内容纳入到整体展陈内容策划中来进行考量，在展项内容创作过程中，博物馆可以邀请考古所的专家学者、数字技术支持方的专家、策展方的内容脚本创作者等定期举办例会进行交流，力求多媒体展项形式内容与整体展览叙事的统一。最后，史前遗址博物馆在引入新技术层面，应更大胆主动寻求跨界合作，如可以与腾讯、京东等这些已经在文化遗产数字化方面取得不错成绩的科技企业达成战略合作，为博物馆多媒体展项升级争取新技术与后期维护的支持，提升展览叙事的多元化。

# 四、结语

如果史前遗址博物馆是对话过去、展示早期文明、传播考古成果的重要窗口，那么其展览中的多媒体展项则是考古遗址出土物在脱离考古环境后意义重构的重要媒介，同时，也是展览表达者在有限的展览叙事空间中，将冰冷的考古材料和专业化的考古研究成果，通过数字技术的帮助，转化为展览观众所能理解的信息的重要手段。多媒体展项不仅能够实现个性化的史前遗址博物馆展览叙事，把握不同史前遗址的特质，营造独特的叙事情境，拓展展览叙事的空间，还能促进史前文化展览以"人"为本的叙事导向，实现展览空间、展览内容、观众之间的融合。虽然，被科技赋能的多媒体展项在未来依旧面临着诸多阻力，但是，在数字化技术蓬勃发展的当下，将多学科交叉融合的多媒体展项应用于展览叙事中，将继续助力博物馆展览叙事的高质量与多元化发展。

# 从大葆台汉墓的展示探讨考古语境下如何
# 以遗址为基点展开历史叙事

王　群

北京考古遗址博物馆

**摘　要：** 本文从考古遗址与历史叙事的关系入手，探讨北京市大葆台西汉墓博物馆新馆定位与展览的构架逻辑。主张展览应突出遗址与考古学在展览叙事中的独特贡献，在展览构架时需要深入挖掘考古发现的语境，让观众能够直观地感受到考古过程。这种从考古现场到历史场景的转变，正是考古遗址博物馆展览的核心价值所在。此外，大葆台汉墓遗址不应仅限于对遗址和出土器物的展示，更重要的是如何在空间（北京）和时间（西汉）节点的背景中揭示其与社会历史的紧密联系。

**关键词：** 考古遗址　历史叙事　大葆台汉墓的展示

2021 年，北京市大葆台西汉墓博物馆与西周燕都遗址博物馆（西周燕都遗址）、辽金城垣博物馆（金中都水关遗址）正式合并，组建为北京考古遗址博物馆。从时间轴上看，这三个遗址不仅反映了北京从"幽燕都会到中华国都"的城市嬗变历程[1]，也映射出中华文明多元一体格局的历史发展轨迹。新成立的博物馆定名为"考古遗址博物馆"，不仅仅定义了遗址的性质，更突出了博物馆专业性的考量，对大葆台汉墓遗址重建新馆的陈列展示也提出了更高的要求。

博物馆作为文化传承与教育的重要场所，其展览功能不仅仅是展示藏品，更是传递知识与文化的语言。展览在服务社会教育的同时，也是博物馆自身定位和专业水平的体现。特别是在如何讲好中国故事方面，博物馆扮演着至关重要的角色。北京，作为中国历史悠久的城市，其历史脉络在时间与空间上都呈现出连续性和演进性，是研究中国历史的宝贵窗口[2]。北京考古遗址博物馆的使命，便是深入挖掘并讲述这一特定区域的历史故事。

北京市大葆台西汉墓博物馆之前的展览主要侧重于墓葬遗址和出土器物的展示，是对发掘成果的直观呈现。从博物馆展览的发展趋势来看，随着博物馆展览理念的不断进步，博物馆展览逐渐以展品展示为主向以信息为本位的展示陈列体系转变，即不再仅仅局限于物质文化的展示，而是注重对历史进程、文化价值和社会意义的深入挖掘和阐释。这种转变体现在博物馆展览的叙事性上，即通过展览对背景故事的挖掘和讲述，让观众在参观过程中能够更好地理解历史和文化。这种叙事性不仅增加了展览的吸引力，也使得观众能够在情感上与展览产生共鸣，从而更深刻地体会到展览所承载的历史信息[3]。所以，大葆台汉墓遗址的展示不仅包括对遗址和出土器物的展示，更重要的是展现与社会历史之间的紧密联系。通过遗址考古、文物以及历史记录的相互印证，博

---

① 韩光辉：《从幽燕都会到中华国都——北京城市嬗变》，商务印书馆，2011 年。

② 王光镐：《人类文明的圣殿：北京》，中国书籍出版社，2014 年，第 25 页。

③ 许捷：《故事的力量——博物馆叙事展览结构与建构》，浙江大学出版社，2021 年。

物馆能够将文化意义与人们对北京地区的认识紧密结合，共同构建起一幅历史发展的生动画面。这种深度的融合与展现，是展览主题与故事构建的基础和前提，而好的展览还体现在叙事结构和叙事手法上，由此，大葆台汉墓的展陈定位和逻辑应该从这几个维度来思考：

第一，大葆台汉墓作为北京地区汉文化遗存的重要代表，其展陈逻辑的构建至关重要。首先，从博物馆类型的角度出发，考古遗址博物馆不仅是展示考古发现的平台，更是考古学参与社会教育的重要途径。在这一过程中，展览的核心挑战并非仅仅在于展示考古成果，而是在于如何将考古发现融入历史建构的脉络之中。

为此，展览的设计需要深入挖掘考古发现的语境，通过精心策划的展示方式，让观众能够直观地感受到考古发掘的过程。这包括对现场发掘的回溯，对考古证据材料的系统归纳、统计，以及对这些材料进行深入比较和分析的展示，让观众在参观过程中，理解考古工作如何通过推理和判断，逐步揭开历史场景的谜题。

具体到大葆台汉墓的展览，其基本逻辑应当首先展现考古现场如何与历史相连。这不仅包括对墓葬年代的确定方法，还包括对墓主人身份的推断过程。通过这些细节的展示，观众可以更深入地理解考古工作如何从零散的考古材料中，准确切入到历史背景中。这种从考古现场到历史场景的转变，正是考古遗址博物馆展览的核心价值所在。

第二，从展览叙事出发，当前我国的文化发展战略与核心文化建设思想就是铸牢中华民族共同体意识，习近平总书记多次在关于文博建设的讲话中强调讲好中国故事，构筑国家形象已经转变为一种重要的叙事策略[①]。近年来考古事业的发

展，众多遗址发掘，无不通过宣传和展示，强化观众对国家与民族命运的集体记忆与历史认知。从大葆台汉墓作为北京地区汉文化代表的角度去看，人们常说汉承秦制，对这一宏大的历史进程如何让观众从展览中有所感受，也须在展览的立意与叙事中尝试。

在叙述一个故事时，将其置于一个广阔而复杂的时空背景中，能够极大地增强故事的吸引力[②]。以西汉广阳顷王刘建及其家族的故事为例，我们不仅关注他们个人的经历，还能将他们视为宏观历史体系中的一部分。刘建，汉武帝的孙子，燕刺王刘旦的长子，他的一生充满了戏剧性的起伏。他的封地广阳国曾经历了从燕国除为郡，到再次封为燕国，再到广阳国的设立，这一过程充满了政治变迁和家族命运的沉浮。

刘建的父亲刘旦曾被封为燕王，但因谋逆自杀，导致刘建被贬为庶民，国除为广阳郡。然而，在宣帝本始元年（前73年），广阳国再次设立，刘建被封为王。他在位二十九年，直到汉元帝初元四年（前45年）病故。他的儿子刘舜继承了王位，但到了刘建的曾孙刘嘉时，广阳国的王位被废除。刘旦和刘建父子及其家族的命运，是汉朝走向帝制大一统历史演变的见证。

大葆台汉墓的展览叙事应该在历史背景上贯穿并突出这一线索脉络，让观众感受到历史与人物之间的互动。展览中应避免孤立地介绍遗址的葬制、墓主人的生平、地域的风貌文化和文物的用途，而应将这些内容服务于考古成果对历史的建构这一主线，形成主次分明且丰富的主辅线关系。

特别需要注意的是，展览不应仅从广阳国特定地域的视角入手，因为这会使观众对国家历史的整体感淡化，对历史叙事想象的认同感也会随

---

① 范志忠、熊颖俐、徐辉：《国家形象的影像建构与传播》，浙江大学出版社，2013年，第3页。

② [法]保罗·利科著、崔伟峰译：《情节与历史叙事》，上海人民出版社，2023年，第120～230页。

之减弱。处理地域关系时，应认识到地方的历史地位与国家构建密不可分，地方历史与国家历史形成复杂的缠绕关系。如北京在历史上从幽燕都会到中华国都的城市嬗变，展示了地方或个人与集体命运之间的对话性关联。

如果大葆台汉墓的展览叙事能够在考古语境下展示出历史发展中国家意志、地方与家族三位一体的互动历程，从整体上把握多样的和"凌乱"的物料和事件，并把它们整合到一个完整的故事中，这将有助于赋予观众可理解的民族共同体意识建立的意义。这对于讲述中国故事而言可能更为生动，也是国家期望考古遗址博物馆回馈给社会的历史叙事。通过这样的叙事方式，观众不仅能够了解到刘建个人及其家族的经历，更能够感受到他们与整个汉朝历史的紧密联系，从而更深刻地理解历史的丰富性。

第三，在展览的历史叙事中，必须在北京考古遗址博物馆下属的三个遗址——西周燕都遗址、大葆台汉墓遗址和金中都水关遗址共同构建的北京从建城到成为中华国都的城市嬗变总体脉络中，准确定位大葆台汉墓的展览。展览不能仅涉及地理和政治地位的变迁，更需在内容上突出郡国并置时期以来的历史走向，包括行政体系的演进、城市规模的发展、多民族融合的深化、经济基础的加强以及战略位置的提升。这些因素的综合作用，使得北京在辽金时期成为重要的政治、经济和文化中心，为北京从幽燕都会到中华国都的城市嬗变奠定了基础。通过使大葆台汉墓展览与其他两个遗址的展览形成连贯的历史叙述，不仅展现了历史的深度，也使北京考古遗址博物馆的展览有机地连成一个整体，对凸显北京作为中国首都的独特地位和历史价值有至关重要的作用。

第四，以展示资源的角度考量，由于历史上

的盗掘行为，大葆台汉墓发掘出土的文物在数量和等级上都显得较为有限。这种情况下，博物馆在向社会开放时，遗址本身成为其核心资源。长期以来，我国在展示考古成果时，往往侧重于出土文物的华丽与丰富，而相对忽视了遗址本身的价值与意义。在某些遗址博物馆中，观众通常在参观完展览陈列后，仅将遗址视为背景点缀，简单游览。这种展示方式未能充分体现遗址的独特价值，亟须调整。

随着考古事业在国家形象建构中的重要性日益凸显，对考古遗址利用和展示方式的研究也不断深化。这些遗址，作为历史的见证，承载着丰富的历史印记和事件，逐渐转变为一种特殊的景观——历史的场所。它们为展览提供了两种相互关联的叙事空间：一种是故事空间，即展品所见证和展现的展览叙事空间；另一种则是遗址本身作为现场空间[①]。遗址因其能够将历史与空间有效联系起来，成为推动历史叙事的有力展示手段，这也是近年来考古遗址博物馆兴起的重要原因。

针对大葆台汉墓的展示，实物及墓主人史料的丰富性不足，若基本陈列试图通过大葆台汉墓及出土文物呈现图景式的西汉文明或北京地域的汉代风貌，可能难以实现。然而，利用大葆台汉墓作为考古发现和历史故事发生的现场，以考古语境进入历史，将广阳史事作为大历史中的一个缩影，可能更适合展开展览叙事。此外，根据大葆台新馆建筑的空间设计，遗址所在的展示空间远大于其他空间，应尝试以遗址为起点，从考古现场开启基本陈列进行展览勾画，形成由现场—解释—叙事—阐释完整的考古学逻辑和展示动线，不但更符合考古遗址博物馆自身的属性，同时也将现场空间、故事空间和话语空间实现了叙事上的统一。

---

① 许捷：《故事的力量——博物馆叙事展览结构与建构》，浙江大学出版社，2021年，第10～11页。

第五，展览的策划和设计必须突出考古与历史研究成果的整合。西汉诸侯王墓的演变，其时空框架反映了汉朝政治、经济和文化的发展历程，是研究古代中国历史和文化的重要窗口。目前，我国已经发掘了大约六七十座西汉时期的诸侯王墓。在全面收集和系统梳理这些墓葬资料的基础上，得出了许多重要的结论[①]。大葆台汉墓作为西汉燕地历史文化的典型遗存，1974 年发掘及 1983 年建馆开放以来，对秦汉史及秦汉考古的学术研究已有多年的积累。筹划组织了汉代文明国际学术研讨会，整理并出版了《北京地区汉代城址调查与研究》《汉代燕蓟地区史料汇编》《西汉"黄肠题凑"葬制的考古发现与研究》《大葆台汉墓考古发掘暨博物馆建设亲历者口述史》等多项研究成果，整合了不少历史文博行业内的相关研究。在展览叙事中，应以此为基础构建汉代区域文化与汉代社会整体发展的关联解读，按照主线决定上展文物和叙事细节的选择，同时为历史信息提供科学的解读，可以使展览的立意阐释更加丰富、深入。内容逻辑也将对形式设计形成导向，从而强化展示中的考古语境。

综上，基于前述多个维度的分析，在策划大葆台汉墓遗址的展览叙事过程中，可以设计多重叙事结构，使展览不再是单一的线性叙事，通过不同的角度为观众提供更为丰富和立体的视角，围绕"大历史"的国家叙事，辅以三条叙事线索：一是考古发现的故事，涵盖考古发现、墓主身份与社会地位以及墓葬习俗；二是墓主人及家族故事，包括家族历史、汉代历史大背景以及社会文化特征；三是历史叙事及阐释，涉及广阳国、秦汉历史发展与社会变迁，以及北京逐渐具备成为首都的条件。这些辅线共同勾勒出载沉载浮的历史图景，通过以小见大的方式来展现北京的"广阳史事"。

首先，展览的起点应聚焦于遗址本身，将其作为考古探索的现场和线索。这包括四个方面的内容展示：

1.通过多媒体和实物展示，带领观众回顾考古发掘的全过程，展示考古团队在现场的工作情景，让观众感受到考古工作的艰辛与细致。

2.重点展示考古工作如何根据墓葬的结构、形制，推断出墓主人所处的时代和社会地位，揭示考古学在解读历史中的重要作用。

3.利用"漆盒残底"等重点文物，结合考古资料和历史文献，讲述如何通过这些文物推断出墓主人的身份[②]，展现考古学在研究方面的精度（还可以通过墓主人头骨虚拟还原生前面容——展现科学考古的魅力等）。

4.结合遗址的重点部位，介绍"黄肠题凑"葬制的历史文化知识，展示这种葬制在古代社会中的意义和象征，以及它在大葆台汉墓中的体现。

其次，展览将引导观众透过遗址，深入了解历史背景和墓主人的故事：

1.通过图文、影像等多种形式，展现秦汉时期的中国走向大一统的历史进程，为观众提供一个宏观的历史背景。

2.挖掘墓主人家族的故事，通过家族谱系、史实资料，展示墓主人家族的兴衰，以及社会变迁对他们的影响。

3.展现墓主人所处时代的广阳国的历史沿革，以及广阳国在西汉版图上的变化与历史的关联。

4.通过文物如陶器、金属器、玉器、漆器等及场景的展示，展现当时的物质文化特征，让观众对那个时代的日常生活和审美趣味有更直观的认识，同时可以重点展示大葆台汉墓出土文物在时代特点中的普遍性和独特性，揭示地域文化与统一进程的关系。

① 参见刘瑞、刘涛：《西汉诸侯王陵墓制度研究》，中国社会科学出版社，2010 年。
② 参见北京市大葆台西汉墓博物馆：《大葆台汉墓考古发掘暨博物馆建设亲历者口述史》，北京燕山出版社，2015 年。

最后，展览将引入博物馆自身研究和比对其他诸侯王墓的研究成果，以期达到以下目的：

1.通过对比分析，揭示不同诸侯王墓之间的异同，展现各地诸侯王墓的特色和差异。

2.阐释历史走向，探讨诸侯王墓的分布、形制、出土文物及诸侯国消增等方面，反映出当时的政治格局、文化交流和社会变迁。

3.落脚回到大葆台。大葆台在汉代时为阴乡县治所，唐代称笼火城。金代为章宗李妃的避暑之所，始称葆台，后称大葆台。在大葆台汉墓遗址发掘时还同时发现了金代水井及文物，暗示了中国多元一体融合的历史进程，见证北京已经成为金代国都。

通过上述对展览叙事的探讨，深化遗址考古与历史叙事的演绎，从而丰富展览的语境特色并提升观众的参观体验，旨在使展览能将观众代入社会转合变化及历史的幽明之间，进而深刻感受考古学的独特魅力及历史与现实的紧密关联。

尽管在博物馆展览领域，可能并不存在一个所谓的完美故事模板，但这并不妨碍我们持续探索展览叙事的新可能。当前，随着考古事业的不断发展，为历史叙事提供了丰富的素材与实证基础，而历史叙事则为考古发现提供了更为深入的解释与理解框架。在考古遗址博物馆方兴未艾的当下，探讨考古与历史叙事的相互促进与影响，让观众不仅仅是了解中国，而是理解与认同中华文明，有助于更好地讲述中国故事，这尤其是考古遗址博物馆努力的方向。

# 中小型博物馆考古成果展览策划创新实践

## ——以"江海万里行——黄泗浦遗址精品文物展"为例

田 笛[1] 朱 滢[1] 张愉悦[2]

1. 张家港博物馆　2. 北京绿竹淇奥文化传媒发展有限公司

**摘 要：** 目前，中小型博物馆数量众多，如何利用自身有限资源，做出独具特色的遗址类展览，值得深入探讨。本文以张家港博物馆的专题展"江海万里行——黄泗浦遗址精品文物展"为例，从遗址研究、策展历程、形式设计、博物馆运营等诸多方面来分析中小型博物馆在遗址类展览中的创新与实践工作，旨在探讨如何将考古成果更好地转化为展览，以便向公众传达遗址的历史和文化意义。

**关键词：** 中小型博物馆　考古成果展　黄泗浦遗址　创新实践

2023 年 6 月，习近平总书记在中国历史研究院考察时强调："认识中华文明的悠久历史、感知中华文化的博大精深，离不开考古学。"在近年来的学术领域中，考古学的研究受到了前所未有的重视。诸如良渚、三星堆以及海昏侯等古代遗址的发掘与研究，不仅引发了学术界的广泛关注，同时也吸引了公众的目光。这种对公共考古的关注不再局限于学科内部的知识传播，更在社会文化发展的进程中扮演了至关重要的角色。

每年假期期间，博物馆成为公众文化消费的热点。相关话题的热度持续攀升，参观人数不断刷新纪录，甚至出现了一票难求的现象。为了应对这种激增的参观需求，部分博物馆开始实施夜间延时开放或在传统闭馆日如周一开放等新措施。这些调整不仅提升了博物馆的服务能力，也进一步扩大了其社会影响力。但博物馆的火爆不等同于博物馆教育的普及，博物馆教育人均占比依旧较低，这也是众多基层博物馆的重任。

焦丽丹在《我国中小博物馆发展现状及提升策略研究》一文中指出，中小型博物馆界定方法不一，基于宏观管理视角来说，中小型博物馆特指基层博物馆，主要包括县级及以下国有博物馆、非国有博物馆，以及国有企业、高校等举办的非独立法人国有博物馆[①]。本文提及的中小型博物馆也是采用了这个概念，这类博物馆数量众多，它们的展览质量与博物馆参观率、影响力及博物馆体系的发展息息相关。本文旨在深入探讨中小型博物馆如何通过内容创新，将考古成果作为展览内容有效地传播给公众，并满足其文化需求，以期形成一套能为同类机构提供参考的模式或范式。

## 一、遗址研究

遗址的考古研究工作是考古成果展览策展的前提和基础，考古成果展览应该形象生动地对研究成果进行转化，确保展览的学术性和可看性。当前面临的一个重大挑战是如何有效地保护并充分利用出土文物。在这一过程中，科学研究应当被视为首要条件和基础。我们需要明确一点：科研是文物利用的核心要素，而展示则构成了第二个关键方面。只有当研究工作做得足够深入时，这些珍贵的文化遗

---

① 焦丽丹：《我国中小博物馆发展现状及提升策略研究》，《中国博物馆》2023 年第 5 期。

产才能真正焕发生机与活力。毕竟，文物本身无法自行表达其背后的故事，它们的魅力在于人们通过深入研究、科学解读以及恰当的方式将其价值展现出来。因此，挖掘文物的历史意义、准确解释其文化内涵并通过合适的途径向公众传达，对于激发人们对历史的兴趣至关重要。

### （一）深挖遗址内涵

深入探究考古遗址的内在价值与意义，构成了考古成果展览策划的根本基础与先决条件。以黄泗浦遗址为例，它位于张家港市杨舍镇与塘桥镇交界处，2008～2019年，南京博物院联合苏州市考古研究所、张家港市文物局和张家港博物馆，先后对遗址进行了7次考古发掘，揭露了众多南朝至明清时期，尤其是唐宋时期的遗存，发现有房址、河道、仓廒、水井、灶址、灰坑等遗迹（图一），出土了大量的瓷器、陶器、铜器、铁器、木器、骨器等生产生活器物和标本[1]。基于上述考古发掘成果，展览从内容上基本确定了黄泗浦遗址的重要内涵。

### （二）学术成果梳理

确定了展览需要呈现的遗址内涵后，还需要对展览各部分的内容进行具体阐释。策展团队积

**图一　黄泗浦遗址出土唐代寺院建筑**

（引自南京博物院、苏州市考古研究所、张家港市文物局：《江海滔滔留胜迹 瓷陶层层书青史——张家港黄泗浦遗址发掘的收获和意义》，《中国文物报》2019年12月20日）

---

① 南京博物院、苏州市考古研究所、张家港市文物局：《江海滔滔留胜迹 瓷陶层层书青史——张家港黄泗浦遗址发掘的收获和意义》，《中国文物报》2019年12月20日。

图二　黄泗浦遗址考古成果论证会

图三　江海万里行——黄泗浦遗址精品文物展

极与考古和展览方面的专家进行沟通，邀请各位专家学者和一线考古工作者，指导大纲的编写工作。研读遗址相关的学术文章，整理曾经召开的多次专家论证会会议纪要，诸位专家学者从遗址内涵、文物研究、多学科合作、遗址保护与展示等方面都曾提出意见和建议（图二）。结合多学科课题合作项目的研究成果，如《黄泗浦遗址水利和港口功能发展演变过程研究》《黄泗浦遗址瓷器窑口及来源分析报告》等；翻阅《唐大和上东征传》《入唐求法巡礼行记》《吴郡志》《常熟县志》《重修常昭合志》等相关文献资料，这些均为遗址成果展览提供了详尽的资料。

## 二、策展历程

### （一）目标设定

黄洋在《考古成果在博物馆中的传播阶段与模型》一文中，通过传播中涉及的三个角色（即考古学家、博物馆工作人员、普通公众）各自立场的不同及不同时期角色地位的变化，将模型分为三种：专家权威模型、公共参与模型和平等互动模型[①]。

回顾张家港博物馆往期展览，2014 年"崧泽之光——东山村遗址考古成果展"和"黄泗浦遗

址考古成果展"主要采用了专家权威模型。在博物馆学研究中，这种传播模式被称为"线性传播模型"，其核心特征是信息传递的单向性，即知识主要从考古学家和博物馆工作人员单向流动至公众，而较少涉及观众的主动参与和反馈。此方式虽然强调了专业知识的传播效率，但在一定程度上限制了观众的互动性和参与度，从而可能影响观众的学习体验和对展览内容的兴趣。

2023 年，策展团队在策划"江海万里行——黄泗浦遗址精品文物展"时，明显转变了展览的策略（图三）。此次展览更注重叙事性和故事性，同时强调观众的参与和互动，这反映出了公共参与模型和平等互动模型的特点。在这种模型中，观众不再是被动的接受者，而是成为传播过程中不可或缺的一环。通过参与和交流，观众能够与展览内容形成双向的交流和反馈，这不仅增强了展览的吸引力，也提高了教育的效果和观众的满意度。

### （二）受众分析

1970 年，美国未来学家阿尔文·托夫勒针对媒体问题首次提出"分众传播"。分众传播是指对不同的传播对象制定不同的传播策略，传递不同的信息[②]。展览也要根据观众的不同有所侧重。所

---

① 黄洋：《考古成果在博物馆中的传播阶段与模型》，《东南文化》2022 年第 6 期。
② [美]阿尔文·托夫勒著、黄明坚译：《未来的冲击》，中信出版社，2018 年。

以在自身定位方面，国外很多中小型博物馆在展览策划上，会考虑到区域人群的情感需要和社会联系，不过分追求高成本投入和大项目，使地方性博物馆真正为一方所用。

张家港博物馆曾对观众身份进行统计（以身份证信息为准），张家港市户籍观众占比 80% 以上，外地观众也多为江苏省内户籍。基于这些数据，策展团队在本次展览策划中充分认识到宣传当地大遗址及相关历史文化的重要性。他们以乡土文化为载体，反映地方风貌特色，旨在唤起观众对家乡文化的归属感和自豪感。通过这种方式，策展团队期望能够增强观众与展览之间的情感联系，提升展览的文化价值和社会影响力。

### （三）主题立意

以黄泗浦遗址为根基确立了"江海万里行"这一展览主题，明确了黄泗浦遗址江海交汇的地理位置，古黄泗浦紧邻古长江南岸，又是海上丝绸之路的重要节点。"万里行"展现了古人勇于探索海洋的精神，来往黄泗浦的船只，航行万里路去往世界各地。现在张家港这座城市也是站在新的历史起点上，准备扬帆远航，驶向更加广阔的发展空间。

将艰涩难懂的考古成果转化为生动有趣的展览内容，是此次策展团队的终极目标。为了实现这一目标，策展团队在展览叙事中考量了时间维度、空间维度、文物维度等几个维度；经过反复的研究和探讨，结合遗址内涵，最终选择用黄泗浦遗址的价值与意义来阐释。展览共分为三个单元："江海古镇""海丝明珠""东渡东渡"，分别体现了唐宋时期港口集镇的繁华景象、海上丝绸之路的重要节点，以及鉴真东渡的历史事件。各单元内部用场景和小故事来展示，如第一单元就

分为石闼市镇、古桥掠影、服拎烽火和茶香悠远，以韩世忠抗金的故事和点茶场景等内容来展示古镇整体风貌。

### （四）文物选取

文物是展览的核心，如何让考古文物脱离原生语境，赋予它丰富的场景支撑，甚至让它再生，走进现代人的生活[①]。策展团队精选黄泗浦遗址出土文物 100 余件，文物价值多元，选取的标准主要是反映唐宋时期的各个场景，如表一所示。

## 三、设计解读

黄泗浦遗址的考古成果研究和梳理成为展览的设计支撑，该展览的展示面积 1000 多平方米，根据社会生活、经济、文化三个维度的内容将空间以江水元素为流线进行规划设计。既展现了黄泗浦独特的地理风貌，又暗含着江尾海头，具有"水+文化"鲜明特质，展现多元一体的文明起源中长江下游文化的丰富样态以及绵延至今的江南文脉。且每个维度既独立成章，又紧密相连成为一个整体，将展览内容通过社会生活、经济、文化三个维度有机融合，呈现出一幅完整而精彩的画卷。

在这些展陈空间中，色彩不仅仅是视觉元素中最为直接和强烈的部分，它还承载着情感、象征和意象等多层次的意义。在本次展览设计中，通过采取中国传统色彩搭配，努力在文物之间以及人与物品之间建立连接。这种色彩的运用不仅深化了展览所呈现的历史价值和文化内涵，也显著提升了观众的参观体验，带来视觉享受和情感共鸣（表二）。

---

① 赵娜：《理解与阐释：考古出土文物展的语境构建》，《博物院》2023 年第 5 期。

表一　文物选取信息表

| 文物信息 | 文物图片 | 选取标准 | 深度表达 |
|---|---|---|---|
| 粉盒 | | 体现女性对镜梳妆自揽的场景，场景内还选取了铜镜、梳子、琉璃簪等文物 | 呈现古人丰富多彩的生活 |
| 石权 | | 重现唐宋时期市井贸易场景，还选取了扑满、钱币等文物 | 反映唐宋古镇，即石闼镇的繁荣景象 |
| 茶碾 | | 宋代点茶文化兴盛，深受文人墨客追捧，黄泗浦遗址还出土了碾轮、建盏等文物 | 多角度构建古镇图景 |
| 章鱼纹大盆 | | 典型海洋文化特征器物，海上丝绸之路线路的见证者，场景内还选取了海兽葡萄纹镜、椰枣纹执壶等文物 | 海上丝绸之路的文化多样性 |
| 墨书瓷器 | | 出海的船只为了标记货物而在瓷器底部书写墨书，南海一号船只也出土众多墨书瓷器，反映黄泗浦当时的海上贸易 | 宋代时期的出海实证与古人商业规则的体现 |
| 莲瓣纹瓦当 | | 黄泗浦遗址出土众多佛教相关器物，这是黄泗浦遗址不同于其他海上丝绸之路遗址的地方，还选取了陶佛像、背光、佛教文字砖等文物 | 鉴真东渡事件与黄泗浦遗址有千丝万缕的联系 |

表二　设计形式分析表

| 章节内容 | 内容解读 | 平面设计 | 色彩选择 | 设计解读 |
| --- | --- | --- | --- | --- |
| 江海古镇 | 展现港口集镇在历史进程中的独特地位和文化内涵 | | 褐黄：代表着雅仕文化的温润与内敛<br>赪炽：象征着市井文化的活力与热情 | 这两种色彩的结合不仅呈现了唐宋时期特有的文化繁荣，也成功地将高雅的文人气息与热闹的市集生活相融合，重现了一个多元且充满活力的历史场景 |
| 海丝明珠 | 社会生活的繁盛乃是经济发展的必然结果 | | 群青：以其沉静、稳重的特质，以及深邃的海洋感，增添了一种深远而宁静的氛围<br>月影白：象征着明亮与纯净，反映了海上丝绸之路的开放性 | 增强了展览标题的视觉吸引力，也准确地传达了海上丝绸之路贸易的本质和特征，有效地展示了海上丝绸之路的繁荣景象以及"海丝明珠"所蕴含的深厚文化内涵和独特魅力 |
| 东渡东渡 | 古代经济繁荣对文化的发展起到了积极的推动作用 | | 朱砂红：代表着吉祥、净化、祈福以及生命力<br>青矾绿：象征着佛教的慈悲和宽容，同时也赋予平静、快乐、希望及生命力 | 这种色彩组合不仅成功营造出一种祥和宁静的氛围，还能够深入表达佛教文化的深层内涵和人文精神 |

严建强曾提出，观众衡量展览好坏的三条标准："好看（展览对观众的吸引力）""看得懂（理解和掌握展览传播的信息）""得到启发与感悟"[1]。因此，展览中还运用光影艺术手段等，增强观众对展览主题的感知和体验。在本次展览中，设计团队采用了一种双向叙事逻辑，即通过具体细节映射出宏观历史视野，同时亦从广阔的历史背景中聚焦于细微之处。此种叙事方式为黄泗浦遗址的诠释提供了一个框架，使得观众能够在微观与宏观之间穿梭，深入理解黄泗浦遗址所蕴含的千年传奇故事。

# 四、展览运营

## （一）拓宽观众互动渠道

在建构主义学习理论的视角下，著名博物馆教育学家乔治·海因（George Hein）划分了四种博物馆教育模式，分为说明解释型教育、刺激—反应式教育、发现式教育、建构主义教育。建构主义认为：学习者的知识是在一定情境下，借助于他人的帮助，如人与人之间的协作、交流、利用必要的信息等，通过意义的建构而获得的[2]。

在本次展览的设计中，结尾处特别设置了考

---

① 严建强：《博物馆观众研究述略》，《中国博物馆》1987 年第 3 期。

② George·E·Hein, *Learning in the Museum*, London:Routledge,1998.

图四　黄泗浦部分遗迹复原场景

图五　锡剧演出

古工作站和部分遗迹的复原场景（图四）。这一设置显著提升了观众的参与度，并成为提问最为集中的部分，反映出观众对于考古工作及其现场环境的浓厚兴趣。

在博物馆运营上，摒弃了传统的讲解员模式，而是打造一个唐宋古韵的情境，并通过表演、解谜等方式，让观众主动探索展览内容，从而了解遗址内涵，如在展览中加入锡剧表演（图五）、点茶（图六）、文物精灵展示、解谜游戏等环节，让观众完全融入展览的氛围中。展览开幕式当天专门策划了一个融合国风音乐（图七）、唐宋生活体验、博物馆文创、潮流打卡等场景的"物予市集"游园会。

图六　点茶体验

### （二）观众体验与教育引导

"博物课堂"是张家港博物馆推出的系列文化类普及项目，围绕专题展览和考古遗址，博物馆不定期地开展专家讲座、趣味课堂、文化沙龙等活动，延续"博物课堂"这个品牌项目，将考古遗址的历史和文化价值传达给观众，激发他们的兴趣和思考，进而营造全民参与保护文化遗产的良好社会氛围。

在张家港博物馆的馆校合作教学模式的实践中，梁丰小学联盟成功推出了项目化课程《千年

图七　国风音乐会

黄泗浦》，该课程得到了张家港博物馆的学术支持，并荣获国际LUMA Start教育奖。基于这一成功的合作经验，张家港博物馆在展览期间推出名为《穿越黄泗浦》的教育读本。该读本主要面向

青少年群体，以黄泗浦遗址的历史为主线，融合绘本元素，设计了一系列动手操作和思考题目等"体验式学习"内容，旨在更好地向青少年宣传和推广本地的特色历史文化。

在本次展览中，博物馆推出了一系列与展览配套的社教活动，其中包括名为"匠心新艺"的传统手工体验活动。该活动涵盖了荷花灯、水拓花瓶、竹编扇等多种制作体验，旨在将唐宋时期的市井生活元素经过改良后融入现代生活，以促进传统文化的传承与发展。

## 五、考古成果展览助力文旅融合

### （一）文旅融合背景下的大遗址保护

作为首批江苏省大遗址，黄泗浦遗址地理位置优越、文化内涵深厚、历史价值珍贵、社会影响力大。目前已对遗址发掘区形成了较完善的保护措施，未来将逐步规划建设考古遗址公园，形成黄泗浦遗址、东渡苑、黄泗浦生态园休闲园区，打造张家港地区文化旅游新品牌。遗址公园建设的根本任务是遗址保护和内涵研究，展览宣教、旅游推广可以让遗址公园持续发展，焕发新生。此次展览的尝试为今后遗址公园的展览方向提供了新思路，将来在遗址公园内，遗址本体和展览展示相结合，黄泗浦遗址故事的脉络会更加清晰。

### （二）新媒体推广与遗址品牌建设

当下，新媒体逐渐成为博物馆、遗址公园、文旅景点的一个重要的宣传方式。展览期间，张家港博物馆微信公众号持续进行推送，沿用"陪你看展"的品牌，概述遗址的背景知识，进行详尽的器物介绍。苏州新闻广播、苏州发布、中国大运河等各个新媒体平台也对展览进行了多角度的宣传报道。此外，小红书、抖音等平台的博主也发布了多条关于此次展览和张家港两大遗址的推介文案。通过前期的宣传，为展览增加了观众流量，在"城南好事·占春"文化市集活动期间，4 天吸引超 3 万人次参观此展览。在传播速度更快、传播途径更为多样的今天，应尝试更多喜闻乐见的新媒体传播渠道，化文物收藏者为讲述者，协调好遗址保护开发与文旅融合的关系，借助黄泗浦遗址的影响力，打造更具知名度和吸引力的遗址品牌。

## 六、结语

由于各方面的资源限制，中小型博物馆面临着诸多问题，包括自身定位、藏品数量、学术资源等，这些问题直接影响到博物馆展览的策划和运营。所以在寻求突破的过程中，中小型博物馆更应该聚焦本土地域文明，如考古遗址、乡土文化等，形成自身特色，做细做精。因此，张家港博物馆利用东山村、黄泗浦两大遗址的优势，深挖遗址内涵，做好考古成果展览的策划，同时也是响应江苏地域文明探源工程的号召，加强对考古遗址和出土文物的研究阐释和展示传播。

在面对资源和专业能力的限制时，中小型博物馆应积极寻求与其他博物馆、科研机构、高等教育机构以及当地社区的合作。通过这种外部合作，即利用"外脑"，这些博物馆可以扩展其知识视野并丰富展览内容。在本次展览中，得益于江苏省文物考古研究院的支持，展览的内容得到了严格的学术阐释，确保了内容的准确性，并及时地将最新的考古研究成果呈现给公众。

此次展览是张家港博物馆对于遗址类展览策划的一次全新尝试，也是对黄泗浦遗址考古工作的一份阶段性答卷，为后续黄泗浦遗址公园的陈列展示工作起到了示范作用。今后，张家港博物馆将加强对本地区优秀传统文化的挖掘和阐释，保护好、传承好文化遗产，为助力文化繁荣贡献自身的一份力量。

# 巴文化考古遗址博物馆建设刍议
## ——以罗家坝考古遗址博物馆为例*

袁 磊

达州市巴文化研究院

**摘 要：** 巴文化是川东北地区的核心文化之一，是研究川渝地区文明演进及其融入中华民族共同体历史进程中不可或缺的一环。作为全国首座巴文化主题遗址博物馆，罗家坝考古遗址博物馆的建成标志着达州市朝向建设全国巴文化高地又近了一步。该馆面向社会免费开放后备受大众青睐，参观的游客络绎不绝，取得了良好的社会效益。通过一段时间的运营，笔者发现该馆存在一些问题，继而提出切实可行的建议，以期为罗家坝考古遗址博物馆的长远建设提供参考，为今后巴文化主题博物馆提供借鉴，进而推动巴文化快传承高发展，助推达州的巴文化传承创新与旅游发展高地建设。

**关键词：** 巴文化 罗家坝遗址 遗址博物馆 大遗址公园

巴文化是西南地区一支重要的文化，主要分布于今川东地区、重庆全境以及湖北、湖南、陕西的少部分地区。目前，国内已建成的巴文化专题博物馆主要有重庆九龙坡区的"巴人博物馆"、湖北长阳的"巴人博物馆"以及"香炉石遗址陈列馆"，而巴文化遗址博物馆只有新开馆的"罗家坝考古遗址博物馆"。巴文化不仅是一支西南少数民族的文化，也是川东北地区的古代核心文化之一，更是构筑中华优秀传统文化不可或缺的一部分。而地处川东北大巴山腹地的达州市自古便是巴人的一支——"板楯蛮"的聚居地，因此辖区内有着丰富的巴文化资源，其中达州宣汉县的罗家坝遗址正是目前国内保存最好、规模最大的巴文化遗址，也是三峡库区蓄水后，研究巴文化的主要阵地之一。近年来，达州市委、市政府出台了一系列政策法规，不断推动巴文化的保护、传承、发展以及转化应用。在当地政府的重视和支持下，罗家坝考古遗址博物馆于 2023 年 4 月 27 日正式面向社会开放。而作为巴文化新地标的罗家坝考古遗址博物馆，从提出到规划，从建设到开放，不仅仅是对新的博物馆理念的酝酿和构建，而是对巴文化更加具象化的科学展示，让巴文化从一个看不见、摸不着的"文化"转化成为实物展现在大众的眼前，标志着现代博物馆文化形态的转变与形成。

## 一、罗家坝考古遗址博物馆的概况

### （一）罗家坝遗址研究概况

#### 1. 罗家坝遗址

罗家坝遗址[①] 位于四川盆地东北部的达州市宣汉县普光镇进化村，地处秦、楚、巴、蜀交界地，是自 20 世纪末以来在四川境内发现的遗址面积最大、遗址保存最完整、文化内涵最丰富的

---

\* 本文为 2022 年四川省文物博物馆领域科研课题《巴文化考古遗址公园建设初探——以达州为例》（项目编号 CWW2022C05）中期成果。

① 四川省文物考古研究院、达州市博物馆、宣汉县文物管理所：《四川宣汉县罗家坝遗址 2015～2016 年度新石器时代遗存发掘简报》，《四川文物》2018 年第 4 期。

先秦时期巴文化中心遗址之一，与成都金沙遗址、成都商业街船棺葬一起，被誉为"继三星堆遗址之后古巴蜀文化的三颗璀璨明珠"。遗址总面积约257万平方米，由张家坝、罗家坝外坝、罗家坝内坝三个独立的自然单元构成，其保护范围约120万平方米，其中核心保护区域面积约70万平方米。该遗址时代包括新石器时代、东周和两汉时期，主体年代为东周时期。自1999年以来，四川省文物考古研究院联合宣汉县文物管理所先后9次对该遗址进行考古发掘，发掘总面积约5500平方米，出土各类珍贵文物4000余件。2001年，罗家坝遗址被国务院公布为第五批全国重点文物保护单位。2016年和2021年，该遗址先后被纳入国家"十三五""十四五"期间大遗址保护专项规划。

随着三峡库区蓄水，重庆巴文化遗址大都被淹没在滚滚长江之中。20世纪80年代罗家坝遗址的偶然发现，让"巴人"又一次出现在世人眼前。从事罗家坝遗址及相关问题研究的专家学者也逐渐增多，先后出版《宣汉罗家坝》《宣汉罗家坝与巴文化研究》《寻巴觅寶——罗家坝遗址出土文物选粹》等专著，相关论文50余篇，主要是针对罗家坝遗址出土器物的深入研究。中央电视台先后制作播出《罗家坝之谜》《巴国探秘》《考古中华·宣汉罗家坝》《古国探秘》《探秘罗家坝东周墓葬》《宣汉巴国墓葬发掘记》《罗家坝发掘纪实》《巴国墓葬发掘记》等一系列专题纪录片。

**2.遗址相关保护及利用概况**

自2016年以来，四川省文物考古研究院以罗家坝遗址为核心，对渠江流域和嘉陵江流域开展了考古调查和发掘工作，获取了一些重要考古发现以及研究新成果，为四川省巴文化研究阐释和创造性转化提供了大量的实物资料[①]。为进一步做

好巴文化的保护与传承工作，达州市制定出台了一系列政策法规和规划方案，致力将达州打造成"全国巴文化高地"。

2017年11月，中国社会科学院考古所联合四川省文物考古研究院、宣汉县委县政府共同举办了"罗家坝遗址与巴文化学术研讨会"，会议开幕当天还举行了罗家坝考古遗址博物馆奠基仪式。2019年5月，达州市正式实施《达州市巴遗址遗迹保护条例》；同年7月，罗家坝考古遗址博物馆建设项目正式立项。2020年，达州市人民政府办公室印发《全国巴文化高地建设展示利用总体规划》，成为指导达州加快建设全国巴文化高地的行动纲领。2021年，四川省委十一届全会提出"支持达州建设巴文化传承创新和旅游发展高地"。2022年5月，四川省委书记王晓晖同志在中国共产党四川省第十二次代表大会上明确提出要加快新时代文化强省建设，"深化古蜀文明、巴文化、三国文化、藏羌彝民族文化等研究阐释和创造性转化"；同年6月，达州市委书记邵革军在《全市传达学习省第十二次党代会精神大会上的讲话》中进一步对达州的未来发展提出了六个方面要求，其中一项就是"深化巴文化研究阐释和创造性转化"；同年12月，罗家坝考古遗址公园被国家文物局列入第四批国家考古遗址公园立项名单。

**（二）罗家坝考古遗址博物馆**

2023年，罗家坝考古遗址博物馆正式建成，同年3月27日试运营，4月27日正式对外开放，成为全国第一座巴文化专题遗址博物馆。其主体建筑主题为"巴之眼"，总投资约2亿元，场馆三面环水、一面靠山，总占地面积约2.8万平方米，建筑面积约1.2万平方米，展陈面积约3000

---

① 李晓东、周洪双：《多件稀世珍宝揭开巴文化神秘面纱》，光明网2023年7月12日。

平方米，展线长 605 米，以"西南有巴国"为主题，分"揭秘罗家坝""寻踪觅巴国""考古巴王城"三个单元，展出罗家坝遗址出土青铜器、玉器、陶器、石器等各类精美文物 500 余件。第一部分"揭秘罗家坝"，主要从罗家坝遗址出发，通过巴人生存环境、生产生活、礼仪制度、宗教信仰等方面，集中展示出土珍贵文物，解读文物背后丰富内涵，形象生动地诠释罗家坝遗址所蕴含的历史价值、社会价值和人文价值；第二部分"寻踪觅巴国"，主要通过巴之源、巴之脉、巴之邻、巴之裔以及巴蜀同辉等方面讲述巴人、巴族、巴国的历史发展，展示巴文化与中原的交流融合；第三部分"考古巴王城"，旨在梳理罗家坝遗址历次发掘的重大成果，通过考古知识普及、复原罗家坝遗址考古发掘现场，以及体验考古工作日常等方式，让观众认识考古、了解考古、学习考古。整个展陈采用时空双线并行的叙事逻辑，通过时间轴线展现巴文化的发展脉络以及文化价值，同时又通过空间轴线全面阐释罗家坝遗址在整个巴文化研究的核心价值。

随着考古遗址博物馆的建设及对外开放，针对遗址博物馆的研究也受到一众媒体专家学者的关注，仅开馆日的报道就超 400 篇，报道展览的媒体数量超 60 家，其中包括新华社、《人民日报》《光明日报》等中央媒体。针对罗家坝考古遗址博物馆的研究课题也相继出现在各级社科课题申报中，但大部分主要关注依托遗址博物馆建设的遗址公园建设。罗家坝考古遗址博物馆旨在全方位展示罗家坝遗址历年发掘的出土文物，宣传罗家坝遗址的历史价值、科学价值和人文价值，为达州市乃至四川省打造巴文化品牌、助推巴文化产业发展、积极传承巴文化精髓、着力打造巴文化传承创新和旅游发展高地提供综合平台，同时对

传承弘扬中华民族优秀历史文化、保护利用文化资源具有重要意义[1]。

## 二、罗家坝考古遗址博物馆的价值与影响

### （一）文化价值

罗家坝遗址的主体自新石器时代晚期延续至两汉时期，是我国目前发现遗址面积最大、遗存保存最好、文化内涵最丰富的巴文化中心遗址之一。作为达州市一项重要的文化惠民项目，罗家坝考古遗址博物馆建成后，能够集中、科学、全面地将遗址所承载的巴文化内容和符号及灿烂辉煌的巴文明精彩地呈现给大众，搭建起一个全国独有的巴文化展示和利用平台，为达州乃至四川的文博、文旅宣传做出更大贡献。另外，随着三峡电站建成投产，峡江地区的巴文化遗存大多数已被淹没于水下，而罗家坝遗址的发现和考古发掘为分析巴国、巴人、巴文化、多族群文化之间交流融合等方面提供了重要的研究平台。

罗家坝遗址出土了很多造型独特、纹饰精美的青铜器，如水陆攻战纹铜豆、采桑狩猎纹铜壶、巴蜀符号印章、铜腰带等，同时出土了各类材质的精美饰品，如玉璜、铜环、串饰、珠饰等，另出土了一批具有典型的含有巴蜀符号的印章。艺术手段多样，真实地反映了当时巴人的生产生活，而当时在罗家坝生活的巴人已经开始大量使用装饰品，反映出巴人独特的审美。

在对罗家坝遗址多年的发掘过程中，专家学者还对所有出土遗物进行了分析研究，发现了以粟为主的植物种子以及大量以鱼骨为主的动物遗物。在前几次发掘中未发现植物种子，而在第四次发掘时却意外发现了粟、麦、豆类的种子，尤以粟为多，与《华阳国志·巴志》所记载的"川

---

[1] 李晓东、周洪双：《多件稀世珍宝揭开巴文化神秘面纱》，光明网 2023 年 7 月 12 日。

崖惟平，其稼多黍"相印证。通过对植物遗存的科学分析，为研究新石器时代植物考古与农业起源研究提供的有力实证。而在出土青铜器中还发现了人工合成的铅，对于研究青铜器铸造工艺有着重要价值。此外，通过对罗家坝新石器时代晚期遗址古地貌与古环境的研究，还分析了古代巴人为什么要选址罗家坝为聚集地，为进一步对罗家坝文化内涵的认识提供了坚实的基础。

### （二）社会价值

罗家坝遗址及出土文物是见证中华民族多元一体文化发展的重要文化遗产，同时是对中华文明发展史历史见证的重要文化遗产，更是中华民族几千年文明史的重要载体，代表了中华民族传统文化的丰富内涵和历史发展轨迹。考古遗址博物馆的建设与开放，不仅有利于巴文化的传播，还能将中华优秀传统文化传承下去，推动文化繁荣、提升文化自信、激发创新活力，进而为强国建设、民族复兴注入强大的精神力量。罗家坝考古遗址博物馆的建立是全国巴文化研究事业的里程碑事件，是促进中华文明探源工程、证明川渝地区巴蜀文明进程的重要力量，同时还是响应四川省委第十二次党代会提出的巴文化研究阐释工作的有力体现。

### （三）经济价值

罗家坝考古遗址博物馆的建设具有很强的经济带动引擎功能，能够有效促进区域一二三产业综合发展，拓宽当地居民的就业渠道，带动提高老百姓的收入水平，为当地的文化旅游、扶贫开发等提供重要载体。遗址所在地宣汉县是全国扶贫开发工作重点县，县委、县政府借助国家精准扶贫和乡村振兴的东风，创新提出了"旅游扶贫开发"的新理念，制定了宣汉"全域旅游"的战略发展目标，以创建5A级景区"巴山大峡谷"为龙头，实施文化旅游扶贫开发战略，推动县域北部山区经济社会大发展。罗家坝考古遗址博物馆作为大巴山国际旅游度假区的重要组成部分，建成后将成为宣汉全域旅游环线上的闪耀亮点，其深厚的人文历史内涵与巴山大峡谷的绝美自然风光形成互补优势，能够助力当地打造成全国独特的巴文化旅游品牌。而博物馆建成运营后，大大提升了罗家坝遗址的保护和利用水平、文物展示水平、基础设施和服务设施条件的改善，吸引了全国各地游客前来观光休闲，带来了更多的旅游综合收入，促进了当地餐饮、住宿、交通、娱乐等相关产业的发展，产生了更大经济利润。另外，场馆建设及后期运营，也为当地带来了大量就业岗位，辅助提升了当地居民的收入水平。

### （四）综合影响

罗家坝考古遗址博物馆从规划到建设再到建成开馆，一直备受社会各界的关注。四川省文化和旅游厅副厅长、省文物局局长王毅在罗家坝考古遗址博物馆开馆仪式上曾指出，罗家坝考古遗址博物馆将为进一步挖掘巴文化资源，宣汉打造全国巴文化高地，促进巴蜀文化并重发展发挥重要作用。四川博物院院长韦荃认为，罗家坝博物馆建成且对外开放是巴蜀文化保护、传承和发展领域的又一重要成果。重庆师范大学历史与社会学院副院长蒋刚指出，川渝地区作为古代巴文化分布最为集中的区域，今后需联合大力开展巴文化的挖掘传承活动，深入实施文旅融合战略，共同加快建设巴文化传承创新和旅游发展高地的同时，助力成渝地区双城经济圈的发展[1]。开馆仪式上罗家坝博物馆与四川省文物考古研究院、三星堆博物馆、金沙遗址博物馆、

① 余开洋：《全国首个巴文化专题博物馆 罗家坝考古遗址博物馆正式开馆》，四川新闻网 2023 年 4 月 27 日。

重庆合川钓鱼城遗址签订战略合作协议，为今后罗家坝遗址考古发掘、川渝两地文博人才培养、大遗址保护展示与建设提供支持，共同促进巴蜀文化并重发展发挥。

罗家坝考古遗址博物馆建成开馆，是全面展示罗家坝遗址历次考古发掘成果的一个重要展示，也是让文物活起来的一个重要表现方式，是考古发掘、文物保护、学术研究、博物馆建设、展陈等多方力量合作的成功典范，也是巴蜀文化保护、传承、发展、利用的一个重要方式。罗家坝考古遗址博物馆将成为研究、展示巴文化的重要学术平台和窗口，这是川渝地区精心打造"巴文化"品牌的首项成果，也是达州市"全国巴文化高地"建设的重要突破，能为达州乃至四川加快文旅融合大发展提供新思路，助推全域经济高质量发展。

## 三、工作存在的显著问题

### （一）财政预算不足，经费保障不够

达州市是全国脱贫攻坚的重点地区，平地少、山地多，无论是农耕经济还是工业建设都很难发展起来。本地的财政收入少，大部分财政都用来城市建设，很少用于文化建设，这也限制了罗家坝考古遗址博物馆的建设。宣汉县 2022 年财政预算结转资金用于教育、科技、文旅体育传媒等方面 7154 万元；2023 年财政预算结转资金用于教育、科技和文化旅游等方面 14333 万元。从这些数据来看是逐渐增长的，但据罗家坝考古遗址博物馆工作人员提供，每年给博物馆下拨二三百万元经费，远远无法支撑整个博物馆的正常运行。罗家坝考古遗址博物馆属于公有制博物馆，且属于付费的博物馆，据不完全统计，自开馆至今年国际博物馆日，门票收入仅不到 100 万，但接待游客 7 万余人，其中大部分为公务接待，免费服务。此外，依托罗家坝考古遗址博物馆的国家考古遗址公园的未来建设以及其他相关项目的修建、更新都需要大量的资金投入。

### （二）人员配置薄弱，人才保障不够

目前，宣汉县成立了专门的考古遗址公园管理机构——罗家坝遗址管理服务中心，隶属于宣汉县文化体育和旅游局，为公益一类事业单位，加挂罗家坝考古遗址博物馆、宣汉县巴文化研究所牌子，实行三块牌子、一套人马合署办公，核定编制 9 人，设主任 1 名、副主任 1 名。但实地了解得知，博物馆在编人员仅有 6 人，其中硕士学历仅 1 人，缺少专业人员。专业人才的长期缺乏，会导致罗家坝考古遗址公园的部分工作不能深入、持续、有成效，大大降低国家考古遗址公园建设效率，同时，也会影响对巴文化内涵的发掘与利用，导致巴文化的现实转化难以实现。

### （三）合作机制欠缺，借力能力较差

当前，全国已发现并证实的巴文化遗址有数十处，主要分布于川东、渝北、湘西、鄂东地区，然而当地政府在文化交流和合作建设方面开展的工作还不够，仅在 2017 年依托罗家坝遗址召开了一次学术论坛，未能有效推动促进罗家坝考古遗址博物馆与周边其他巴文化遗址产生发展合力，很多学界专家学者甚至对罗家坝考古遗址博物馆的建设与开馆运行情况并不了解。

### （四）交通状况不便，所在位置较偏

罗家坝考古遗址公园位于四川省达州市宣汉县普光镇进化村，距离宣汉县城 30 公里，距达州市区 60 公里，距最近高速口普光 5.4 公里，距最近火车站宣汉站 16 公里。县城与罗家坝考古遗址公园之间并没有设置公交，达州市区也并没有直达罗家坝考古遗址公园的旅游专线客车。且罗家坝考古遗址公园所在乡镇基础设施并不完善，普光镇并没

有大型饭店、酒店等满足游客需求的基础设施。罗家坝考古遗址公园相对来说地理位置偏远，公共交通不便利，附近缺乏必要的如优质餐饮、住宿等辅助设施，作为考古遗址公园来讲，其基础条件是滞后的，这一现实条件会阻碍其开展科研、教育等活动，亦不利于其自身知名度的提升。

## 四、对应的解决策略

### （一）加大资金投入

经费问题一直是制约遗址博物馆发展的主要问题。对比周边，罗家坝考古遗址博物馆以及罗家坝考古遗址公园总投资仅 4.6 亿元，截至正式开馆仅投入 2 亿元，而三星堆博物馆新馆建设就投资 14.33 亿元[①]。罗家坝考古遗址博物馆地处川东山地，各方面都比不上位于经济比较发达地区的遗址博物馆。罗家坝遗址作为巴文化遗址中的核心遗址之一，特别是三峡库区蓄水后，将成为巴文化研究的主要阵地，达州市委、市政府应积极向国家文物局、省文物局申请专项资金，助力遗址博物馆健康有序发展。与此同时，给予优惠的政策支持，引入社会资本，通过吸引社会资本参与罗家坝考古遗址公园的保护、开发和运营，实现文化遗产保护与经济效益并肩发展。

### （二）加强人才建设

增加编制，吸纳更多历史及相关专业，特别是文博方向的专业人才，因此需要增设编制来补充中心欠缺的重要岗位。达州市先后实施了"千名硕博进达州""英才计划"等人才招引政策，引进了一大批硕博人才，然而人才流失率较高，能够在达州留下来的并不多。其中，文博领域引进的硕博人才现今不足 20 人，仅有宣汉县、渠县、

万源市文管所（博物馆）还有研究生。在加强人才引进的同时，还要借智借力，如聘请市级单位专业人才兼职，致力于罗家坝遗址研究，从而为罗家坝考古遗址博物馆建设提供人才队伍支撑。

### （三）合作机制建立

对于三星堆遗址、金沙遗址这样的大型遗址博物馆，专业人员充足，可以自行编制保护规划方案、自行成立研究院进行研究，但多数遗址博物馆还是会寻求专家学者或专业院所的帮助。像罗家坝考古遗址博物馆，专业人员本就不足，加之博物馆行政级别较低，难以依靠自身力量完成博物馆以及遗址的各项保护和建设工作，就需要根据实际情况、遗址内涵等寻求与全国一些专业院所、院校合作，以谋求更好地发展。罗家坝考古遗址博物馆可与四川省文物考古研究院、达州市巴文化研究院、四川文理学院巴文化研究院、城坝遗址保护利用中心、巴南区巴人历史博物馆、长阳巴人历史博物馆、香炉石遗址展陈馆等巴文化研究机构、巴文化主题博物馆、遗址展陈馆加强合作，成立巴文化研究联盟，同时与成都金沙遗址博物馆、三星堆遗址博物馆、重庆三峡博物馆等川渝地区文博机构合作，成立川渝地区大遗址联盟，进而利用各种先进的手段方法，对罗家坝遗址所蕴含的丰富历史文化信息进行深入研究，为巴文化研究事业做出贡献，同时提高自身的知名度，也为罗家坝考古遗址博物馆可持续发展提供有利条件。

### （四）规划旅游线路

从全国遗址博物馆的地理位置来看，大多数都地处偏远地区，如良渚遗址博物馆距杭州市区两小时车程，三星堆遗址博物馆距广汉市区也要30 分钟车程。成熟的遗址博物馆具备科学的旅游

---

① 吴晓铃、曹漸源：《三星堆博物馆新馆破土动工》，四川省人民政府网 2022 年 3 月 30 日。

线路，有快捷的旅游专线，方便游客前来参观。罗家坝考古遗址博物馆的旅游线路，应放在宣汉县乃至达州市全域巴文化主题旅游精品线路规划之中，有专门的公共交通工具、专门的旅游线路，从而提升罗家坝考古遗址博物馆的参观度，更好地增加博物馆的宣传面。

## 五、结语

罗家坝考古遗址博物馆正式开馆，为后续修建罗家坝考古遗址公园提供了组织保障，也为罗家坝考古遗址公园建设提供了依据和方向。罗家坝考古遗址博物馆作为全国首座巴文化主题馆，不仅对罗家坝遗址以及达州巴文化遗址有着重要的保护与利用价值，也助推了全国巴文化研究事业蓬勃发展，为达州建设巴文化传承创新与旅游发展高地建设提供了有利条件。同时罗家坝考古遗址博物馆也为我们探索神秘的巴国，了解古代巴人的起源、发展及融入华夏的历程，提供了不可或缺的资料。

# 考古遗址博物馆在"博物馆之城"建设中的作用研究
## ——以西安为例*

陈中慧

西北大学

**摘　要：**"博物馆之城"建设是振兴城市文化、促进文化旅游发展以及提升国民素质教育的重要战略。当前西安市"博物馆之城"建设正处于加速推进阶段，市内考古遗址博物馆作为城市博物馆体系中的独特资源，在数量和质量上均位居国内领先地位。考古遗址博物馆不仅在丰富城市文化资源、提升旅游吸引力方面发挥着重要作用，还在推动生态文明建设、深化社会教育和促进志愿者服务等方面做出了多重贡献。考古遗址博物馆以其独特的文化空间功能、绿地生态效应、研学教育资源和志愿服务平台，构成了西安"博物馆之城"建设的坚实基础。

**关键词：**博物馆之城　考古遗址博物馆　城市文化　博物馆功能

考古遗址博物馆是依托考古遗址而建，以保护展示考古发掘的遗址、出土文物为主要内容的一类遗址博物馆。从中国第一座公共博物馆诞生之日起，博物馆对于我国城市发展的重要性就日益凸显。"博物馆之城"的实践始于文化教育救亡图存的探索，兴于国家富强后各地文化兴城的规划目标，大规模践行于 21 世纪的博物馆建设高潮。2019 年，《西安博物馆之城建设总体方案（2019—2021 年）》发布，明确提出要将西安建成名副其实的"博物馆之城"，争取 3 年时间，使博物馆的总数突破 100 家，形成富有西安特色的博物馆发展新格局[①]。目前，西安市拥有正式备案的博物馆 134 座，已基本达成西安"博物馆之城"建设的博物馆数量的基础要求。《西安"博物馆之城"建设总体规划（2023—2035 年）（征求意见稿）》将考古遗址作为西安"博物馆之城"建设"一核两翼、四维六面"规划布局中的"两翼"之一[②]，起到重要作用。

## 一、西安"博物馆之城"与考古遗址博物馆建设现状

西安作为中华文明重要发祥地，拥有丰富的历史文化资源。考古遗址博物馆作为"博物馆之城"建设的重要组成部分，既充实了西安博物馆的数量，又丰富了西安博物馆的种类，有助于形成多元化的博物馆体系，满足不同观众群体的需求。目前西安共有各类考古遗址博物馆 16 家，其中国家一级博物馆 4 家，非国有和行业博物馆共有 5 家；时代分布以史前、周秦汉唐为主（表一）。

\* 本文为西安市 2024 年度社会科学规划基金项目"考古遗址在西安市博物馆之城建设中的支撑作用研究"（项目编号：24LW212）阶段性成果。

① 《西安博物馆之城建设总体方案（2019—2021 年）》，西安市文物局官网 2020 年 6 月 1 日。

② 《西安"博物馆之城"建设总体规划（2023—2035 年）（征求意见稿）》，西安市人民政府网 2023 年 5 月 25 日。

**表一　西安市考古遗址博物馆统计表**

| 博物馆名称 | 时期 | 博物馆性质 | 质量等级 | 景区等级 | 是否免费开放 |
|---|---|---|---|---|---|
| 秦始皇帝陵博物院 | 秦 | 文物 | 一级 | 5A | 否 |
| 汉景帝阳陵博物院 | 汉 | 文物 | 一级 | 4A | 否 |
| 西安半坡博物馆 | 史前 | 文物 | 一级 | 4A | 否 |
| 西安大唐西市博物馆 | 唐 | 非国有 | 一级 | 4A | 是 |
| 西安唐皇城墙含光门遗址博物馆 | 唐 | 行业 | 三级 | 5A | 否 |
| 大明宫遗址博物馆<br>大明宫国家遗址公园丹凤门遗址博物馆 | 唐 | 行业 | 无级别 | 5A | 否 |
| 汉长安城长乐宫四、五号遗址博物馆 | 汉 | 文物 | 无级别 | 3A | 是 |
| 丰镐遗址车马坑陈列馆 | 周 | 文物 | 无级别 | 无 | 是 |
| 华清池唐华清宫御汤遗址博物馆 | 唐 | 行业 | 无级别 | 5A | 否 |
| 汉长安城未央宫遗址陈列馆 | 汉 | 文物 | 无级别 | 3A | 是 |
| 西安市秦阿房宫遗址博物馆 | 秦 | 文物 | 无级别 | 无 | 是 |
| 秦二世陵遗址博物馆 | 秦 | 行业 | 无级别 | 3A | 否 |
| 蓝田猿人遗址博物馆 | 史前 | 文物 | 无级别 | 3A | 否 |
| 西安市青龙寺遗址博物馆 | 唐 | 文物 | 无级别 | 3A | 是 |
| 安仁坊遗址陈列馆 | 唐 | 文物 | 无级别 | 4A | 是 |

　　西安的考古遗址博物馆主要集中于老城区及部分郊区。老城区考古遗址博物馆密集，交通可达性较高，通过便捷的公交和地铁网络实现与市内其他景点的无缝连接。博物馆资源丰富、类型多样，形成了具有代表性的文化展示集群，不仅便于市民日常参观，还有效吸引了大量游客。相比之下，位于临潼区的秦始皇帝陵博物院和唐华清池御汤遗址博物馆则距离市区较远。秦始皇帝陵兵马俑以其"世界第八大奇迹"之称闻名遐迩，每年吸引大量游客。"华清池"与"兵马俑"两处景点之间距离较近，大部分为"兵马俑"而来的游客，也会选择一同参观"华清池"，且均可通过西安市区的公交、地铁线路直达，便利的交通条件进一步增强了其吸引力。与临潼区相比，长安区同样位于西安的城市郊区，拥有两家同样具有历史价值和代表性的考古遗址博物馆。

然而，位于长安区的考古遗址博物馆的地理分布较为分散，且地处村镇区域，公共交通网络尚不完善，交通可达性较低，游客量较少。

　　考古遗址博物馆的建设选址依考古遗址的发现与发掘而定，具有很强的不可预测性。西安的考古遗址博物馆多分布于老城区，交通便利、基础设施完备。个别考古遗址博物馆位于城郊。考古遗址博物馆一端连着城市，一端连着村镇，是市区与郊区之间的重要联系纽带。考古遗址博物馆的存在，有利于促进"博物馆之城"建设中各类发展要素向城郊、村镇集中、聚集，激发村镇活力，增强其对周边村镇发展的辐射力和带动力。

## 二、作为旅游目的地的考古遗址博物馆

　　旅游是人们追求精神文化生活的重要途径，

文旅结合也是当下较为流行的旅游方式。考古遗址博物馆作为重要的公共文化机构，同时也是具有地区独特历史文化的旅游目的地。如秦始皇帝陵博物院之类具有世界文化遗产地位的考古遗址博物馆，吸引了全球的关注，促使西安在国际旅游市场上占据重要位置，提升了西安作为旅游目的地的国际知名度，增强了西安的全球影响力。

2024 年"五一"假期，西安全市接待游客 1402.11 万人次，其中秦始皇帝陵博物院接待观众约 28.87 万人次，汉景帝阳陵博物院接待观众约 1.15 万人次，大明宫国家遗址公园约接待观众 18.8 万人次，汉长安城遗址公园约接待观众 6 万人次，华清宫景区接待观众约 15.6 万人次，青龙寺遗址保管所接待观众约 5.9 万人次，西安唐皇城墙含光门遗址博物馆接待观众约 6.3 万人次 [①]。可见，考古遗址博物馆作为西安独特的历史文化旅游目的地，受到大众欢迎。

考古遗址博物馆作为旅游资源的重要组成部分，不仅吸引本地和外地游客，还促进了文化旅游业的发展。依照中华人民共和国国家标准《旅游景区质量等级的划分与评定》与《旅游景区质量等级管理办法》，我国旅游景区可分 A、AA、AAA、AAAA、AAAAA 级景区，也就是大众常说的 A、2A、3A、4A、5A 级景区。其中 5A 级景区是我国旅游景区质量等级划分的最高级，代表着国内最高等级精品旅游风景区。目前陕西省共有 5A 级景区 13 个，其中西安市包含考古遗址博物馆在内的景区就占 4 家，另有属于 4A 级景区的考古遗址博物馆 4 家。

考古遗址博物馆展现了独特的地方历史和文化，通过强化地方特色，使旅游目的地在文化上具备更高的辨识度。这种文化认同使游客对目的地的体验更加深刻，增加了游客的归属感和记忆

点，提升了旅游体验的独特性。考古遗址博物馆的高水平展示和文化活动能够提升区域的文化吸引力，有助于打造文化品牌，增强城市形象，从而带来更广泛的经济收益。

# 三、作为城市文化空间和生态文明建设的考古遗址博物馆

"博物馆之城"旨在将城市打造成为一个大型的、活生生的博物馆。考古遗址博物馆不再是传统意义上保存展示考古发掘遗址及文物的场所，而是成为城市公共文化空间，为市民提供多重服务。

## （一）作为城市文化空间

文化空间是文化和地理的融合，博物馆是城市区域人文精神的重要载体，在城市发展中的重要性日益明显。以文化为核心要素的城市发展模式对城市空间组织也产生了深刻影响，不同文化形成不同的城市特色。文化空间不仅是文化形式的外在表现，也是文化意义内在整合的主要方式。文化空间是在意识形态主导下的空间存在。相较于其他空间存在方式，文化空间更具社会性，它为人们提供文化的使用价值，并创造文化产业价值，同时也向人们传递某种社会文化理念、审美标准，并且具有主导社会价值观的作用 [②]。

西安作为古都，拥有丰富的历史遗址和文化资源。考古遗址博物馆，如秦始皇帝陵博物院、汉景帝阳陵博物院、大明宫遗址博物馆等，不仅承载了丰厚的历史文化内涵，也成为展示中华文明的地标。同时，以其独特的文化价值和视觉震撼力，成为西安的"文化名片"，增强了西安在国内外的知名度和影响力，为西安"博物馆之城"的建设提供了鲜明的文化标识，提升了城市的文

---

① 杨利娜：《这些数据，彰显了陕西文博的吸引力》，文物陕西公众号 2024 年 5 月 5 日。
② 赵婉彤：《城市文化空间理性内涵与优化路径》，西安电子科技大学博士学位论文，2021 年。

化辨识度，成为西安"博物馆之城"形象提供的有力支持。

考古遗址博物馆是城市文化空间的核心功能区类型之一，兼具学术性与休闲性。观众不仅可以在考古遗址博物馆直观参观考古遗址、感受历史文化，又可在其配套的考古遗址公园中获得身心放松。此外，考古遗址博物馆蕴含着城市的整体文化底蕴，其博物馆馆舍建设应符合该城市的整体风格，博物馆功能也随着时代的发展而进行更新。

考古遗址博物馆通过与周边其他类型的文化景观、社区等的协同发展，推动了区域文化资源的整合与共享，形成了"文化遗产+社区+经济"的创新发展模式。这种模式不仅优化了资源配置，还拓宽了遗址博物馆的服务和功能，使其成为"博物馆之城"建设中区域协同发展的重要引擎，促进了西安文化资源在更广泛层面的合理利用和全面提升。

### （二）作为城市绿地

考古遗址博物馆通常与考古遗址公园互为配套建设。考古遗址公园属于遗址公园，其绿地属于"公园绿地"，是城市绿地的一部分，不仅可以改善城市公共空间的环境，也可以改善遗址的环境，是具有文化、游憩等功能的绿地。在考古遗址公园、考古遗址博物馆进行植被种植，使其成为城市绿地或具有绿色生态形态，达到生态文明建设与精神文化建设共同发展已成为常态。通常在考古遗址公园、考古遗址博物馆可允许的范围内进行植被种植，不仅具有绿化环境的功能，也起到了一定的遗址防护作用。

对于人气旺、游客量多的考古遗址博物馆，游客过度集中在遗址展厅，容易导致历史人文景观被迫成为"人"的景观，博物馆超负荷运转，参观环境恶化。而绿色生态区作为考古遗址博物馆的一个缓冲地带，在旅游高峰期，可对客流进行缓冲，分

流遗址博物馆参观路线，分化室内空间急剧增长的游客数量，调节遗址展厅的游客数量。

考古遗址博物馆外围绿色生态建设主要是以栽种植物、改善环境为目的的绿化活动。绿地园林等开放的公共空间是城市生态系统的重要组成部分。将绿地园林与城市规划建设相融合，可以促进城市、人、自然的协调，改善城市环境，优化城市空间布局，维持区域生态平衡，增强城市的可持续发展能力。

## 四、作为教学、研学与志愿者服务基地的考古遗址博物馆

考古遗址博物馆作为教学、研学与志愿者服务基地，通过多元化教育和社会服务发挥重要作用。

### （一）作为教学、研学基地

考古遗址博物馆通过展示古代遗迹、出土文物、考古成果等，生动形象地传播历史知识，让观众感受到历史的真实性与厚重感。此外，博物馆还通过讲解、互动活动、学术讲座等多种方式，提高公众的历史知识水平，激发人们对文化遗产的兴趣，推动文化自觉与文化认同的形成。同时，西安的考古遗址博物馆在遗产保护方面积累了丰富的经验，如秦始皇帝陵的保护与展示在国际上广受关注。通过专业的保护设施和技术手段，不仅延长了遗址的寿命，还积极探索和推广文化遗产保护的先进方法，成为文化遗产保护的典范。这种示范效应为其他城市的文化保护提供了有益借鉴，进一步巩固了考古遗址博物馆在西安"博物馆之城"建设中的核心地位。

近年来博物馆研学项目火热，甚至成为中小学必不可少的课外体验活动。博物馆的研学项目主要以学生可以亲身参与的互动式体验为主，体验项目多以该博物馆的特色为主，而考

古遗址博物馆的研学项目多以模拟考古发掘体验为特色。西安市考古遗址博物馆也展开了内容丰富的青少年教育活动，如西安半坡博物馆的"史前工场"研学项目、"原始部落快乐行"活动等。考古遗址博物馆研学的目的在于"学"，带着学习知识的目的进行博物馆参观、实践体验，不再是单纯的游览。

考古遗址博物馆通过丰富的展示方式和教育活动，推动了历史文化知识的普及。如汉景帝阳陵博物院和大明宫遗址博物馆的互动体验、教育讲座和考古课堂等活动，极大地增强了公众的参与感和对文化遗产的认同感。这些博物馆通过教育功能的拓展，为"博物馆之城"增添了活力，让西安的博物馆不仅成为展示场所，还成为文化传承和公众教育的重要阵地。

### （二）作为志愿者服务基地

自我国博物馆免费开放政策实行后，博物馆参观量大幅增加，对博物馆服务人员的需求随之增多，博物馆志愿者队伍逐渐壮大，我国博物馆志愿者教育实践活动处于蓬勃发展阶段。博物馆志愿者的教育实践已进入常态化的轨道，形成了相对成熟的运行模式。不同类型的志愿者为博物馆注入不同的经验、知识与活力，对博物馆的后续发展以及对博物馆的形象塑造起到有益作用，学生和家庭类志愿者也为博物馆公共项目带来巨大活力[①]。

考古遗址博物馆不仅可以作为培养文博爱好者的志愿者基地，还可成为多元化志愿服务的实践平台，吸引社会各界成员积极参与博物馆事业。这种参与方式实现了从单纯的参观转变为深度参与，使社会成员在文化传承和博物馆建设中发挥更广泛的作用。西安博物院的志愿者团队不仅在现场为参观游客提供服务，还通过运营线上志愿者团队的官方账号，每日发布与博物馆相关的内容，进行博物馆宣传，答疑解惑。通过线上线下相结合的形式，志愿服务突破了时间和空间的限制，呈现出形式多样、内容丰富的特征。这一模式拓展了博物馆志愿服务的深度和广度，为公众参与博物馆事业提供了更为灵活、多元的平台，为博物馆的社会功能拓展和公众参与模式创新提供了重要参考。

## 五、结语

"博物馆之城"的概念不仅仅局限于博物馆的数量和规模，更重要的是博物馆与城市的历史、文化、社会和经济的发展紧密结合。考古遗址博物馆通过考古发掘遗址的直观展示，让观众沉浸体验到书写在古籍里的历史场景，加强了公众对历史文化的认知和理解，推动了历史文化教育的普及，加深了人们对中华文明起源和发展的认知，增强了民族自豪感。

随着城市基础设施的进一步完善和文化旅游的高质量发展，希望西安的考古遗址博物馆在多元化建设与公众参与的持续推动下，进一步实现文旅融合与生态和谐的共赢，为"博物馆之城"的持续发展和文化软实力的提升注入新动能。

---

① [美]克里丝蒂·范·霍芬、[美]洛尼·韦尔曼著，庄智一译：《招募与管理志愿者：博物馆志愿者管理手册》，上海科技教育出版社，2017年，第8页。

# 考古遗址博物馆文化遗产社教分析与研究

王　菁

天津市文化遗产保护中心（元明清天妃宫遗址博物馆）

**摘　要：** 本文以考古遗址类博物馆社会教育为研究对象，从其特点出发分析了遗址博物馆在文化遗产教育方面的优势，分析这种社教的内容及主要手段方法，找到存在的问题，为在考古遗址类博物馆开展文化遗产教育的进一步发展提出可行性方案。

**关键词：** 文化遗产　教育　考古　遗址　博物馆

随着近年来考古成果的大量涌现，考古遗址的进一步保护成为学界探讨的新热点，兴建遗址博物馆正是解决该问题的重要途径之一。遗址博物馆，有广义和狭义之分。广义的遗址博物馆是指"用以保护和研究人类历史所遗留的非移动性文化遗产和自然界的遗迹。其中包括城堡、村落、住室、作坊、寺庙、陵园以及有纪念性的旧址和古生物化石现场等。并以收藏和陈列遗址出土物为主，使之对公民进行科学、历史、文化知识传播的宣传教育机构"。狭义的遗址博物馆是指"在古文化遗址上建立起的针对该遗址文化进行保护、研究、陈列的专门性博物馆""依托考古遗址，以发掘、保护、研究、展示为主要功能的专题博物馆"[1]。本文中的考古遗址博物馆即狭义的遗址博物馆。在文物大省河南，全省建成开放的遗址博物馆数量达到15座，其中二里头夏都遗址博物馆、安阳高陵遗址博物馆、郑州商代都城遗址博物院最具代表性，另有平粮台古城遗址博物馆、大河村遗址博物馆、汉魏洛阳城遗址博物馆等5座遗址博物馆正在建设。这些考古遗址博物馆通过丰富的馆藏、各具特色的活动构建起中原地区文明化历史进程较为完整的知识图谱，以独具特色的中原文化，吸引了大量公众慕名而来[2]。因此，在考古遗址博物馆中开展以文化遗产保护为内容的社会教育是有受众基础的，是履行其职责的重要表现，甚至可以促进考古遗址有效保护与区域经济发展的和谐共赢。

## 一、考古遗址博物馆开展文化遗产社教具有先天优势

### （一）考古遗址博物馆适宜开展公共考古活动

考古遗址博物馆是一种比较特殊的专题类博物馆，它一般依托考古遗址的保护而存在，伴随考古研究的深入而发展，通过"将考古发掘的工作和研究成果进行形象化表达"，直观生动地向观众讲述遗址蕴含的历史文化，并与考古学形成相辅相成、互相补充的紧密关系，是博物馆体系中重要的组成部分[3]。公共考古是考古学的新分支，其致力于协调研究考古（文化遗产）管理者、研究者及其他利益相关者相互关系，更加合理配置

---

① 张敏：《遗址博物馆宣传教育工作新思考——以大连汉墓博物馆为例》，《中国民族博览》2021年第13期。

② 褚晶晶：《"情与境——让文物活起来到展览活起来"考古遗址博物馆陈列艺术高质量发展专题研讨会综述》，《中国博物馆》2023年第4期。

③ 中国博物馆协会：《中国考古遗址博物馆·史前遗址博物馆卷》，江苏凤凰文艺出版社，2022年，第1页。

资源、使文化遗产得到更优保护、使公众享有更大权益[①]。公共考古具体实践主要包括活动及理论研究两个方面，活动主要包括考古过程的教育展示、考古成果的解读等；理论研究主要包括考古参与者（包括发掘者、政府部门、相关学者及受众的行为反应）及实践活动的效果研究等。公共考古的目的是为了保护考古遗产，实现文化遗产的价值及传承，这与考古遗址博物馆社会教育的目的相一致。在教育主体方面，考古遗址博物馆的社教人员一般具有文物、考古类学科背景，同时在工作中积累了大量与本单位相关的遗址、文物、考古、历史及其他相关专业知识，经过长期实践，对遗址、藏品、文化遗产保护知识可以做出更加深入浅出的表达，信息更有利于受众的吸收。特别是通过遗址发掘、藏品背后的故事和文化内涵进行更为深入的探索，可以更好地阐述遗址的科学、艺术、历史等多方面的价值，让"遗产"在多维角度中展现更多的魅力，为开展公共考古活动创造了基础条件，为进一步展开全面的社会教育提供了丰富的内容。因此，在考古遗址博物馆开展公共考古活动是其优势，是与其他类型博物馆社教的最大区别。

### （二）考古遗址博物馆教育的社会化全民性特点

考古遗址博物馆属于博物馆的一个分类，博物馆社教的全民性特点在其身上也有鲜明的体现。首先，这种教育不分年龄、种族、职业、专业。博物馆作为开放单位，对于开放对象不能做出选择，因此博物馆的教育是普遍性的通识教育。其次，这种教育没有强制性。考古遗址博物馆属于公共服务性机构，可以提供教育场所及相关的教育内容，但这种教育是否可以达成，取决于被教育对象的接受程度，这是与学校教育的最大区别。学校教育特别是义务教育阶段，是由国家强制力保证实施的教育。其他阶段的学校教育在其规则内设有相应的考核机制，也具有一定的强制性。但是博物馆社教主要以兴趣为出发点，吸引相应人群主动接受教育，潜移默化地影响被教育人群，在学校教育有强制性要求（社会实践课时）时进行辅助教育。考古遗址博物馆这种全面的社会教育对于文化遗产保护理念传播的全覆盖具有不可替代的优势。

## 二、考古遗址博物馆开展文化遗产社教方法多样

### （一）展览展示是社教活动的基础

展览展示是博物馆进行社会教育时采用的最常见手段。考古遗址博物馆依托遗址，其主要的展览展示都是围绕遗址进行的。如何正确揭示遗址价值、阐释考古研究最新成果、突出遗址的特点，都是遗址博物馆在展览展示过程中需要重点考虑的问题，也是决定文化遗产社会教育成败的关键因素。在这方面，一些遗址博物馆为我们做出了示范。

如良渚博物院，其建馆20余年，进行了三次基本陈列的提升改造。随着考古发掘以及科技手段进步，考古发现在多学科视角下研究有了新的突破，对遗址的整体解读有了新的认识。良渚博物院展览以良渚文明经济基础、古城格局、精神世界为线索，以典型文物组合及辅助背景资料为内容展开。第一部分，从气候环境与人类生存的关系、稻作农业、石器制作、陶器制作、漆木器制作、玉器制作等各方面展示良渚时期的物质成就以及文明产生的基础。第二部分，应用沙盘和模型展示古城三重格局及形成、反山王陵区及

---

① 王菁、陈雍：《我国公共考古现状分析》，《北方文物》2016年第4期。

莫角山宫殿区、水利系统等，以说明良渚古城遗址的营建与格局是东亚地区史前城址的经典范例。第三部分，主要通过玉器来展现良渚时期的权力与等级，通过琮、钺、璧分别代表神权、军权及财富的礼制体系，体现王、贵族、匠人、平民四个不同的社会阶层。展览简洁清晰，不仅科学性强，还让观众在感受到知识性与教育性的同时，感受趣味性。良渚博物院基本陈列应用过程性展示、功能性展示、复原性展示、对比性展示、演变性展示、场景式展示六种展示方式，可以概括为"良博全展示"，是中国考古观念和展示理念转变的缩影①。

2023年10月，元明清天妃宫遗址博物馆推出了首个实物原创展览"蓟州多宝佛塔出土文物保护成果展"，延伸了本馆遗址展示的内容，让文物保护的技术及应用更直观地展示在观众面前。以这个临时展览为基础，针对广大公众推出了四场高水平学术讲座。内容涉及蓟州多宝佛塔佛龛文物的具体清理与保护过程、盘山北少林寺历史背景、该地区其他考古发现及考古学研究方法等，形成由点到面、由浅及深的系列。深化展览内容，满足受众更深层次的知识需求，体现考古的公共价值。同时针对讲座的最后两期进行了观众问卷调查，调查内容包括展览对讲座的影响程度、宣传信息途径及效果、讲座内容的吸引程度、讲座总体满意程度等。这种以展览为基础的社教活动，不仅达到了社会教育目的，同时完成了一项实践与理论研究相结合的公共考古案例。

## （二）实景教学与依托实景模拟教学及主题活动

实景教学与依托实景模拟教学是考古遗址博物馆社会教育的特色。考古遗址博物馆大多建立在考古原址上或大遗址区域范围内，有条件进行实景教学。这种教学一般分为两类：一种是讲解式教学，带领受众在遗址区域内参观，为他们讲述遗址发掘现状、发掘过程、遗址价值、出土文物，让他们认识考古工具等。另一种为体验式教学，这种教学最常见的方式就是"模拟考古"活动，让受众直接体验考古发掘全流程或部分流程。三门峡虢国博物馆是一座遗址类博物馆，其建立在西周虢国墓地遗址上。他们组织的模拟考古活动，完全按照田野考古基本流程进行，颇具特色。首先，带领观众在模拟钻探区域进行考古钻探，同时讲解钻探布孔、画线的方法，示范探铲的工作原理，分辨地下土层的颜色区别，初步判断依存情况。然后，在模拟发掘区进行考古发掘。模拟考古发掘区里预埋了陶片、动物骨骼和仿制的青铜器等模拟遗物，向参与者充分讲解考古发掘工具使用方法和发掘基本程序后，带领大家用手铲、毛刷等工具亲手清理出"古代文化遗物"，通过参与发掘、清理及清洗遗物，让受众获得感得到满足②。

包括考古遗址类博物馆在内的大部分博物馆在社会教育过程中举办的其他主题活动大体分为两类：一为"请进来"的活动，二为"送出去"的活动。

"请进来"的活动主要有对展览和馆藏内容进行更深入解析的讲座和与本馆主题相关的手工、游戏、研学等体验性实践活动。考古遗址类博物馆举办讲座的特色在于与考古、遗址内容更密切，一般包括考古、文物保护常识、遗址发掘背后故事及与遗址相关的解读、成果等。实践活动除了模拟考古之外，考古遗址类博物馆根据自己的规

---

① 罗晓群：《考古遗址博物馆展览原则的探索——以良渚博物院基本陈列改造为例》，《自然与文化遗产研究》2020年第3期。

② 宋笑飞：《抓住遗址馆的特性，拓展社教活动空间——虢国博物馆社教活动尝试》，《文物春秋》2018年第1期。

模、经费等情况，还会开展一些文物修复、陶器制作、石膏玩具挖掘及线索解谜等活动。这些活动在参与对象方面有一定局限性，教育的效果有待进一步观察。

"送出去"的活动主要包括一些巡展及宣讲活动。这些活动可以扩大考古遗址类博物馆文化遗产教育的受众面及影响力，是科普、通识教育采用的常用方法。

### （三）课程开发及教材编写

教学活动一般是通过"课"这种单位进行的，课程开发及教材编写也是教育的常见手段。但是"课"的概念在不同的系统内理解有所差异，在教育系统内特别是基础教育阶段，"课"有着严格的标准，"课"的内容、时间都是由教学大纲规定的。博物馆的"课"就比较灵活，有主题的传播相应的知识都能称之为"课"。所以两个不同主体设置的"课"各具特色。

天津的丁字沽小学在文化遗产课程及教材编写方面独具特色。它开设的"文化遗产课堂"，聘请了来自教育、文博考古、历史和戏剧等方面的专家学者全程参与课程建设和论证，通过教学大纲中涉及的内容及知识点，结合美育与德育课程，利用文物、非遗、城市历史文化等方面知识编制文化遗产系列教材，并在三至五年级开设了固定的"文化遗产课"。元明清天妃宫遗址博物馆作为天津市唯一一家城市考古遗址类博物馆肩负着城市文化遗产保护、教育传播的重责。与"丁小"开展校馆合作，发挥自身的优势和功能，促进博物馆资源与课堂教学、综合实践活动有机结合，帮助其构建全方位"文化遗产课堂"校本课程体系。该课程体系已经持续了近七年，在培养学生建立良好的审美、树立正确的价值观、提高人文

素养方面取得了良好的效果。"丁小"的"文化遗产课堂"体系对考古遗址博物馆馆校结合课程开发及教材编写提供了良好模式。

而白鹤梁水下博物馆以馆藏及地方人文为基础，内部编纂出版了《巴水急如箭》研学诗集，同时开发了半日课程《探秘第一古代水文站》，一日课程《涪风寻古》《巴渝文化》《石刻文化》《重庆水情》，两日课程《水文化遗产》，三日课程《南方喀斯特》《成渝双城经济圈研学游》，一周课程《大美三峡》《壮美河套》等，从白鹤梁文化、涪陵本土文化、水情教育、三峡文化等方面丰富孩子们的知识面，增加对家乡的了解，增强家乡认同感与爱国情怀[①]。

以上两个案例是不同的主体进行的课程开发及教材编写，它们以"我"为主，体现不同行业特点，但是在教育的根本目的上趋同。

## 三、考古遗址博物馆开展文化遗产社教存在的一些问题及对策

考古遗址博物馆社会教育要找到自身特点，把握文化遗产教育主题。前述考古遗址博物馆社会教育所提到的方法，大多数在其他类型的博物馆社教中也能找到身影。如何在这些方法中体现自己的特色，那么就必须把握文化遗产这个主题，在教育中体现"遗产"的价值认知、遗产的保护、管理理念及遗产的利用拓展。

### （一）考古遗址博物馆对"遗址本体"的展览展示是文化遗产社会教育成败的关键

对遗址的展示、解读应当秉承"原真性"原则。对于尚存争议的问题应当体现争议点，而不应仅表达其中一种观点。"原真性"原则精神最早

① 李艳：《浅谈遗址类博物馆的研学实践教育探索——以白鹤梁水下博物馆为例》，《文物鉴定与鉴赏》2021年第2期。

出现在城市文化遗产保护领域的《关于保护景观和遗址的风貌与特性的建议》《威尼斯宪章》等文件中，后由《奈良真实性文件》加以延伸并确认，成为文化遗产保护领域的基础性原则。考古遗址博物馆对"遗址本体"的展览展示亦是文化遗产保护的重要组成环节，因此"原真性"是必须要遵守的原则。这种"原真性"既表现在展示的遗址及出土物的真实，复制品模型要尽力保证反映本体的原貌，也包括相关的解读要以遗址材料为本位辅以相关史料。如山西博物院展线中展出的杨姞壶（图一），说明中明确引用了学者的两种研究观点，突出了研究的现状，使受众有自由选择的机会，是"原真性"的体现。这个例子虽然不是遗址博物馆展览中的，但是遗址博物馆在展览展示时可以借鉴相关做法。

图一　杨姞壶

## （二）考古遗址博物馆开展模拟考古等活动的教育目的不是传授考古发掘技能

考古遗址博物馆通过主题活动来达到提升受众文化遗产保护意识等目的，不能让受众仅做初步的技术体验。特别是比较常见的发掘类活动，包括模拟考古活动及玩具石膏挖掘等活动。这类活动给受众传递的最主要环节在于"挖"，在"挖"过之后受众确实收获了满足感，但这是不是强调了"考古就是挖宝"？这和我们的初衷是相悖的。所以我们在让受众体验发掘过程的同时，重点应当放在发掘价值的解读。如不同的土层颜色说明了什么、形成原因是什么；发现陶片、动物骨骼和青铜制品等标本能说明什么问题，展现了古代人类怎样的生活状态，就像众多考古学家所说的考古学要"透物见人"。考古遗址博物馆开展的文化遗产教育必须围绕"人"这个中心才能体现教育意义。

## （三）考古遗址博物馆要在家庭"亲子"教育过程中找到关键因素——家长

在实践中我们发现，来博物馆参加主题活动的未成年主体除了学校及机构组织的团体外，大部分是以家庭为单位的。2022年1月1日《中华人民共和国家庭教育促进法》正式施行，其中第六条规定："县级以上精神文明建设部门和县级以上人民政府公安、民政、司法行政、人力资源和社会保障、文化和旅游、卫生健康、市场监督管理、广播电视、体育、新闻出版、网信等有关部门在各自的职责范围内做好家庭教育工作。"第四十六条规定："图书馆、博物馆、文化馆、纪念馆、美术馆、科技馆、体育场馆、青少年宫、儿童活动中心等公共文化服务机构和爱国主义教育基地每年应当定期开展公益性家庭教育宣传、家庭教育指导服务和实践活动，开发家庭教育类公共文化服务产品。"从法律的角度赋予了文化部门进行家庭教育的义务，因此考古遗址博物馆对"家庭"进行文化遗产相关教育是责任。第十六条规定："未成年人的父母或者其他监护人应当针对不同年龄段未成年人的身心发展特点，以下列内容为指引，开展家庭教育。"其中第三款："帮助未成年人树立正确的成才观，引导其培养广泛兴趣爱好、健康审美追求和良好学习习惯，增强科学探索精神、创新意识和能力。"这正与文化遗产相关教育的目标相契合。在家庭单位中，教育活动选择权主要掌握在家长手中。考古遗址博物馆开展的文化遗产教育活动如知识讲座、亲子阅读、手工制作等为亲子之间增加陪伴时间、提高陪伴质量提供了良好的时间及空间。因而，考古遗址博物馆在针对未成年主体进行主题活动时，除了对其讲解相关知识，还要对其家长明确活动的价值、意义。

## （四）考古遗址博物馆开展文化遗产教育应牢牢把握"终身教育"理念

目前在实践中发现博物馆在开展教育活动时，重点往往放在未成年人身上，少有博物馆策划以老年人为主要受众的活动。但是随着我国进入老龄化社会，大量退休老人的知识需求也应得到满足。"终身教育"于 1919 年首次在英国提出，我国的"终身教育"体系建设始于 20 世纪 80 年代①。博物馆社会教育本身具有全民、开放、公益的特点，二者目标高度契合，是实现"终身教育"的重要场所，是"终身教育"体系的重要组成部

分。考古遗址博物馆具有自身的特点，遗址更具震撼力及历史厚重感，对各类人群来说体验感更强。老年人具有丰富的人生阅历与经验，所掌握的技术与知识是重要文化传承。老年人流淌着传统血液，青年人背负着创新重任，老年和青年一同参与博物馆活动，不仅可以使传统的文化与技艺得以延续，还可以增进不同年龄段群体间的理解和信任。因此，考古遗址博物馆应当发挥自身特点提供学习内容、方式、时间多样化的"终身学习"平台，推进构建"终身教育"体系，满足人民群众不断提升学习能力和适应社会发展需求的要求。

## 四、结语

考古遗址类博物馆在进行文化遗产为内容的社会教育方面有自身特点及优势，方法多样且还在不断探索中。在 2023 年 12 月举办的文化遗产保护传承座谈会上，蔡奇同志强调："要坚持以习近平新时代中国特色社会主义思想为指导，深入贯彻党的二十大精神，认真学习贯彻习近平文化思想，全面加强文化遗产保护传承，更好担负起新的文化使命，为以中国式现代化全面推进强国建设、民族复兴伟业注入强大文化力量。"这为文化遗产的社会教育实践指明了方向和目标。考古遗址类博物馆将在文化遗产社会教育领域进一步发挥自己不可替代的作用。

---

① 樊雅东：《博物馆的"终身教育课堂"》，《文化产业》2024 年第 3 期。

# "双减"背景下中小博物馆教育课程的设计开发与实践

## ——以北京考古遗址博物馆《来，考古》课程为例

刘海明

北京考古遗址博物馆

**摘 要**：博物馆作为文化传承与教育的重要场所，在现代社会中扮演着不可替代的角色。在"双减"政策背景下，从馆校合作出发，结合中小博物馆自身特色资源开发品牌教育课程进校园，不仅满足学生课后服务的学习需求，博物馆还会收获成长和进步。通过本课程案例研究，展示了博物馆课程在学校教育的实际应用效果。"双减"背景下，博物馆课程应结合现代科技与教育理念，以更好地服务于社会教育与文化传播。

**关键词**：学校选修课 博物馆 课程开发与实践

2021年7月，中共中央办公厅、国务院办公厅印发了《关于进一步减轻义务教育阶段学生作业负担和校外培训负担的意见》。内容重点是"双减"："一是减少校内作业量，减轻学生负担；二是减少校外培训负担，从严治理校外培训机构"[①]。此次"双减"新政，就是"让教育回归公益属性，让教育主阵地回到学校，助力高质量教育体系的构建"[②]。

教育也是博物馆的基本属性，博物馆在"双减"政策背景下，从馆校合作出发，结合中小博物馆自身特色资源开发品牌教育课程进校园，不仅满足学生课后服务的学习需求，博物馆还会收获成长和进步。博物馆教育课程开发与实践，就是利用博物馆丰富的资源，助力学生素质教育，促进博物馆教育资源融入学生教育体系。"双减"背景下，学校与博物馆强强联手，势必会形成馆校合作新时代模式。

北京考古遗址博物馆（以下简称"本馆"）利用本馆三处考古遗址的资源优势，借此契机设计出《来，考古》课程，主动向学校推介，走进了学校三点半之后的选修课，衔接了学校教育需求，拓展了博物馆教育活动的场地和空间，受到学校老师和学生的好评，通过本次馆校合作逐步探寻博物馆课程开发与实践的发展思路。现以本馆《来，考古》课程为例，来探寻中小博物馆教育课程进入学校选修课的实践经验。

## 一、挖掘自身资源优势，设计特色教育课程

### （一）独特的考古遗址资源就是品牌

中小博物馆如何设计教育课程，首先要善于挖掘自身"特而精"的文化特性。北京考古遗址博物馆是2021年7月新组建的考古遗址类专题博物馆，隶属于北京市文物局。博物馆为一馆三址，包括原北京市西周燕都遗址博物馆（琉璃河遗址）、北京市大葆台西汉墓博物馆（大葆台汉墓

---

① 陈先哲：《"双减"：中国教育改革新起点》，《光明日报》2021年9月28日。

② 陈先哲：《"双减"：中国教育改革新起点》，《光明日报》2021年9月28日。

遗址）、北京辽金城垣博物馆（金中都水关遗址）。

琉璃河遗址、大葆台汉墓遗址、金中都水关遗址这三处考古遗址，是中国百年现代考古学的北京贡献，是北京地区不同时期历史文化的重要标识。通过三处遗址可观北京三千年城市史的基本脉络，一窥八百年古都文化的历史序章。面对这样丰富又独特的考古遗址资源，我们提取了"考古""遗址"两个关键词来设计特色课程。

### （二）整合成熟教育活动，设计品牌教育课程

本馆三处遗址博物馆在改革合并前都是北京社会大课堂资源单位、青少年校外教育基地和爱国主义教育基地。开馆几十年来，都有自己的品牌社教活动，如琉璃河遗址的拓片体验活动、青铜器浇铸活动，大葆台汉墓遗址的竹简书法体验课程、模拟考古课程、汉服体验课程等，但由于博物馆位置偏僻、馆舍狭小、人员不足等诸多因素，使得三个考古价值极高的遗址博物馆在北京200多家博物馆中一直"默默无闻"。

以笔者之前工作的大葆台西汉墓博物馆为例，博物馆根据馆藏文物及考古遗址资源，面向青少年专题设计了"竹简书法""投壶体验""射箭体验"等教育活动。又以"中华优秀传统文化"作为教育课程的切入点，在馆内设计了"活字印刷""古法造纸"等教育体验课程。在博物馆改建展厅闭馆近十年期间，这些教育课程依旧面向学生开放，累计服务在校学生达十几万人次。但这些也仅仅是在其属地与当地教委密切合作后，在本区域内学校稍有些影响力，在本市其他学校中还是不被熟知。

因此，基于改革合并后本馆这样丰富的考古资源优势，宣教人员大胆创新，整合三馆比较成熟的社教品牌活动，从偏向"体验玩"的馆内单项社教活动过渡到重视"思考学"的系统课程，设计出一套能走出博物馆的《来，考古》教育课程，并积极利用"双减"契机主动走进学校推介，最终在2021年下半学期，入选东城区北京广渠门中学三点半后的选修课和海淀区海淀崛起小学周五下午的必修特色课。

## 二、系统设计课程内容是博物馆品牌课程的核心

### （一）明确课程开发的目的与主题

博物馆教育体验课程的开发，最终的目的应该是培养自主的学习能力，锻炼善于观察分析的能力，提升审美和综合素质能力。

《来，考古》课程是本馆专为五至七年级学生设计的以考古为主题的系列课程。整套十节课程分为考古工作流程和遗址文物两大类，课程内容知识点针对不同年级又有稍许调整。

内容设计中不仅普及专业的考古知识，用大量考古发掘资料来印证文献记载，让学生们理解"以物论史""以史增信""认识历史离不开考古学"；还设计有考古工作体验和器物（复制品）展示，让学生通过触摸、实操、观察，分析总结其包含的历史信息，锻炼学生自主学习能力。

### （二）开发系列课程内容

整套课程依托本馆遗址，从考古发掘开始，用考古遗址讲述城市故事、历史智慧。与学生深入挖掘古都北京的历史文化内涵，共同讲述源远流长和辉煌灿烂的中国故事。下面以广渠门中学选修课课程内容为例（表一）。

第一节课《探秘考古》从"考古是什么""考古干什么""为什么考古"这三问开始，带领学生认识考古，了解考古学。

"工欲善其器，必先利其器"。《一铲千年》课程从认识考古工具开始，来系统了解考古工作流程。"洛阳铲是李鸭子发明的吗""一把手铲释无

#### 表一　广渠门中学选修课课程内容

| 授课顺序 | 课程主题 | 课时（1 课时/45 分钟） |
|---|---|---|
| 1 | 探秘考古 | 2 |
| 2 | 一铲千年 | 2 |
| 3 | 妙笔生花 | 2 |
| 4 | "救救"文物 | 2 |
| 5 | 竹简的故事 | 2 |
| 6 | "竹"够有趣 | 2 |
| 7 | 金戈铁马 | 2 |
| 8 | 拓印千年 | 2 |
| 9 | 古人的衣柜 1 | 2 |
| 10 | 古人的衣柜 2 | 2 |

字天书""考古工作者的基本功是与土壤对话"，这些内容让同学们聚精会神，听得专心致志。尤其是课程中讲到西周燕都遗址的 1193 号大墓曾被盗，幸存下来的两件青铜器内壁铭文填补了《史记·燕召公世家》中缺失的历史事迹，同学们讨论得热火朝天，纷纷表示理解了"认识历史离不开考古学"。

《妙笔生花》讲授如何利用数学方法绘制考古工作图，《"救救"文物》系统介绍文物保护相关内容，这两节课主要带领同学认识田野考古发掘后的室内整理工作。

在讲授完考古基本工作课程后，接下来的课程以本馆三处遗址出土文物为主线，专题讲授相关知识点。

《竹简的故事》这节课程从大葆台汉墓遗址出土的唯一一枚带字竹简讲起。课程是在以前举办过的竹简书法体验活动的基础上，从竹简的制作到汉字书写，让学生进一步了解到，中国汉字是由劳动人民创造的，以图画记事开始，经过几千年的发展，演变成了当今的文字，又因祖先发明了用毛笔书写，便产生了书法。书法是汉字的书写艺术。

《"竹"够有趣》则讲述了千百年来，我国先民在新石器时代初期就已经用竹材制造竹编器具，在考古发掘中出土了不少竹编文物。

《金戈铁马》课程围绕琉璃河遗址墓葬区出土的青铜兵器，讲述中国早期军事文化的发展历程。

《拓印千年》课程则是把之前琉璃河遗址博物馆的拓片体验活动扩展，从遗址出土的青铜器纹饰讲起，重点讲授古人如何用纸墨对碑刻文字、器物纹样进行拓印，这是印刷术与影像技术产生之前，最为真实的记录方式。

《古人的衣柜》课程结合大葆台西汉墓博物馆之前的汉服体验活动，以大葆台汉墓遗址、金中都水关遗址出土的丝织品引出中国纺织、服饰发展历史。传统服饰是人类社会实现文化传承和各民族之间跨文化理解最直观的表现，更能展现多彩多元的中华文明。

#### （三）开放的互动教学形式

在第一堂课开始前，本馆授课老师就提出课堂要求，每个人必须要有问题，并且要随时举手提出，便于老师及时解答。这样的教学方式就是要锻炼同学们善于思考，敢于提出自己的见解。

课堂上，我们会根据讲课内容准备器物复制品供学生近距离触摸观察，带领学生对器物进行分析、解读，让同学们通过器形、纹饰、铭文来实际感受北京这座城市的发展历史，将深奥的文物价值通过课程呈现，使本馆的文物资源有效地转化成教育资源。

《来，考古》系列课程除课堂教学外，还设置有互动体验，《一铲千年》安排课后体验洛阳铲勘探，观察土质；《妙笔生花》留有课后作业，要按考古绘图要求绘制出家中带圈足的碗。

《竹简的故事》让学生亲自体验用毛笔在竹简上书写文字，感受中国书法艺术之美，理解书法是中国传统文化中最具经典标志的民族符号，循序渐进地认识中国书写材料的发展以及其所历经的艰辛和取得的巨大成就。

《拓印千年》体验拓印"石碑"，拓印的石质模板选取的都是琉璃河遗址中出土的青铜器纹饰或铭文，让同学们在体验过程中，感受到北京三千年璀璨的历史文化，激发学生们热爱家乡的自豪感（图一、二）。

图一　课堂授课

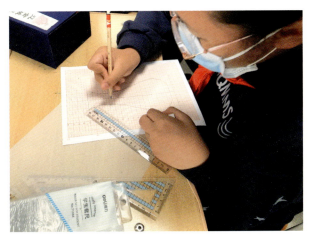

图二　课堂授课

### （四）"有始有终"的课程实施

为了让同学对进校园的博物馆教育课程有不一样的体验感，课程在整体设计中就安排有配套项目。本馆为课程专门制作了考古笔记本，给每位学生配发一本，作为学习专用笔记本。考古笔记本内页设计有考古小知识，还有专为考古绘图课设计的坐标纸，便于学生完成考古绘图等家庭作业。

课程实施中，课堂助教老师会拍摄一些学生上课互动情景和学生课程反馈，全套课程结束后，将这些素材做成课程记录短视频，赠送学校留存备案。

## 三、选修课程实践后的启示

### （一）有利于提高学生的综合素质

《来，考古》系列课程作为北京市广渠门中学初一年级选修课，经过 2021 年下半学期授课实践，得到师生一致好评，学生们在课后留言"从考古角度了解北京厚重的文化遗存，了解中华民族璀璨历史，我很自豪""这是我难得记笔记的课程""原来文物保护有这么多学问啊""听完课再看《盗墓笔记》，才知道里面有错误啊"。

2022 年 2 月 26 日上午 9 点，第二期《来，考古》课程在广渠门中学选课系统中被 12 秒报满。3 月 4 日第一节课，一名超级喜欢该课程却没报上名的同学经过学校同意后，作为旁听生来"蹭"课，凸显出此课程在学生群体中被"追捧"的热度。

博物馆专业老师授课，丰富多彩的神秘考古内容，边听课边体验的学习方式，多元化教育手段，使学生在欢快的学习氛围中获取新知识，开阔眼界，提高综合素质。通过系统地学习北京的历史，也增加了学生对家乡文化的了解，自豪感油然而生。

### （二）有利于提升博物馆知名度

课程开发本身就是博物馆社会教育的创新路径。走出博物馆，走进学校课堂，通过不断扩大辐射面，逐步被学校认识、了解、邀请，就会打造出自身文化品牌，必将会提升博物馆知名度，形成品牌与发展的良性循环，推动博物馆社会教育事业迈向新台阶。如清华附中志新学校就是通过本馆微信公众号对此课程的宣传报道，主动联系本馆了解课程情况后邀请宣教专员走进他们学校初中部授课，今年又邀请给高中部授课。

### （三）有利于提高博物馆宣教专员业务水平

不同于在博物馆内开展的教育活动，在学校课堂进行授课，对博物馆宣教工作来说是一种全新挑战。宣教专员从课程选题、查找资料、内容整理、制作课件、设计互动到课程实施这一系列环节中，充分展示出个人专长与潜能，不断提高自身业务技能，带动博物馆整体业务水平提升成长。

### （四）有利于提高博物馆宣教专员责任感

《来，考古》系列课程的授课要求学生在"考古笔记"中记录所学内容，完成课后作业。课程结束后，要结合考古笔记评选出最合格的"考古小奇兵"。每节课开始之前，博物馆授课老师要检查上一堂课笔记情况。当面对学生们认真细致的

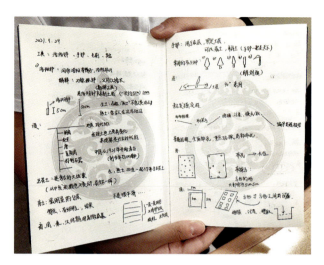

图三　学生课堂笔记

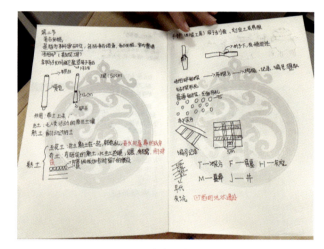

图四　学生课堂笔记

考古笔记内容时，博物馆宣教专员纷纷感叹"博物馆在他们心中高大上啊""他们真喜欢考古啊，我们得延伸好他们的这个兴趣"。通过这样的进校园选修课的实践，大大提升了宣教专员"以史育人"的责任感（图三、四）。

### （五）需要完善的方面

针对学校和学生的教育需求，要建立学习效果评估、服务满意度评价等反馈机制，还可增加课后学生成果展示等。再者，可结合学校教材，开发本馆特色教材用于辅助授课。如广州南越王博物院在"探越学堂"课程中，根据教学需求创新开发教学素材，以《探越笔记》《乐游南越国》

历史读本为基础教材，搭配《探越宝盒》等教具开展体验活动，更有《南越王墓室建造》《汉代海上丝绸之路》《南越食水砖井》等生动形象的动画视频辅助理解。这样的进校园课程，配合学校历史教材，明确教学目标、体验内容，更好地将博物馆资源有效转化为中小学教育教学资源，做到了博物馆教育课程与学校教育目标、教学内容的互补和融合。这方面也是我们要完善的。

## 四、结语

习近平总书记在考察博物馆时强调"一个博物馆就是一所大学校，要保护好、管理好、研究和利用好凝结着中华民族传统文化的文物，让历史说话，让文物活起来"，博物馆是学校课外教育的"重要殿堂"。

"双减"政策下，学校与博物馆联动，要更加关注专题类中小博物馆，充分利用好这类博物馆"小而精"的特色资源拓展选修课程内容。

"双减"后，学校对于社会上各类文化机构的教育课程会有更多更高的需求，这就要求博物馆宣教人员要改变原有开展宣教活动的工作思维，提升自身业务技能，为博物馆课程携手学校教育的合作发展奠定坚实基础。

# 竹编器物在博物馆考古课程中的教学探索与实践

## ——以北京考古遗址博物馆考古课程《"竹"够有趣》为例

程　扉

北京考古遗址博物馆

**摘　要：** 在"双减"教育背景下，北京考古遗址博物馆结合北京地区校园教学服务需求，充分融合考古遗址博物馆的特色资源，将考古学科内容转化到校园选修课程中。《"竹"够有趣》是以考古遗址中出土的竹编器物为主题的课程，以考古的视角带领学生们认知竹编器物及其研究意义，并结合竹编器物的编织体验，让学生们更加深入地了解中国古代社会中的竹编文化。围绕课程实践，进一步探讨考古遗址博物馆如何发掘特色馆藏资源，并将此进行转化、延伸研发设计为博物馆教育课程，为今后博物馆更好地融入校园教育体系，提供一定借鉴与参考。

**关键词：** 双减　竹编器物　考古课程

## 一、前言

### （一）背景与意义

2021 年 7 月 24 日，中共中央办公厅、国务院办公厅印发《关于进一步减轻义务教育阶段学生作业负担和校外培训负担的意见》（即"双减"意见），要求各地区各部门结合实际认真贯彻落实。2021 年 8 月 18 日，北京市发布"双减"政策具体实施措施，有效减轻学生过重的作业负担与校外培训负担，并对课后服务内容进行了明确的规定："课后服务中不得引入任何学科类的项目，可以通过各种丰富的校园生活，充实课后服务。"在"双减"政策下，校方亟须提高课后服务教育资源水平，来满足学生个性化学习需求。"双减"这一政策的实施无疑为博物馆更好地发挥教育职能提供了发展契机，博物馆如何利用馆内特色资源，设计与开发出能够融合校园的教育课程就尤为重要了。

### （二）博物馆课程资源在学校教育中的现状

博物馆教育这一职能，从博物馆诞生伊始就随之产生了。随着时代进步与发展，博物馆在重视收藏、保护与研究的同时更加注重其文化的传播与传承，博物馆的社会教育也逐渐变为社会各界关注的重点。郑奕、陆建松观察到博物馆事业发达国家都视博物馆为重要的教育资源和阵地加以运用，同时，公众教育活动举办的质量和数量，也已成为其博物馆事业发展的一项重要指数[①]。李君、隗峰认为博物馆作为一种有效教育资源的功能一直未能得到充分的关注，博物馆与学校和教育分离现象十分普遍[②]。目前国内学者对于博物馆教育资源利用的相关研究主要集中在宏观视角下的博物馆教育功能的研究，以及博物馆教育资源利用、博物馆资源转化融合教育课程等问题的进一步探讨。

教育作为博物馆的基本职能，将特色资源转化为课程是当代教育发展的必然趋势，博物馆资

---

① 郑奕、陆建松：《博物馆要"重展"更要"重教"》，《东南文化》2012 年第 5 期。
② 李君、隗峰：《博物馆课程资源开发利用的现状研究》，《教学与管理》2011 年第 3 期。

源融入教育体系势在必行。中国作为一个积累着丰厚历史文化的大国，有着非常丰富的博物馆资源，但利用和开发博物馆资源走进校园课程实施的案例并不在多数。而中小学生作为博物馆教育体系中的重要服务对象，以此利用博物馆特色资源设计开发，使其转化为教育素材，使得博物馆中的静态实物资料发挥出丰富的教育价值。

当前，也有不少学者对博物馆课程资源进校园进行了深入研究，主要关注博物馆课程的设计开发与博物馆课程的组织实施方面。北京地区“双减”政策落地后，博物馆方应更注重于馆内特色资源的转化与博物馆进校园教育课程方面的革新。

## 二、博物馆特色资源的研发与利用

### （一）挖掘考古遗址博物馆特色资源

博物馆是教育的特殊资源和重要阵地，不同性质的博物馆具有不同类型的教育资源，涵盖了人文历史、科学技术、文化艺术等不同门类，随着公众学习需求多元化特征显现，博物馆特色资源被不断挖掘利用，不同种类博物馆在课程研发中应着重突出自身的特色资源。

考古遗址类博物馆是直接建立在遗址之上的专题性博物馆，是基于考古发掘后建立的，它包含了考古遗址与考古遗存两部分。与传统博物馆不同的是，作为曾经的考古发掘现场，其最重要的特色资源就是遗址本身，为人们提供了一个探索考古与历史和文化的窗口。在历史教学中加入考古遗址类博物馆特色教育资源，有助于历史学科教学质量的提高。将考古实物、遗址出土情况等特色资源，通过博物馆实地教学抑或是在课堂进行图片、视频等考古资料展示等形式，与学科教材内容相结合，从而丰富学生考古知识的储备，提升学生的综合素质素养。北京考古遗址博物馆针对馆内特色资源，进行活态化利用设计研发出了《来，考古》系列课程。

### （二）博物馆特色资源课程研发思路

《来，考古》系列课程分为考古工作流程和遗址文物两大板块，其中《“竹”够有趣》是根据大葆台汉墓遗址“黄肠题凑”中覆置的一枚长条竹简所衍生出来的，以考古遗址中出土的竹编器物为主题的课程。通过对考古系列课程《竹简的故事》的学习，学生已经掌握了竹简这种用来记录文字与记录文明的代表性器具，而这些器具多以竹器为主。竹编器具作为中国竹器中的一个大类，也是我国发现的最早使用竹材制造的历史器物。将竹编器物与考古课程相结合，研发设计出中国竹编器物相关的考古课程，有利于学生更好地了解与掌握我国考古遗址中出土竹器的发展历程，从而丰富与传承中华民族优秀的竹器文化。

### （三）竹编器物在考古课程中的教学价值

竹编器具是指工匠以竹子为原料，采用传统工艺编织制作，各类日常实用器具的总称。课程以大葆台汉墓遗址出土竹简出发并延伸，结合考古发现中的遗址与文物，挖掘、归纳并整理中国悠久的竹文化以及中国竹编器物的广泛应用。考古资料证明，我国先民使用竹材制造竹编器具始于新石器时代初期，最早的竹编器物发现于距今7800～6800年的湖南洪江高庙遗址，出土了编制形式较为简单的竹篾垫子。另外，中国陶器的形成也与竹编器具密切相关，陕西西安半坡遗址就曾出土印有竹席纹的陶器与陶片。通过系统展示各时期考古发掘出土的各类竹编器具，如湖北大冶铜绿山商代铜矿遗址出土的竹编器、江陵马山一号楚墓出土的彩绘矩纹竹扇、汉代马王堆出土的竹笥和竹熏罩、唐代燕妃墓壁画中所绘羃䍦、宋、元时期书画作品中所绘制的各类日用或农用竹编器以及明清时期创新竹编工艺后出现的精美竹编器等等，使学生了解竹编文化的历史发展进程以及其承载的文化内涵。竹编文化是中华优秀传统文化的重要组成部分，它映射着历代手工匠人的智慧与创造力，更是中华文明永续传承的重要历史见证。

竹编器物在考古课程教育资源中的应用，有利于提升学生对中国竹文化历史发展以及考古遗址中出土竹编器物的认知，构建中国竹编器物发展历史的理论框架，感受与传承中华民族源远流长、博大精深的竹文化。通过系统的学习以及实践体验，引导提升学生的综合人文素养、培养其家国情怀，从而提高他们的文化自觉与文化自信。结合《来，考古》系列课程的通识教育，逐渐形成考古与历史学科的基本素养、正确的情感态度和价值取向，对培育学生发展核心素养具有重要作用。

### （四）竹编器物在考古课程中的教学目标

课程与博物馆特色资源相呼应并进行延伸，以考古遗址中出土的竹编器物为出发点设计课程内容，同时也需要根据目标受众的年龄和知识水平，对内容和教学方法进行适当的设计和调整。

第一，讲述竹编器物的历史起源与发展、遗址出土情况等内容。让学生了解竹编器物的历史发展脉络和在考古遗址中的出土情况，从而更加深入地了解中国古代竹编文化的传承与演变。

第二，讲述竹编器物的功能与种类。介绍考古遗址中出土的不同种类的竹编器物和功能，包括实用类竹编器如竹席、竹绳、竹筒等，服饰类竹编器如竹帽、幂䍦等，以及生活类竹编器如竹熏罩、竹夹膝、竹发篓等，让学生了解竹编器物在古代生活中的实际应用和功能，从而深入了解中国古代社会中的竹编文化。

第三，讲述竹编器物的工艺技术与制作方法。介绍竹子用于制作不同种类竹器的四部分，

以及竹编器具的工艺技术和制作方法，让学生了解竹编器物的制作过程和工艺技术特点，从而更好地掌握古人对于竹结构的认知以及基本的竹编技能。

第四，体验制作竹编器物。根据考古出土竹编器物中常见的编法进行实践性教学，让学生掌握制作竹编器具的基本技巧和方法，如十字纹编织、人字纹编织、三角孔编织等，从而创作出自己的竹编器物作品。

第五，竹编文化的保护与传承。现今，因为人们生活方式的改变与现代工业机器化生产的革新，使得部分传统竹编技艺在发展与传承中受到了挑战，已逐渐失传。通过介绍保护与传承中国传统手工艺的重要意义以及当今社会中面临的困境，普及竹编器物的文化价值和保护意义，让学生了解保护与传承竹编文化的重要性，从而增强学生对于中国传统工艺的认知与理解，激发学生学习保护与传承竹编文化的兴趣。

## 三、特色课程《"竹"够有趣》教学内容设计

### （一）课程的特色形式

突破课堂教学的单一形式，首先从"你见过的竹制品有哪些"这一问进行切入，从而引出竹的应用在我国有着悠久的历史，在衣食住行用中到处都有竹的身影。其次通过介绍考古与竹编的关系来引出课程主题。课程围绕竹编器物与中国传统竹文化为主题，从考古的视角出发，形成一节多层次、立体化的考古课程。课程以考古遗址中出土的竹编器物为起点，让学生从遗址与文物出发，到历史发展脉络，到认知器物功能，到工艺技术与制作方法，到竹编体验制作，最后到竹编文化的保护和传承，帮助学生从了解到掌握，整体课程设计由浅入深、形式多维。

**（二）课程的内容展现**

**1.形式多样，讲授内容丰富**

课程设置围绕四大篇章，分为考古与竹编、竹编器物的工艺技术、竹编器物制作体验以及竹编文化的保护与传承。以历史文献、考古出土文物、典籍与绘画、现存竹器实物等资料，通过图片、视频等形式在课堂进行讲授（图一），带领学生体验了解、认知、感受以及创作的过程。

**2.巩固新知，开发创意笔记**

本馆配套《来，考古》系列课程，设计研发了专用于该课程的考古笔记本。考古笔记内页设计有考古遗址、考古工具、文物信息等专业知识，还设计了考古专用记录表格与考古绘图坐标纸等，便于学生在课堂中进行考古知识的记录（图二）。

**3.互动提问，注重思考表达**

课程注重学生在学习过程中的启发性、互动性，课堂教学里设计有互动提问以及小组讨论环节，引导学生进行主动思考并表达。如将学生进行分组，对商代甲骨文中出现的实用竹编器物及其用途进行思考与讨论（图三），从文字图形的演变来判断对应的器物文字及用途。

**4.创作体验，配套特色实践**

课程配套开发并设计了教学实践互动教具，通过讲授古代竹编器物常见的编织工艺、编制工具、编制材料等内容，引导学生通过实践性教学，学习竹编编制技术从而进行竹编体验，引导学生提高创造力与想象力，创作出属于自己的竹编作品（图四）。

图一　《"竹"够有趣》课程教学

图三　课堂互动提问

图二　《"竹"够有趣》课堂笔记

图四　课堂实践体验

## 四、博物馆特色教学课程实践评估与思考

### （一）课程教学效果显著

《来，考古》系列课程自 2021 年研发至今，在馆内授课老师的探索与实践下，该系列课程成效卓著，有效推动了馆校合作，逐渐呈现出博物馆课程进校园的新发展、新局面。如今，《来，考古》系列课程已成为本馆的品牌教育项目，已与北京市多家中小学校进行馆校合作，并享有良好口碑。

北京考古遗址博物馆设计研发的以竹编器具为主题的考古课程《"竹"够有趣》先后在北京市广渠门中学、人大附中航天城学校初一年级开展。根据课后对校方以及学生的满意度回访，取得了较好的反馈。校方表示课程内容丰富并设置有互动环节，强调了各时期考古发掘中竹编文物的特色。在所有反馈的部分中最能够得到认可的，是以实践体验形式设置的竹编体验环节。通过课程教学实践发现，考古实料的展现与实践体验对于竹编课程的开展起着十分有益的作用，学生通过竹编课程了解中国竹编器物的历史起源，对竹编的品类与器物功能的划分有了一定的理解与认识，感受到了中国源远流长的竹器文化，并在实践操作中对竹编产生了浓厚兴趣。

### （二）课程教学实践与思考

在博物馆进校园教学中，应着重把握好课堂教学内容的选择、教学形式、教学方案设计与实施、教学效果检验与评价以及馆校合作双向评估等环节，以此更好地运用博物馆教育资源来辅助历史教学，助力学生开拓历史视野，提升学生对于考古与历史的视角认知，从而激发学生学习历史的兴趣。

**1. 以考古资源为依托，丰富课堂展示形式**

运用考古遗址类博物馆拥有的遗址与文物资源来辅助历史教学，是校园课程无法代替的。在目前的校园教学实践中，授课多以利用多媒体的形式来展示大量早期考古发掘的史料资源，由于早期考古发现中发掘史料不清晰，且图片的展示形式较为单一，使学生在课堂中不能直观地认识与理解部分器物，导致学生无法集中注意力，丧失学习兴趣。对此在后期课程的史料展示环节进行了优化调整，对考古资源展示方式进行了改进。首先，将文物复制品带入课堂有助于让学生们更直观、深入地认知考古资源，从而激发学生兴趣；其次对于发掘史料距今较久远的器物增加了现今器形上的比对图片，便于在课堂中学生能够更加形象化地分辨理解各时期的竹编器物类型。此外，可以利用三维图形图像技术、虚拟现实技术等现代科技手段来丰富课堂教学新形式，使学生不用走进博物馆就能了解、掌握考古资源，身临其境地感知考古与历史文化知识。

**2. 根据历史教材，动态调整教学内容**

近年来，历史考试中出现考古类试题频率逐年上升。据教师及学生反映，在作答此类题目时，学生对于涉及的考古知识往往难以联系到书本内容，导致无法正确解答。校园课堂作为学生获取知识的重要阵地，应合理利用博物馆资源来提升历史教学效果，对此校方应积极参与博物馆教育课程研发，根据不同年级的历史教材动态调整其教学目标与教学内容，使博物馆课程与教学需求做到真正吻合，又区别于传统的课堂教学。博物馆老师应时刻关注考古前沿动态，使之与历史教材中所学知识相结合，并着重教授学生对于历史背景、发掘年代、出处等知识点的判断，帮助学生理解教材内容，在考试中能够快速地提取考古知识、掌握作答技巧、总结解题规律，攻破考试中的考古类试题。

**3. 结合学生兴趣点，全面提高素质素养**

在教学实践中发现，课堂设置的互动环节与实践体验环节更能激发起学生兴趣。如课程利用多

媒体将清明上河图进行了清晰展示，学生通过观察北宋时期东京（今河南开封）及汴河两岸的繁华热闹景象，发现图中描绘了 10 余种与竹编有关的器物，有小摊贩背的竹箩、送货郎头上的斗笠和竹背篓、街边商贩的竹制簸箕和遮阳棚等等。通过观察图中描绘城市景象以及商业活动等场景出现的竹编器物，学生在课堂上对于商业活动中竹编器物的使用方式、使用人群等问题进行了激烈讨论。通过观察与讨论，学生们也更直观地感受到宋代的竹编器物已经融入了商业发展当中，并且逐渐开始平民化和普及化。可以看出这些更贴近日常生活的历史资料在教学中有助于创建历史情境，引导学生进行思考与互动，进一步培养与建立学生对于历史资料的观察力与感知力。

实践体验也是学生的一大兴趣点，此环节以考古中出土的竹编器物为切入，将竹编元素与中国传统手工艺相结合。在实际观察中让学生掌握古代竹编器物常见的编织工艺。在实践体验中，通过设计编制出属于自己的竹编作品，不仅能提升学生的创造力与想象力，更有助于其动手实践能力以及审美意识的建立，是全面提升学生综合素质素养培养的有效途径。

**4.教学效果双向评估，馆校合作可持续发展**

目前对于课程教学的评价是以校方为主进行开展，暂未建立双向的评价机制。评价内容也仅针对课程内容本身进行课后满意度评价，未涉及课堂效果、学习成果情况等方面的评估。评价方式也以口头为主，途径较为单一。对此，课后馆校双方应建立合理、有效的双向评价机制。课程评价应采取馆校双向评价原则，双方在课后及时沟通。一是对于课程内容的评价，二是学生的课堂表现以及课堂反馈，三是课程的实施效果以及学习成果，四是学生对于课程的兴趣度、满意度。采用多方面、多视角、多元化的评价理念，对于课程实施进行客观的评价，切实地发现课程在设计、实践中的问题，并及时对之后的课程内容进行改进，从而更好地提升课程实施效果，有助于馆校合作可持续发展。

## 五、结语

教育作为博物馆的基本职能，将特色资源转化为课程是当代教育发展的必然趋势，博物馆资源融入教育体系势在必行。同样，随着"双减"这一热度，博物馆应充分利用馆内特色资源自主研发设计各类课程，使其转化为优秀教育素材走进校园，也让博物馆中的静态实物资料发挥出丰富的教育价值。北京考古遗址博物馆考古专题课程《"竹"够有趣》就是根据考古遗址博物馆特色资源进行转化、延伸所研发设计的，通过课程的研发、设计、实践与思考，为课程的优化以及革新也积累了一定的经验。一是梳理博物馆特色资源进行校园教育课程转化，借助博物馆资源优势丰富课堂展示形式。二是特色课程的研发应与学校教学需求紧密结合，以此来辅助教材进行拓展教学，并实时对课程内容进行动态调整与升级。三是充分结合学生兴趣点，课程除讲授知识之外可增加互动以及实践体验环节，从而更好地引导学生进行思考与互动，培养实践能力以及审美意识的建立，全面提升学生的综合素质素养。四是注重课程教学的评价，建立多方面、多视角、多元化的双向评价机制，进而促进馆校合作，有助于馆校双方构建多元化、多层次的教育体系，推动学校与博物馆教育可持续发展。